ZHONGGUO WENHUA DE YIXIANG

中国文化的意象

周兰兰 鲁石 ◎ 著

东南大学出版社
SOUTHEAST UNIVERSITY PRESS
·南京·

图书在版编目（CIP）数据

中国文化的意象 / 周兰兰，鲁石著 . -- 南京：东南大学出版社, 2024.12. --ISBN 978-7-5766-1721-4

Ⅰ. H12

中国国家版本馆CIP数据核字第2024DC7318号

责任编辑：谢淑芳　责任校对：张万莹　封面设计：毕　真　责任印制：周荣虎

中国文化的意象
ZHONGGUO WENHUA DE YIXIANG

著　　　者	周兰兰　鲁石
出 版 发 行	东南大学出版社
出　版　人	白云飞
出版社地址	南京市玄武区四牌楼2号　邮编：210096　电话：025-83793330
网　　　址	http：//www.seupress.com
印　　　刷	广东虎彩云印刷有限公司
开　　　本	700毫米×1000毫米　1/16
印　　　张	17.5
字　　　数	280千字
版　　　次	2024年12月第1版
印　　　次	2024年12月第1次印刷
书　　　号	978-7-5766-1721-4
定　　　价	68.00元

*本社图书若有印装质量问题，请直接与营销部联系。电话：025-83791830

《中国文化的意象》序言

中华文化历史悠久、气质独特，为世界文化的多样性提供了丰富的源泉。习近平总书记在2023年文化传承发展座谈会上的重要讲话中，首次明确提出了"文化意义上坚定的自我"这一重要的新概念。文化是一个国家、一个民族的血脉和灵魂，文化意义上的"自我"即文化自我是一个国家、民族之自我的核心和根本所在。从"文化意义上坚定的自我"的角度看，新时代文化建设的实践展开，本质上是当代中国文化自我的构建。有了文化主体性，就有了文化意义上坚定的自我，文化自信就有了根本依托。追本溯源，文化自我的构建需从当代中国文化意义上回答好"我是谁""我从哪里来""我到哪里去"等核心问题。

同样地，在心理学研究中也存在构建文化自我和增强本土文化自觉的问题。我在《论我国心理学研究的时代使命》中提出，中国现代心理学本是"舶来品"，很多人又相信心理学具有文化普适性，再加上西方心理学一向处于强势地位，中国文化心理学领域又缺少领军人才，结果，中国现代心理学在发展过程中逐渐形成了缺少自觉关注本土文化传统的传统，致使中华文化无法为当代中国心理学的发展提供思想源泉、灵感和根基，导致一些研究成果缺少文化生态效度、灵魂、宏观视野和原创性。破解之道是要做胸怀中国文化的心理学研究者。为了更好地担负起时代使命，中国心理学家须从四个方面加以努力：（1）具备较扎实的国学功底；（2）妥善将中国文化放进自己的理论架构、实验/问卷设计以及分析与讨论中；（3）建构吻合中华文化传统的心理学理论或观点；（4）探索吻合中华文化传统的心理学研究范式、技术和方法。[1]

---

[1] 汪凤炎.论我国心理学研究的时代使命[J].南京师大学报（社会科学版），2017(4)：126-133.

结合中国文化的特色，探索吻合中华文化传统的心理学研究范式、技术与方法，是提高心理学研究成果的中华文化生态效度的一种有效做法。以语义分析法的提出与运用为例，语义分析法又称字形字义综合分析法（method of semantic and etymological analyses）或汪氏语义分析法，是指先分析某一字词的字形特点及其中所蕴含的意义（尤其是心理学含义），接着从历史演化角度剖析此字词的原始含义及其后的变化义，以便澄清此术语的本来面目，再用心理学的眼光进行观照，界定出此术语在心理学上所讲的准确内涵或揭示其内所蕴含心理学思想的一种研究方法。支撑语义分析法的原理是文字活化石论。即，每种文化的语言文字都是一种活化石，其内记载和沉淀了创造该文字的民族的许多心理与行为特点和规律。通过系统地剖析一种文字的字形与字义，揭示蕴含在该种文字中的文化心理内涵，常是一种准确把握该民族心理与行为规律的有效途径。可见，它不同于美国心理学家奥斯古德（Osgood）及其同事所倡用的语义分析法（method of semantic differential），后者脱胎于对人的联觉（synesthesia）的研究。例如，中式自我是从一开始就是依附性自我还是后来才因皇帝专制的压迫由独立自我变成了依附性自我？要想揭开这个谜团，可以从分析"我""自""己"三个字入手寻求答案。通过分析这三个汉字，可知中式自我在创字之初本也是具独立人格的自我，而非依附性自我。[1]

进化心理学的研究成果表明，人的许多心理与行为（尤其是人与动物共有的心理与行为）是通过自然进化得来的。文化心理学的研究成果又证明，人的一些心理与行为（尤其是高级心理与行为）是在文化中生成的。所以，即便是一个意大利的白人小孩，若从小生活在中国文化氛围中，最终就会在心理与行为上长成一个典型的中国人，徐祥顺（原名阿维热）便是其中的一个经典个案。合言之，人心是自然与文化交互作用的结果。因此，当代心理学有两大任务：往内走，要想方设法打开大脑这个"黑箱"；往外走，要千方百计解开弥漫在人的心理与行为之中的"文化谜团"。同理，对于当代中国心理学而言，主要任务之一便是要千方百计揭示中国人心理的文化机制，提高研究成果的文化生态效度。因为中华民族作为一个至少有五千年文明历

---

[1] 汪凤炎.论我国心理学研究的时代使命[J].南京师大学报（社会科学版），2017(4)：126-133.

史的民族，其心理与行为方式是五千年文化的结晶，因此，当代中国人的心理与行为无不带有深深的民族文化烙印，结果，他们虽"身"在 21 世纪，"心"中却有许多传统的东西。[1]例如，Talhelm 等人于 2014 年用"水稻理论"（The Rice Theory）来解释中国人喜欢整体思维的缘由。[2]"水稻理论"看似有道理，实则说不通，因为它在解释中国人偏好整体思维的缘由时存在两个矛盾：（1）中华文明的核心在南宋（1127—1279）之前都是位于主要粮食作物恰恰是粟、黍和小麦的中原和关中地区，自南宋以后才逐渐转移到以水稻为主要粮食作物的长江下游地区和长江以南地区，多数中国古人的思维方式却是整体思维而非分析思维，且整体思维在先秦时已炉火纯青。（2）无任何可靠证据证明种植小麦的中国北方在文化上更像西方，即更倾向分析思维、有更高程度的个人主义；并且，自小生活在小麦区的中国人以及几乎都来自小麦区且对秦汉之后中国文化与中国人思维方式产生深刻影响的先秦"诸子百家"的创始人及其主要代表人物，并未显示出继承小麦文化后擅长分析思维的特点，反而更擅长整体思维。当然，中国古人习惯整体思维是深受阴阳思维、五行思维和阴阳五行思维影响的结果。中国古人所推崇的"天人合一"境界，本身又具有严密的内在逻辑性和系统性，因而具有强大的解释力。[3]

以上例子从不同侧面印证，主要在西方文化背景下产生和发展起来的心理学要想成为一种"普遍有效"的科学，就必须融入具有中华文化特色的心理学思想。正如美国著名跨文化心理学家特安迪斯（Triandis）所说："在得到中国的资料之前，心理学不可能成为一门普遍有效的科学，因为中国人口占了人类很大的比例，对于跨文化心理学来说，中国能够从新的背景上重新审查心理学的成果。在这样做时，中国的心理学家应该告诉西方的同行，

---

[1] 汪凤炎. 论我国心理学研究的时代使命[J]. 南京师大学报（社会科学版），2017(4)：126-133.

[2] Talhelm T, Zhang X, Oishi S, et al. Large-scale psychological differences within China explained by rice versus wheat agriculture[J]. Science, 2014, 344：603-608.

[3] 布尔斯廷. 创造者：富于想象力的巨人们的历史[M]. 汤永宽，译. 上海：上海译文出版社，1997:24. 汪凤炎，郑红. 中国文化心理学（第五版）[M]. 广州：暨南大学出版社，2015:582-590.

哪些概念、量度、文化历史因素可以修正以前的心理学成果。"[1] 遗憾的是，中国现代心理学在发展过程中一直缺少自觉关注本土文化的传统，而是全盘跟着外国尤其是西方心理学走，成了"西方学术体系的新教徒"。结果，西方心理学流行什么，中国心理学界马上就有其"代言人"；西方心理学研究什么，我们就研究什么；西方心理学如何研究，我们也照葫芦画瓢。

作为一名中国文化心理学研究者，我坚定地认为，我们应当重视从中华文化的视角研究中国人的心理与行为，加强"中国文化心理学"的研究。中国文化心理学（Chinese cultural psychology）是兼顾中国文化与心理学两个角度来研究中国人心理与行为规律的一门心理学分支学科。它除了要研究中国人提出的具有中华文化特色的心理学思想外，更将主要精力关注于两个主题：一是在中华文化的熏陶下，个体在心理与行为上如何长成中国人；二是长成中国人（此处的"中国人"主要是一个文化概念）后个体和群体具有哪些典型或重要的心理与行为规律。[2]

中国文化心理学包含的内容很广，但概括起来主要有三大部分：一是潜藏在中国人心中的、具有中国特色的思想观念文化里蕴含的心理。二是主要由中国人生产的、具有中国文化特色的、实物层面的文化里所蕴含的心理。这些实物层面的文化主要包括三部分：（1）以汉字为主体的中国文字和格式中国语言；（2）大量的蕴含中国文化的书籍；（3）打上典型中国文化烙印的其他文化产品，如典型的中国建筑和服饰等。三是中国人的行为文化尤其是具有典型中国特色的行为文化（像孝道、面子等）里蕴含的心理。[3]中华传统文化一向具有重心、重神的传统，导致中国文化是一种充满心理学意蕴的文化。[4]《中国文化的意象》一书从汉字、典籍等实物层面的文化入手，兼顾行为文化（谦虚、节制等）、思想观念文化（相安心理、化变心理等），结合意象理论，分门别类地阐释了其中蕴含的丰富的心理学思想。书中提出的聚类语义分析法，是建立在"汪氏语义分析法"基础之上的延伸

---

1 万明钢.文化视野中的人类行为：跨文化心理学导论[M].兰州：甘肃文化出版社，1996:7.
2 汪凤炎.中国文化心理学：研究意义、内涵与方法[J].江西社会科学，2017,37(9):5-13.
3 汪凤炎，郑红.中国文化心理学（第五版）[M].广州：暨南大学出版社，2015:23-24.
4 汪凤炎，郑红.智慧心理学的理论探索与应用研究[M].上海：上海教育出版社，2014:20.

与补充，从形象（字形）、音象（字音）、意象（字意）、心象（联想、直觉、顿悟等）四个方面（四象）拓展了分析研究汉字的维度，尽管其理论的系统性、严谨性还有待进一步完善，但从中华本土文化入手来了解中国人的心理与行为特质的路径是正确、可行的，这种从汉字和心理学入手来探寻中华文化内涵的努力与探索精神值得鼓励。只要走在正确的道路上，每一步都是向前。

兹为序，与诸君共勉之。

汪凤炎
2024 年 10 月 18 日
于南京之日新斋

目 录

导 言 ··· 001
    一、研究背景 ·· 001
    二、研究目的和本书框架 ·· 005

上篇　汉字心象 ··· 001

第一章　聚类语义分析：一种大众了解汉字的分析技术
·· 002

第二章　象形造字及其思维特征 ··························· 007
    一、心——精神之象 ·· 007
    二、禾——庄稼之象 ·· 018
    三、贝——财富之象 ·· 021
    四、丝——联结之象 ·· 023
    五、辛——束缚之象 ·· 027
    六、穴——安全之象 ·· 029
    七、戈——杀伐之象 ·· 034
    八、木——生发之象 ·· 037
    九、火——炎上之象 ·· 042
    十、土——化生之象 ·· 046
    十一、水——流动之象 ·· 050
    十二、目——观察之象 ·· 053
    十三、止——行动之象 ·· 056
    十四、页（头）——带领之象 ································ 059
    十五、子——繁衍之象 ·· 062
    十六、酉——幸福之象 ·· 064
    十七、彡——纹饰之象 ·· 067

十八、欠——需要之象……………………………069

十九、隹——飞鸟之象……………………………071

二十、巴——附着之象……………………………073

二十一、羊——美好之象…………………………074

二十二、辰——开合之象…………………………076

二十三、甬——通达之象…………………………077

二十四、文——符号之象…………………………078

二十五、白——明亮之象…………………………080

二十六、臼——凹陷之象…………………………082

二十七、卩——节制之象…………………………084

二十八、巠——纵直之象…………………………085

二十九、弋——拴物之象…………………………086

三十、鬲——隔开之象……………………………088

三十一、乂——交错之象…………………………089

三十二、艮——反向之象…………………………090

三十三、勹——包裹之象…………………………092

三十四、乙——弯曲之象…………………………093

三十五、月——身体之象…………………………094

第三章　指事造字及其思维特征……………………097

三十六、乔——高大之象…………………………097

三十七、回——旋转之象…………………………098

第四章　会意造字及其思维特征……………………100

三十八、疒——疾病之象…………………………100

三十九、争——抢夺之象…………………………103

四十、爰——援助之象……………………………105

四十一、金——收敛之象…………………………107

四十二、古——久远之象…………………………110

四十三、皮——外表之象…………………………112

- 四十四、真——确定之象……113
- 四十五、乍——乍开之象……114
- 四十六、叚——赤玉之象……115
- 四十七、我——形影之象……117
- 四十八、允——哺乳之象……118
- 四十九、青——纯净之象……119
- 五十、反——翻转之象……120

第五章 形声造字及其思维特征……122
- 五十一、肖——消减之象……122
- 五十二、易——阳光之象……124
- 五十三、夂（攴）——打理之象……126
- 五十四、厶——隐私之象……129
- 五十五、曾——叠加之象……131
- 五十六、朮——分叉之象……132

下篇 文化意象……133

第六章 中国文化中的心象思维……134

第七章 传统经典中的意象表征……139
- 一、周易卦象的心理意蕴……139
- 二、《易经》谦卦的心理内涵……153
- 三、中国文化中的南山意象……157
- 四、江南意象的心理分析……160
- 五、仁与自我——仁的文化心理学释义……164

第八章 中国文化中的意象表征……171
- 一、中国文化中的"淡"味……171
- 二、中国文化中的养正观……175
- 三、中国文化中的化变心理……179
- 四、中国人的"静"气……183

五、解读中国人的"笑" ……………………………………… 188

第九章　角色形象中的意象表征 ……………………………… 193
　　一、"观音"的心理象征与人格魅力 ………………………… 193
　　二、母亲的心理表征 …………………………………………… 197
　　三、"暖男"的角色象征与心理功能 ………………………… 201
　　四、心房——房子与中国人的心理表征 …………………… 206
　　五、雪的文化心理内涵 ………………………………………… 210
　　六、"蛇"的三重意象 ………………………………………… 215

第十章　情绪行为中的意象表征 ………………………………… 221
　　一、节制：中国人的心理养生之道 …………………………… 221
　　二、离愁：中国人的分离意象 ………………………………… 227
　　三、等待：中国传统文化中的爱情心理诠释 ……………… 232
　　四、相安：中国文化中的相安心理 …………………………… 236
　　五、逆向：中国传统文化中的反向思维理念 ……………… 240

第十一章　影视剧中的意象表征 ………………………………… 245
　　一、《流浪地球》中的文化意象 ……………………………… 245
　　二、《三生三世十里桃花》中的文化符号与象征
　　　　………………………………………………………………… 249

附录 ………………………………………………………………… 254
　　从"龙"看汉字四象 …………………………………………… 254

参考文献 …………………………………………………………… 260

导 言

一、研究背景

泱泱中华,历史悠久,文明博大。中华文明最突出的特性之一就是连续性,是世界上唯一绵延不断且以国家形态发展至今的伟大文明。我们的文明为什么会如此生生不息、历久弥新?其中原因多种多样,但汉字是不容忽视的核心因素之一。汉字源远流长,在世界文字体系中,作为古老自源的表意文字系统,只有汉字沿用至今。习近平总书记高度重视汉字在中华文明传承中的重要作用。2014年5月,在北京市海淀区民族小学的墨韵堂里,总书记对正练毛笔字的孩子们说道:"中国字是中国文化传承的标志。殷墟甲骨文距离现在3000多年,3000多年来,汉字结构没有变,这种传承是真正的中华基因。"2022年10月,总书记在河南安阳殷墟遗址考察时指出:"中国的汉文字非常了不起,中华民族的形成和发展离不开汉文字的维系。"习近平总书记还指出,要"系统梳理传统文化资源,让收藏在禁宫里的文物、陈列在广阔大地上的遗产、书写在古籍里的文字都活起来"。

(一)如何从汉字之美认识中华文明

汉字作为一种形、音、义三位一体的符号系统,源于日月鸟兽之形,作为中华文明之标志,连接中华民族的过去、现在和未来,方正之间充满美感。汉字长盛不衰的生命力源于哪里?体现出何种中华文明之美?"汉字之美"如何"美美与共"?

陈寅恪先生说:"凡解释一字即是作一部文化史。"一个个来源悠久的汉字,就是中华文化的活化石,蕴含着丰富的文化信息,涉及衣食住行用等多个方面,折射出中华民族的心理状态、价值观念、生活方式、思维特点、道德标准、风俗习惯、审美情趣等。

汉字是中国文化的基因，是中国历史的载体，它参与了中华民族的精神思考与文化历程。它是古老文字中唯一未曾间断、沿用至今的表意文字，是中华文明的源头所在、根脉所系，蕴藏着中华民族博大精深的文化基因，形塑了中华民族共同体的基质结构，成为中国人文化自信的深厚底气。在创制之初，汉字就是一种"依类象形"的对对象的直接模仿，是人观照自然并试图与自然沟通甚至超越自然的产物。[1]事实上，现在全世界除了极少数像中国云南纳西族的东巴文字以外，所有的以象形为基础的文字基本在生活中消失了，唯有汉字仍然和它最起初的象形性、原初性保持着直接的联系，依然保留了象形文字或者表意文字的基本特征，而且很好地承载了中华民族文化的传承、发展和传播的历史任务。[2]汉字形体上所体现的不仅仅是千百年前的文化现象，更承荷着汉民族对世界的认知方式，携带着一个民族的心灵密码。而且在历经形体上的抽象后，并没有削弱其作为图象的根本特质，而是凝结了想象力的核心，对对象进行了本质上的把握，这也是汉字最大的特点，用"象"来表达"意"，即"取象"和"象以尽意"。

汉字是国人的文化初乳。瑞典汉学家高本汉曾感叹："今天一个普通的英国人几乎看不懂三百年前的本国文献……但对于中国人来讲，数千年的文献都能大概了解；他们对本国古代文化的无比热爱和理解，源于他们文字的这种特殊性质之故。"汉字特殊在哪里？特殊在它是中华文明诞生的见证者、中华文明繁荣的记载者和中华文明演进的参与者，特殊在它与中华文明相互滋养，在几千年历史的风云变幻中傲然挺立、枝繁叶茂、生生不息，赓续着中华民族的精神血脉。法国解构主义哲学家雅克·德里达正是从东方古老的象形文字中发现了反对逻各斯中心主义的根据，他引用了黑格尔的一段话："中国文化精神的超稳定性在于它的象形文字书写，这种书写占据一种独一无二的精神文化……象形文字的书写要求一种像中国文化那样稳定的哲学。"把中国文化和思想的问题与汉字的构成联系起来，以汉字的书写来解

---

[1] 骆冬青,唐闻君.立象尽意：再论汉字的"图象先于声音"[J].湘潭大学学报（哲学社会科学版），2017,41(3)：98-101,114.

[2] 黄卫星,张玉能.汉字的构成艺术与中华民族思维方式："六书"与中华思维方式[J].陕西师范大学学报（哲学社会科学版），2016,45(3)：94-107.

构西方传统文化和哲学，这就涉及关于汉字的构成及其法则的"六书"。

（二）文化自信从文字自信开始

一笔一画诉春秋，一撇一捺绣风华。汉字，历经几千年风雨涤荡，已经深深融入中华民族的文化基因。汉代许慎在《说文解字·叙》中简述了汉字的创造过程，并揭示了汉字的构成艺术，即"六书"：八岁入小学，保氏教国子，先以六书。一曰指事，指事者，视而可识，察而可见，上下是也。二曰象形，象形者，画成其物，随体诘诎，日月是也。三曰形声，形声者，以事为名，取譬相成，江河是也。四曰会意，会意者，比类合谊，以见指撝，武信是也。五曰转注，转注者，建类一首，同意相受，考老是也。六曰假借，假借者，本无其字，依声托事，令长是也。[1]虽然后代人对这六种汉字构成方式有不同的看法，比如顺序先后抑或造字之法与用字之法的区别，但经后来的考古学和人类学所考订的历史事实和历史逻辑验证，"六书"是我们研究汉字重要的文字学根据，即指事、象形、形声、会意、转注、假借。

"六书"是汉字的六种构成方式，它集中地反映了中华民族的智慧，表现了中华民族的思维方式的特征。成中英先生提出"六书"均与"象"有关：中国文字是象形文字，"六书"就以象形或取象为主，当然也有象声，都是对客观自然现象的模仿。指事也以形象—符号显示自然关系，模拟自然关系。会意则是对事态的复杂关系的显示，不是单纯的象形。这基本上决定了中国文字的形象性。转注、假借则是语义的延伸，是象形文字的形象性延伸出去。语义的延伸也代表了形象的延伸。[2]例如汉字有的是象形的，日、月、木、水、火、手、口等等，这些在古代中国叫做"文"，用章太炎的说法，这就是最基本的汉字单位"初文"。这是古人通过图像，直接描绘他所看到的事物。但是，这些字不够，就加上会意，就是在一些象形的文字上，加上一些标志意义的符号。比如说刀口上加上一点，就是"刃"；爪放在树上，就是"采"；牛被关在圈里面，就是"牢"。会意还是不够用，就加上声音，成为形声字，比如说江、河、松、柏等等。基础的汉字主要是这三类，当然六书有六种，但主要的是这三类。大家可以看到这三类，基础都是

---

[1] 许慎,等.汉小学四种：上册[M].成都：巴蜀书社，2001:766-769.
[2] 张岱年,成中英,等.中国思维偏向[M].中国社会科学出版社，1991:191-192.

形。因此，用汉字来说话、思考、阅读、书写，就会带来很多特征，可能会有一些重感觉、重联想但语法相对简单的特点，这也是学界对中国古代思维方式的共识，那就是重象、重直观、讲体验。

（三）文化传承融入现代生活是重点

"溥天之下，莫非王土；率土之滨，莫非王臣。"（《诗经·小雅·北山》）"大一统"的思想就是一种向心力和凝聚力，在中国人的心中根深蒂固。汉字对中华民族形成发展的作用与意义，是汉字史与中华文明史研究的重要课题，也是当下优秀传统文化创造性转化、创新性发展需要回答的现实问题。习近平总书记在殷墟遗址考察时指出："中国的汉文字非常了不起，中华民族的形成和发展离不开汉文字的维系。"汉字不仅是记载、保存和传承悠久中华文化的重要载体，而且是铸牢中华民族共同体意识的文化纽带。

如何让源远流长的中华优秀传统文化在当今时代焕发新的光彩？如何让精深的文化经典为广大公众理解、吸收，在保证学术严谨的同时兼顾普及性？《说文解字》（简称《说文》）的作者许慎说："盖文字者，经艺之本，王政之始，前人所以垂后，后人所以识古。""近取诸身，远取诸物"是鲜活的，跟时代息息相关。靠着汉字形体，可以将这样的鲜活储存下来。今天的人们从字形入手，就能够进一步探求到背后蕴含的文化。

汉字是流动的、生成的。王云路教授在《汉字蕴含的思维方式和文化基因》中就使用汉字的科学理性推演进行了论述：一是用抽象思维提取其特征义，施用于其他对象，比如"奋（奮）"的造字义是大鸟展翅飞过原野，其特征是用力向上，由此构成的"奋力""奋勇""振奋""奋不顾身"等常用词却都用于"人"。二是对造字义特征的联想，比如"管理"的"管"，本指竹管，后来指称古时的钥匙，因为其形状像长而中空的竹管。掌握钥匙就是掌控事物，"管家""管事""管理"的"管"都由钥匙这个意思产生。三是对相关事物的联系，比如汉字的"字"，造字义是一个小孩子在屋子里，是说孩子在屋里出生，从"生育"的角度延伸联系到相关的"婚嫁、孕育、抚养"义，就是线性引申。凡此意义的演变与应用，靠的是符合逻辑的联想与推理。[1]

---

[1] 王云路.汉字蕴含的思维方式和文化基因[N].光明日报，2023-02-26(5).

由此可见，中国语言以"形象"为主导，中国人的思维方式是"象思维"。"象思维"概念最早由王树人先生提出，他通过《回归原创之思——"象思维"视野下的中国智慧》等一系列论著阐释了这种超越主客二元对象化的思维方式。"象"字来自古代文献，比如"大象无形"，比如"无物之象"，"象"的说法很多，因而可以被说成是"原象"或者"道之象"，被看作大视野和高境界，也可以扩展到《周易》的卜爻象、道家的道象、禅宗悟禅的禅象，还可以普遍称之为精神之象。象思维在先秦时期已经成熟，以人们的"观象"活动为起点，以"取象"为主要过程，以"立象"为表达方式，以"象"作为思维载体对"道"体悟，在一定程度上决定了中国传统文化的思想内核及精神风貌。[1]

习近平总书记在新的历史条件下又明确指出："不忘历史才能开辟未来，善于继承才能善于创新。优秀传统文化是一个国家、一个民族传承和发展的根本，如果丢掉了，就割断了精神命脉。"

二、研究目的和本书框架

值此百年未有之大变局，中华民族亟须在本民族的传统文化中持续地汲取营养，获得启迪，从而进一步增强民族归属感和自豪感，增强文化自信。要把汉字中蕴藏的古人的造字理据和体现出的思想观念和精神智慧，以通俗易懂并丰富多彩的形式向社会传递，向大众传播，并作为"中国文化走出去"策略的重要形式和载体，传递到世界各地，让世界进一步了解中国，了解中国的优秀传统文化。

《2021—2035年国家古籍工作规划》明确把"加强汉字阐释，揭示汉字蕴含的中华文化内涵"列为"促进古籍资源普及推广"的重要工作内容。汉语溯源研究，包括对汉字的文化属性、哲学内涵、历史价值的准确把握，其最终目的是挖掘出汉语造字、用字、构词与意义演变中所呈现出的独特思维模式和认知理念，揭示汉字与中华文明、中华民族的辩证关系，从汉字的视角重新审视中华文明博大精深的历史内蕴。所谓汉字心象，就是用"象"

---

[1] 张绍时. 象思维与中国古代文论精神[J]. 河南社会科学，2020,28(12)：99-105.

的思维认识汉字,即通过形象、音象、意象等各种直观的象思维方式来走进先民们"仰则观象于天,俯则观法于地","见鸟兽蹄远之迹","近取诸身,远取诸物"所创造的汉字世界,发现汉字之美。

本书分上下两个篇章,上篇《汉字心象》以汉字为线索,按象形字、指事字、会意字、形声字的分类,对其取象,即对古人的造字理据及演变规律进行分析和阐释,并采用聚类语义分析技术带领读者走进中国汉字的象世界,用"象"的思维认识汉字。即在研究汉字时先归纳同类(形、音、象等)汉字,从聚类的汉字中通过深度比较法、归纳法、演绎法等方法来剖析汉字的原始含义及演化后的含义,以便澄清其准确内涵。全篇从两个维度讲述56个心象及其延伸的相关汉字。一是从纵向的历史维度分析汉字在历史进程中的演变,即综合考虑甲骨文、小篆、金文等不同时期的字形、字义;二是从横向的聚类维度分析具有同类(或相反)构件(形、音、象等)的汉字中包含的共同(或相反)含义,以便精准推断汉字构件的共性含义。全篇以甲骨文字形为基础,结合篆书、隶书等字形演变的情况,对其字根意义及"象"进行分析。在此基础上又选取若干具有同类(或相反)构件(形、音、象等)的汉字,进行进一步的解释和梳理,并试图从其生动的构型和"象"中了解先民们认识大千世界万物的思维方式。希望本篇能提供一种新的思路帮助大众走进美妙的汉字世界理解汉字,走进古人观察事物的视野中理解中国文化。下篇《文化意象》以解读中国文化意象为主线,对传统经典、中国文化、角色形象、情绪行为以及影视剧中的意象表征进行解读,以"象"显"意"、以"象"体"道",希望通过笔者的解读,让文化回归到超现实的"意",通过深入理解和学习,可以更好地领略到中国文化的博大精深,增进对中华文明的认识和理解。

上篇

汉字心象

第一章

聚类语义分析：一种大众了解汉字的分析技术

汉字是中国文化的载体，但学校语文教学中汉字教育的不足导致了许多中国人包括成年人群体中都广泛存在"不识字"（会写会读，但知其然而不知其所以然）的现象。本章通过介绍一种聚类语义分析方法，旨在让大众掌握这项理解汉字的分析技术，进而增强我们中华民族的文化自信。

1. 聚类语义分析简介

聚类语义分析，指在研究汉字时先归纳同类（形、音、象等）汉字，从聚类的汉字中通过深度比较法、归纳法、演绎法等方法来剖析汉字的原始含义及演化后的含义，以便澄清其准确内涵的研究方法。这种分析技术有两个维度：第一个是纵向的历史维度，即要分析汉字在历史进程中的演变，综合考虑甲骨文、小篆、金文等不同时期的字形、字义；第二个是横向的聚类维度，即要分析具有同类（或相反）构件（形、音、象等）的汉字中包含的共同（或相反）含义，以便精准推断汉字构件的共性含义。

聚类语义分析的心理依据在于荣格的原型(archetype)理论。荣格认为，在人的进化过程中，大脑携带着人之为人的全部历史——一种"集体记忆"，当这些"集体记忆"被凝缩、积淀在大脑结构之中，就形成了各种"原型"，即一种存在于集体无意识中的、具结构性的、看不见摸不着（抽象）却又实实在在有着巨大力量的"深层结构"。"原型"本身是看不见摸不着的，一定要通过具体的"载体"才能得以显现。而汉字恰恰就是中国文化的原型载体之一，包含了各种"原始意象"。通过聚类分析可以让这种"原始意象"得到形象化、具象化的展现。这种分析技术的优点在于通俗易懂、便于操作，适合大众通过简便分析来了解汉字、了解中国文化，但如果要进行深入的技术分析研究，则要借助权威研究（权威字典、权威文献等）

来进行论证，且要遵循严谨而细致的操作程序。限于本书的文化普及旨趣，这里只通过简单的案例来介绍该项分析技术的简易操作方法。

2. 聚类语义分析案例一：聚形分析

聚形分析是通过聚类分析具有相同或相似部首、偏旁或字形的汉字来分析其共性含义，进而来了解该汉字为什么是这个含义，以及为什么会引申出其他众多含义。我们以汉字"消"为例来进行分析。

"消"的部首为三点水，我们选取"肖"作为聚形分析的"标签"。通过查阅字典，发现具有同样标签的汉字有"梢、稍、屑、削、峭、宵、霄、鞘、悄、哨、捎、逍、销、硝"等，"消"常用的组词有消失、消灭、消解、消散等。

"肖"从篆体字形 上看，上面是"小"或"少"，下面是肉的形状。"小"指沙粒或尘土形状，表示细小。"少"同"沙"，指像沙子一样分散的东西。一个东西分散得越多，就越小、越少。"肖"从直观上来看，就是肉变小了或变少了。古人的生活经验中，肉块儿晾晒久了或者煮熟后都会缩水变小，虽然看起来还是原来的形状，但确实比原来的小了一些，这就是"肖"。有意思的是，笔者发现很多有名的老字号卤肉店、肉夹馍店都是"肖记"。有可能"肖"姓与煮肉有关。西北少数民族属于游牧民族，以牛羊肉为主食，有很多肖姓的人起源于此。因此，这里首先有一种假设，"肖"与变小、变少有关（也可以假设其与肉有关，但这种假设很容易被证伪）。

接下来，我们通过具有同类构件"肖"的汉字来印证假设。"梢"指树梢，树枝越到末端，就会越来越细小。禾苗的尖端"稍"也比较细小，即"稍微"。"屑"指人身体（尸）最末端皮肤的细小分泌物，比如头皮屑。"削"指用"刀"来削皮，比如水果削完之后就会明显"小"了一圈。"峭"指山的顶部变尖变细，如同用刀削小了一般。"宵"指屋子（宀）里的亮度慢慢变小，自然光线越来越暗（古代没有电灯），表示到晚上了。"霄"指高空中细小的雨珠。"鞘"指拴在鞭子末端的细小皮条，是鞭鞘的部分。"悄"指动作、声音变小，悄无声息。"俏"指人小巧精致。"哨"指吹口哨时口型要缩小。"捎"指人顺便捎带的东西，一般体积不会很大，比较小，用手（手掌）就可以拿着。"逍"指人越走（辶）越远，从视觉效果上来看身形越来越小。"销"就是金属在高温下慢慢熔化成铁水。"硝"指像石块一样的芒硝放在水里就会消融，而结晶后像石头一样。作为中药，它有消肿软坚即软化肿块的作用，所以与"消"同义。从上面的聚类分析可以印证关于"肖"的含义的假设，即表示变小、变少。

带着这种通过聚形分析印证的假设，再回到"消"本身，通过生活常识和常用组词进一步来印证。回到生活经验，古人发现雪、冰随着温度的升高都会慢慢变少，直至最后全部化成水，原来的东西就"消失"不见了。"消"的准确含义就是水变少（冰变小）。"消灭"一词包含消和灭，灭指把火灭掉，消指用水来灭火，水得到消耗而变少（古代没有自来水）。"消解"一词是指分解、减少。"消散"指水汽、雾气慢慢变少、消失不见。

3. 聚类语义分析案例二：聚音分析

聚音分析是通过聚类分析具有相同或相似读音的汉字来分析其共性含义，进而来了解该汉字的内在含义。案例一中的"消"也可以用这种方法来分析。这里，我们以汉字"乔"的读音为例来进行解读。

"乔"从甲骨文字形 和金文字形 上来直观地看，有高大的形象。这里主要举例读音的聚类，所以字形的分析仅作为旁证。通过查阅字典，发现读音为 qiáo 的汉字有"瞧、樵、桥、侨、荞、峤"等。

结合生活常识，听到 qiáo 这个读音人们第一反应的汉字大概率是"瞧"，因为要看一下周围发生了什么事情。其中，看是"目"（眼睛）的功能，小鸟（隹）和火（灬）则表示向上的意思，小鸟可以展翅高飞（雀在有的方言中就读 qiáo），火性炎上、火苗是往上蹿的。单纯一个读音随意性比较大，要结合其他读音相同或相近的汉字一起来分析，暂时不宜进行假设。"樵"指砍伐树木、打柴，有过砍柴经验的人都知道，要砍伐的细小的树枝一般都是在高处（相对人的身高而言，不是指最高处的树梢）的，因为高处的枝条比较细，容易砍伐。"乔"（喬）表示高大，"乔迁"表示搬到更高、更大的新房子里面。"侨"指个子或外形上比较高的人，比如踩着高跷（qiāo）的人。"荞"指荞麦，即体形高大的草。"桥"指桥梁，通常架在水面上或地面上，是高于水面或地面的。"峤"与"峭"指高大尖耸的山峰。相似读音的汉字如"翘"指突起或变高。相近读音的汉字如"轿""骄""矫"分别指古代抬的轿子、高头大马和将箭杆（矢）有弯曲的地方拉直。通过对相同、相似、相近读音的汉字的分析，可以归纳出读音qiáo有高处、高大的含义。再回归到生活常识，"qiáo（瞧）得起"是指对方在自己心目中的形象是正面的、高大的；从反向的角度来思考，人们说的"小qiáo"是指把人看扁了，即对方在自己心目中的形象是微不足道、渺小的。

4. 聚类语义分析案例三：聚象分析

聚象分析是通过聚类分析具有相同或相似意象的汉字来分析其共性含义，进而来了解该汉字的内在含义。这里，我们以汉字"乙"为例来进行解读。

"乙"的甲骨文字形 ？ 是一种弯曲的形象。《说文》解释为草木破土而出、刚刚发芽时屈曲生长的形状。这里先假设"乙"是弯曲的意象。具有类似的弯曲意象的汉字还有"气、汽、乞、乾、己、巳、已、夗、风"等。

"气""汽"指云气、水汽弯曲缭绕的形态。"乞"指乞讨、乞求时弯曲的身形以及相应的姿态。"乾"的古文字形 ？ 表示小草在太阳的照耀下生长，其中"倝"（gàn）表示太阳刚刚出来时金光灿烂的形象，"乙"表示植物弯弯曲曲向上生长。"己"指人的腹部，代表饮食，可以联想到肠子弯弯曲曲的形状。"自"指鼻子，代表呼吸。呼吸和饮食是个体生存所必不可少的，用于代指"自己"。"己"把饮食转化为人体所需要的营养和能量，这是一个曲折的过程。"忌"代表心中有所顾忌，不愿直接表达想法。"巳"代表蛇，与蛇弯曲的形象一致；"圯"指用土石临时铺砌的小桥，表示铺砌的桥面高低不平，弯曲不直。"夗"为身体侧卧弯曲的样子 ？；"苑"表示曲径通幽（有弯弯曲曲的小道）的园林；"怨"指心中有郁积的委屈、愤懑、不满等情绪，不能直抒胸臆；"鸳"指鸳鸯这种水鸟配偶之间颈与颈相互依摩，在水中欢快交颈嬉戏的特征；"宛"指房屋建筑宫室回环、盘曲回旋的样子；"婉"指像女子一样性情温顺、曲己从人。"风"中包含"乙"的弯曲之象，表示风可以使树木、枝叶、花草等弯曲，"×"的符号既可以表示风向的变化，也可以表示风吹之后留下的痕迹，比如弯曲、折断等。从以上意象的聚类分析可以印证"乙"的含义假设，即表示弯曲。

总之，聚类语义分析是一种容易掌握、便于操作、易于理解的汉字分析方法，聚形、聚音、聚象等技术可以结合起来使用，相互佐证。例如，汉字"峭"通过"肖"的聚形分析有变小、变尖之义，通过qiáo的聚音分析有变高之义，二者相互结合，就可以得出山峰高而尖的含义，即包含"尖耸"的意象。如果能较好地掌握该技术，大众对于中国汉字乃至中国传统文化的理解便可较从前更进一步，也会更加喜爱我们自己的传统文化。

第二章

象形造字及其思维特征

一、心——精神之象

图 2-1 "心"的甲骨文和金文字形

"心"的古文字形是心脏的形象。金文字符中间像心,外面像心的包络,点表示连在心脏的血管。心字泛指人的思维、情感、意志等,有精神之象。

"思"字中的"田"其实是"囟",即囟门,代表大脑。古人认为大脑和心脏都是思维器官,即广义的"心"。虑(慮)字中的"虍"代表猛兽,出于生存本能和安全需要,要居安思危,思虑如何抵御猛兽的侵袭。这也表达了一种因担忧而思考如何驱除危险的情绪。"滤"(濾)表示把水中令人担忧的东西(小虫、渣滓等)去除掉,即过滤。

"意"字中的"音"通"言",言为心声,用语言表达当下心里的想法或真实意图叫"意"。反之,如果心口不一就叫"虚情假意"。忆(憶)字中的"忄"指过去之心,表示与当下之心意相区别,即对过去发生的事件及当时的心理状态的回忆。

"志"字的篆体字形为 ，其中"之"为脚步,侧重行动力。"志"代表心里想去的地方,即志之所向。"鸿鹄之志"代表志向高远。

"念"字的金文字形为 ，其中"今"为口朝下、中间有钮和舌的铃形。铃是古代金属(一般为铜制)响器和乐器,形体似钟而小,腔内有铜舌,摇之发声,即"打铃"。古代没有录音机,人们即时听到的铃声就表示现在、当下、此时此刻的时间概念。因为铃是金属制造的，所以"今"与"金"同音。另外，"今"的字形也像"曰"（表示说话）字的倒写，开口形状表示嘴巴正在说话。"开口""声音"等相似意象与嘴巴建立了心理联结，"含"表示食物当下正在嘴巴里，"吟"表示嘴巴正在发音。一般而言，心字底与个体自身相对应，表示自己的心理感受；而竖心旁"忄"与观察者相对应，表示旁观者的心理感受。因此，"念"表示个体心里当下正在思考的东西，即"一念"。如果一个人一直（许多个"当下"的连续状态）在想某个东西，就叫"念念不忘"。时至今日，铃响依然是表示"到点了"，是一种催促的信号，这种"刺激—反应"的条件反射表现为人听到铃声就要立刻行动。从旁观者的角度来看，"忴"就是指一个人刚听到信息就迫不及待去做，表示心急。

"想"字中的"相"为用眼睛来观察、端详树木的情形。"想"即由外在之物（相）的观察而引发的心理的联想与想象。

关于"感"字，"咸"中的"戌"为大斧，有征战杀伐之象；"口"表示众人齐呼以助声势。"感"就是面对外在刺激时的心理感受。"撼"表示以手摇动，刺激和感觉更为强烈。比如，地震时的感觉叫"震撼"。憾字中的"忄"表示旁观或回望时的心理，"心"表示当下的心理；"感"加"忄"强调过去的心理感觉，如"遗憾"。

"态"（態）字中的"能"为熊的象形。古人认为熊能冬眠，不吃不喝，非常神奇，对这种能力比较推崇。"态"即心的能力及其外在表现，如姿态、情态、态度等，俗话说"心态决定一切"，对"心"的能力也比较推崇。

"慈"字中的"兹"由"丝"和"艹"构成，"丝"又由两个"幺"组成。"幺"为单根丝线，表示细小；草字形表示量多；抽丝过程中对又多又细的丝必须精心料理，不能疏忽。母亲对年幼孩童的照顾通常都是无微不至的（这种爱叫"慈爱"），所以母亲也叫"家慈"。

"爱"（愛）字的篆体字形上、下分别为两个脚的形状，表示行动；"冖"表示包裹、围绕；围绕着"心"来行动，即内心真正想去做的事情，如"爱好""热爱"等。嗳（嗳）字指嘴里答应的声音，与心里想做的一致（与表示应答的"哎"音象相通）。

"慧"字中的"彗"表示用手拿扫帚扫除灰尘。灰尘为蒙蔽之物,扫去灰尘表示能恢复事物的本来面目。因此,"慧"表示不为外在现象所迷惑,能看到事情的本质。

"惠"字中的"叀"为纺锤的形状,纺线时要求全神贯注,即"专(專)心"。纺线是看着丝线变成布(财物)的过程,即看得见的好处,如"实惠"。

"恩"字中的"因"指用草编成的席子或垫子,是睡觉要具备的基本条件(如果直接睡在地上或者稻草上不舒服)。席子是人用来躺卧或依靠的东西,所以引申为依靠、凭借。对所依靠的人或物品的感念,即"感恩"。

"忍"字中的"刃"即锋利的刀刃,表示利器,引申为对生命有潜在威胁的对象。人在面临可能会危及生命的敌人或威胁时,会抑制自己的语言、情感和行为,甚至任人宰割,这就是"忍"。"耐"是一种剃掉胡须、毛发的轻微刑罚,忍耐就是接受一定的痛苦。

"恕"字中的"如"表示女子按照命令("口")去做,有顺从、依照、遵循之义。"恕"表示依照内心的想法,将心比心,换位思考。

"恋"(戀)字中的"䜌"中的"辛"表示木枷,"丝"表示长长的绳索,整体上是一个牲口颈上的套子,表示套住或控制(羁绊的"羁"也是用笼头、网兜和皮革做的绳带来套在马的身上)。"恋"表示一个人的"心"被俘获或套住了。恋人就是被爱情和激情裹挟的人。

"悠"字中"攸"的本义是撑船而行。"攵"表示以手持竿,"丨"本为三点水,徐锴《说文解字系传》曰:"攸,入水所杖也。"段玉裁注:"水之安行为攸。"《易经》中的"君子有攸往",指君子去了很远的地方。"悠"字表示水中撑船缓缓行进时,船尾处荡起层层涟漪(三点水),人行走在如画般的水云间,是一种闲适自在、悠然自得的心理状态。按照同音取象,"悠"字有时通"忧",表示忧愁。

"中"的一种古文字形 表示旗子中间的圆环,也有字形表示射箭正中靶心,二者均表示中间。中原地区(河南)方言中人们征求对方意见时经常挂在嘴边的一句话叫"中不中",用来表示"好不好"或"同意不同意"。旗子是氏族、部落等集体的象征与标识,"忠"就是个体对集体发自内心的心理认同;个体处于旗子(集体)形成的心理场域之中,跟随旗子指引行进，令行禁止，就表示服从集体，诚心尽力。从旁观者的角度来看，"忡"表示一个人心中有事情，以致忧愁不安。如果把人比作一个靶子，人有心事就好比"靶心"被击中了。

"慰"字中的"尉"表示以手（"又"）持火（"小"）给行动不便、一动不动的病人（"尸"）治病，即热疗方法，用于治疗轻微的寒证，有温暖之象。"慰"表示在一个人遇到挫折、困难而心情低落（心寒、孤独）时给予温暖、安慰。"蔚"表示天气由寒变暖，春回大地，草木欣欣向荣，放眼望去郁郁葱葱，蔚为壮观。

"勿"字的甲骨文字形 为刀旁滴血的形象，指切菜时不小心切到了手指。切勿即切菜时千万不要切到手指，指务必不要。"忽"字表示像切菜不小心切到手一样，一不小心疏忽了。"惚"字指从旁观者角度来看，一个人心神不定就是精神"恍惚"。

"惩"（懲）字中包含"徵"，其中"彳"表示道路，"攴"表示以手持杖，"山"为头发形状，"壬"为挑担负重，组合起来表示役使披头散发的人挑重物行走，即原始的"劳动改造"。劳动改造的人是一类特殊群体，是专门征召的，叫"特徵"。劳动改造的目的在于通过惩罚措施使人改正，所以"惩"的用意在于"正心"，即使误入歧途的人回归正途。

"德"字的金文字形为 ，眼睛上面都有一条直线，再加上"彳"表示走正道，即行为端正。"德"表示品行端正，没有歪心思，不动坏脑筋。同音取象，"德"通"得"，寓意有德者有福。

"怒"字中的"奴"即奴仆，仆人没有人身自由，而且要用尽全力（"努"力）地辛勤劳动主人才会满意。"怒"表示用尽全力的心理状态。人在特别生气时，由于应激反应会使身体的汗毛（毛发）竖立起来，叫"发怒"。"弩"指强有力的弓箭。

"急"字中的"及"表示用手抓住所追赶之人。"急"就形容想达到某种目标的迫切心情。词语"火急火燎"形容像身体着火了一样着急，想立刻把身上的火扑灭。

"恐"字中的"工"为"夯"的象形，"巩"的金文字形 为人双手持工具打夯的形状。打夯是把地基砸实，做好地坪，以确保地坪受压不再塌陷。恐：打夯时地面会发出咚咚的震动之声，而人在极度害怕时由于紧张心脏也会剧烈跳动，像打夯一样。"恐"就表示因为紧张、害怕而心脏咚咚直跳的心理状态。

"惊"字中的"京"为高楼的象形，"危楼高百尺，手可摘星辰"，人站在高楼之上往下看，会产生胆战心惊的危险感受。从地上的旁观者角度来看，对这种危险感同身受的心理状态叫"惊"，感受到某种危险叫"吃了一惊"。

"怨"字中的"夗"为身体蜷曲之形。心情郁闷憋屈，如身体蜷缩一样不得伸展，就容易生出怨气。类似的有"闷"，为闭塞之象，只是程度上较轻，疏解的途径就是"解闷"（"解"即打开）。

"忿"字中的"分"表示分开、区分，而"忿"的原因就是被区别对待，对不公平、不公正的待遇而心生怨恨。"忿忿不平"表示因为不公平而怨恨。

"恳"字中"艮"的字形为扭头回望（突出眼睛"目"）的景象，表示眼光的方向发生变化。一般而言，向前看为"见"，回头看为"艮"。"恳"的繁体字为"懇"，其中"豸"（猫科动物）的字形由"豕"（猪）演化而来（因字形相近而在书写中混淆）。给猪喂食时，当猪在圈栏里听到动静（可以联想巴甫洛夫给狗喂食的条件反射实验）后会立刻回头来找食物，那种渴望食物的眼巴巴的神态是一种原始的本能，人也是如此，例如表示欲望的"慾"就形象地揭示了粮食（谷）欠缺（欠）状态下人内心的本能反应。按照马斯洛的需求层次理论，人除了食物等基本的生理需求，还有安全、尊重、自我实现等高层次社会性需求，而这种发自内心的需求就会表现出"恳"。《三国演义》中"三顾茅庐"的故事充分展现了刘备对"卧龙"诸葛亮的一颗诚恳之心。刘备邀请诸葛亮出山时说"大丈夫抱经世奇才，岂可空老于林泉之下"，情恳意切；而诸葛亮未出隆中便已知天下三分，其内心之"恳"也是真心实意。如果涉及资源的竞争与掠夺，这时的回头瞪视表达的就是"恨"意了。"恨"字表示一个人用眼睛瞪着另一个人（眼神发生从平静到瞪视的变化），以表达心里的怨恨；从旁观者的角度来看，这种生理与心理的变化一目了然，容易辨认。

"悲"字中"非"的古文字形为鸟的翅膀，表示相反的方向。"悲"就表示事与愿违（"原"指泉水的源头，"愿"表示原本希望得到的东西或最初预期达到的目标）的哀伤。例如，"少壮不努力，老大徒伤悲"就是说人到老年时才发现自己年轻时的梦想、愿望都没有实现，即残酷的现实与年少时美好的愿望相违背，会禁不住悲从中来。从旁观者的角度来看，"悱"形容一个人表现得不自然，欲言又止，欲说还休，想说又不知道怎么说，或者迫于压力言不由衷，即内心的声音和情感不能得以表达和宣泄排遣，心绪悲苦。由于许多话只能憋在肚子（腹部）里暗地发牢骚，所以叫"腹诽"。

"恶"（惡）字中"亚"的繁体字为"亞"，甲骨文字形✚表示四面的道路都被封堵上了，不能通行，有否定之象。在音象上，"恶"与"勿"相通。

"忌"字中的"己"为弯曲的绳索之形。上古先民结绳记事，用于记录重要的事情，一次就是"一记"。结绳时一般要结一个疙瘩形状。加"心"象征心里的疙瘩，即耿耿于怀的事情，"大忌"即"大记"，绳子挽的疙瘩也会比较大。比如，"记仇"就是记录下古代部落之间的冲突、仇杀，伺机报复。

"患"字中"串"的说文古文字形为一串绳子串起贝壳的形状，为重物贯穿之象。"患"表示心理有负担（累赘），欲去之而后快。

"惑"字中的"或"为持戈守卫巡逻城邑（"囗"）的景象。守城巡逻时要注意从普通民众中区分出伪装的敌人或潜在的坏人，这种难以辨别（怀疑、不确定）的心理状态为"惑"。"迷惑"指通过伪装使对方难以辨别清楚。

"惹"字中"若"的篆体字形为⿱艹言，表示用"口"来询问别人如何（用"手"）区分两株长得差不多的青苗（"艹"可以表示青草、庄稼、草药等植物）。用手去拔除一株草就叫"惹草"，有轻浮之象。"诺"表示对方回应并进行了确认（承诺），有确定之象。"惹"指本来相安无事，但却有意怀着试探、侥幸的心理去挑逗别人或搬弄是非，结果往往会生出事端，即"惹事"。

"忘"字中"亡"的古文字形为⿺乚人，形象地勾勒了"人"进入隐秘（"乚"）场所把自己隐藏起来的情形，引申为走失、丢失、逃跑或消失不见。"乚"表示隐藏之义，人隐藏起来、消失不见了就是"亡"。古人认为，记忆的功能由"心"掌管，因此我们常会说"牢记在心"；而"忘"就意味着记忆的内容从"心牢"里面逃跑了或"越狱"了。人在遇到灾害、威胁时，本能地会进行躲避、防御，设法将自己隐藏起来，这与精神分析学说所认为的遗忘源于隐藏和压抑的防御型保护机制不谋而合。发生过的事情在大脑的记忆中隐藏起来（在潜意识中）不能及时提取就叫做"忘"。"忙"指要处理的事情比较多，一个人要全力应付，手忙脚乱，而"心"则被放在一旁，表示无暇思考。因此，"忘"侧重心理层面（包括意识与潜意识），而"忙"侧重外在行为表现。

"怠"字中的"台"古文字形为 ᘒ，通"胎"，"厶"为头朝下的婴儿形象，表示婴儿刚刚出生；"口"本为圆形，表示胎儿的胞衣。例如，女子怀胎就代表新生命的开"始"。"怠"指刚刚生产完的孕妇精疲力竭，没有一丝力气，因此"怠"表示没有行动力或劲头不足。日常生活中"懈"与"怠"经常连用，"解"为松解之象，即把一头牛分解成肉块平铺于地上，表示懒散的状态。从旁观者的角度来看，"台"为婴儿初生，而新生命的诞生是众人开心的喜事，"怡"就表示"新生"的喜悦、安详与和乐。例如，"怡然自得"暗含了精神层面有新的领悟或喜悦，"心旷神怡"指精神面貌焕然一新。因此，"怠"侧重孕妇自己生产后浑身无力的身心反应，"怡"侧重众人面临新生命诞生时的喜悦之情。

"忏"（懺）字中的"韱"表示用"戈"来割一种细叶的山韭。韭菜割完之后很快又会发出来，可以重复割很多茬。"忏"表示内心对过去做错的事情非常纠结，希望这个错误没有发生过（即把它"割掉"），这种反复出现又想加以抑制的念头就叫"忏"。"悔"字中的"每"上半部分为"屮"，乃草木初生之象，下半部分"母"为孕育、哺乳之象，表示事物的根源，合起来表示草木不断滋生而变得茂盛，引申出经常、常常之义。"悔"表示对自己做过的事情表示悔恨、懊悔，这种负面情绪就像"心田"中不断滋生的"杂草"，难以清除。悔恨的心理根源在于个体虽然认识到了自己的过错，但是因为自己的过错尚未改正，所以按照格式塔心理学的完形理论，这种心理冲突尚未解决，一直潜藏于内心深处，像小草一样"野火烧不尽，春风吹又生"，每每会从地下（象征潜意识）冒出来，进入意识之中，让个体产生改过的意愿。因此，"忏"侧重认识过错，强调"割除杂草"的心理意愿；"悔"侧重想要纠正过失，强调其心理根源与内在驱力。"人非圣贤，孰能无过。"人不贵于无过，而贵于能改过。苏轼曾说："夫以圣人而不称其无过之为能，而称其改过之为善，然则补过者，圣人之徒欤！"

"怀"（懷）字中的"褱"用眼（"目"）泪（"水"）洒在衣服（"衣"）胸襟前的形象来表示因触发情感而流泪的景象。因为泪光是藏在衣服里的，还表示不希望被别人看到的东西，这是一种反向的心理表达，有隐藏之象。例如，当我们外出携带有贵重物品或者大量财物时，总会下意识地感觉有人在盯着我们看。"怀"表示内心潜藏的态度、想法、情感等，这种心理状态平时不易察觉，或不希望被别人发现，例如"情怀""不怀好意"等。"坏"（壞）字指古人常常用土来烧制土坯进而制成砖瓦、器具等，有的土坯内部有杂质或裂纹但外在不明显，往往到了使用时才能发现是"坏坯（胚）"。对于用土做的建筑（房屋、墙壁）来说也是如此。因为质量问题或下暴雨等土房子坍塌了就叫"坏了"。如果因此出现人员伤亡，亲人必然是泪洒衣襟、伤心不已。实际上，"坏人"在平时也是不容易鉴别的；当"坏人"被发现之时，也是受害者伤心落泪之时（"坏"与"害"音象相通）。

"情"（心+青）与"性"（心+生）相比在汉字构成上多了一个"月"，这个"月"本来写作"丹"，甲骨文字形为 ，即在"井"字中加了一点以表示丹矿井中的朱砂，指颜料。草木初生为青色，随着生长变化会逐渐分化出绿、黄、红、灰等颜色，因此用颜色来隐喻人内心复杂多变的情绪。根据古人的比类思维，人有七情"喜怒哀乐爱恶欲"，正如自然界的彩虹有"红橙黄绿蓝靛紫"七色一样。人内心自然生发出的需要、情感、好恶、欲望、动机等都可以称作"情"，比如性情、心情等。"性"的古文字形 为小草初生的形象，通"生"。"性由心生"，侧重各种心理活动产生的原因，如心理类型、原始本能等。因此，"性"与"情"意义相近，但"性"更侧重人先天的本能冲动与气质类型，而"情"更侧重人后天的情绪情感反应。

"快"字的篆体字形为 ，其中"夬"的古文字形 表示一个环形物套在最上面的手指（"又"）之上，指射箭时套在射手右手拇指上的扳指，为拉弓射箭时扣弦用的一种工具，以保护射手右拇指不被弓弦勒伤。狩猎之时，看到猎物后搭弓射箭必须眼疾手快，"快"就表示像狩猎射箭一样畅快的心情,暗含着收获(猎物)的喜悦。"愉"字中"俞"字的古文字形为 ![图], 其中"月"为舟, 是由中空的木头做成的小船, 加上指示向前的三角符号和水流形状, 表示顺水行舟。舟行水上, 比较轻快, "愉"就表示像行舟一样轻松的心情, 舟行水上泛起的微小涟漪象征人轻微的愉悦心境。因此, "愉"侧重无欲无求、轻松自在, 是无为的喜悦; "快"侧重见猎心喜、通达畅快, 是有为的喜悦。"悦"(說)字中"兑"用"八"表示分开, 描摹的是一个人咧开嘴笑的情形。看到一个人在开口笑, 可以推断其内心比较喜悦。

"惜"字中"昔"的甲骨文形状 ![图] 中用重叠的波浪象征洪水, 表示远古时期漫无边际的大洪水。"昔"代表过去, 而"惜"则表示对过去的哀伤事件的心理感受, 比如痛惜、可惜等。

"怕"字中的"白"表示明亮的光线。"怕"代表遇到危险时大脑中一片空白的僵化反应, 即心中(头脑中)没有应对局面的办法, 行为上表现为手足无措。"惧"的繁体字形为"懼", 其中"瞿"的古文字形 ![图] 为小鸟的形状, 突出了两只眼睛。从旁观者的角度来看, 小鸟不停地左顾右盼、东张西望, 是在警惕各种危险, 进而"投射"为内心的害怕情感。因此, "惧"侧重外在行为上的坐立不安, 而"怕"侧重身体与思维僵化的应激反应。

"惕"字中"易"里面的"彡"表示阳光照射到人或物体上被挡住后出现的暗像, 如影子、阴影等。毫无疑问, 先民在看到阴影出现时出于保护自身安全的本能会心生警惕。这种小心谨慎的心理就称作"惕"。《周易·乾》中有一个成语"朝乾夕惕", 形容一天到晚勤奋谨慎, 没有一点疏忽懈怠。

"懊"字中"奥"里面的"釆"最初为"禾", 双手捧禾表示祭祀, 室内祭祀一般在房屋("宀")的角落里, 古时通常在西南角祭祀设神主, 引申为幽深之处。祭祀祖先(象征丧失)时常怀追思之情, "懊"表示因过去种种不如意的事件(象征着丧失)而情绪低落, 即"懊丧"。

"忪"字中"公"的古文字形 ![图] 取象于人的容貌, 鼻、口居中为中心线, 左右对称, 五官端正, 不偏不倚, 引申为"公正"; "容貌"一览无余, 人人可见, 表示"公开"。"忪"表示一个人("面目")暴露在公开场合下的不安心理, 基于社会期许效应而担心外貌、举止等是否得体, 也可以理解为女性在面对男性("公")时担心自身妆容是否优雅得体的不安心理。例如，"惺忪"表示一个人刚刚睡醒，意识已经恢复清醒，但仍有些睡眼蒙眬的样子。"忩"表示人在公众场合出于紧张心脏会扑通扑通地快速跳动，这与人匆忙赶路时心跳加速的状态比较相似，因此字义与"匆"相通，表示匆忙。因此，"忪"侧重个体内心在乎他人的看法，而"忩"侧重于心跳加速（或心悸）的应激反应。

"慌"字中"荒"的古文字形为，指草像水一样淹没田地，表示庄稼荒芜，杂草丛生。"人误地一天，地误人一年"，如果田地里杂草丛生，缺乏管理，就意味着庄稼收成不好，没有充足的粮食。"家里有粮，心理不慌"，反之，看到杂草丛生的景象就会产生慌乱的心理。后来引申为没有做好充分准备时的慌乱心情。

"惆"字中"周"的古文字形本为钟体四周密布的乳突形雕刻，取其环绕密布之象。"惆"指内心遍布的失意情绪（或千头万绪的心结），就像钟上面的乳突雕刻一样。"怅"字中的"长"本为长发老人的形象，取其长久之象。"人生不如意十之八九"，这种不如意的情绪长久时间占据在心里并弥漫开来，成为一种主导心境。因此，"惆"侧重空间，而"怅"侧重时间。

"恒"字的金文字形为，其中"亘"（gèn）的上下各一横分别表示天与地，中间为月亮的形状，月在天地之间，与天地同寿，表示恒久。"亘"（xuān）还有一种字形像回旋之水。因此，"恒"表示心理长久处于某种状态，"恒心"表示能够长久坚持。

"应"（應）字与鸟尤其是雁有意义关联。"雁"为大雁，古人认为大雁重情义、从一而终，所以婚俗中男方向女方订婚时会送一只大雁（或者雁形的糕）；"爿"为"木"的一半，寓意"伴"，即求偶之意。以雁做聘礼的时候，女方对这门亲事要回个"心里话儿"，即答复是否同意。如果同意，就叫"答应"。

"愿"（願）字中的"原"为"厂"（山崖）下有"泉"水流出之象，代表山泉，泉为水之源头。"页"突出人的脑袋的形象，表示头脑中或内心深处的真实想法。

"恼"（惱）字中的"囟"表示婴儿的囟门，会看到明显的跳动；"巛"表示流动之义，为动之象。"恼"就表示人在生气时头皮发胀、血管跳动的情形，就像婴儿的囟门跳动一样。事实证明，经常烦恼、生闷气的人容易得偏头痛。篆体字形 🈳 有"女"字旁表示女子比较容易生气，像小孩子一样情绪容易波动。

"觉"（覺）字与"学"（學）字意义相关。"學"为在房屋（"冖"）前"手把手"（两个手的形状）地教小孩子（"子"）学数数（"爻"）的情形。"觉"侧重"见"，即强调通过学习使人明白道理。明白事理即头脑清醒，因此"觉"又用来指睡醒的状态，晚上入睡为进入"无明"的混沌状态，而早上起床时会再度恢复为"明白"的清醒状态。

"欲"（慾）字中的"谷"和"欠"均是一个人张大嘴巴（吃东西）的形状，表示饥渴之象。人最初的、最基本的欲望就是有粮食（"谷"）吃，填饱肚子。粮食欠缺、吃不饱为"欲"，心理上感觉到需求没有得到满足，也是"欲"。俗语"人心难满，山谷难平""人心不知足，得陇复望蜀"都是用于形容欲望所导致的欠缺状态。

"愚"字中的"禺"是一种猿猴的象形，包括头部、手和尾巴。因为猿猴的智力（"心"的功能）比不上人类，相比较之下就显得"愚笨"了。类似地，"傻"字小篆从人，通"㚒"，字形 🈳 像傻头傻脑的大猩猩。如果一个人的行为像大猩猩一样幼稚、刻板、头脑简单，就是"傻"。"笨"字中的"本"为植物（"木"）的根部（一横线画在下端，表示根部，与"末"稍相对）。"笨"本义是指竹子的根部，竹根与竹竿相比较为粗陋、笨重，是制作器物的比较粗劣的材料。由此引申为刻板、不灵活和愚笨。

"憨"字中的"敢"是以手持叉追击猛兽之意，表示勇敢。如果一个人说话、做事不加思考（不经过大脑），就容易说错话、干错事，这就是"憨"。小孩子因为心智发育尚不成熟，直言直语、童言无忌，人们反倒觉得"憨态可掬"。

"蠢"字中的"春"表示万物萌发，"惊蛰"前后冬眠的虫子也纷纷苏醒过来，在地上爬动。虫子的智力水平极为低下，主要是依靠动物本能在活动。人们就把那些遵循动物本能（吃、交配等）、不受理性约束和做事不经大脑思考的人称为"蠢"。相比之下，"憨"更侧重指行为不经过大脑思考，而"蠢"更侧重于指行为受低级的动物本能支配，如贪吃、好色等。

二、禾——庄稼之象

图 2-2 "禾"的甲骨文字形和金文字形

"禾"是一株禾苗的形象，稻穗下垂（一撇表示果实成熟垂下来的样子），表示庄稼已经成熟，为庄稼丰收之象。中国是世界上最早种植水稻的国家，是人类稻作文化的起源地。民以食为天，禾（水稻）的原始意象源远流长。稻字中的"舀"表示用手把舂好的米从石"臼"里取出之意。稻子要在石臼里加工后成为大米。

"秀"字中的"乃"即"奶"，为哺育、孕育之象。此处指禾苗抽穗开花，形状饱满如"奶"，孕育着果实，暗示着庄稼丰收。"秀"侧重果实，而不是花里胡哨的外表。人们由对果实的美好期待而引发对美好身形的审美转化，这是由内而外的情感联结。"苗而不秀"指庄稼只长苗，但不吐穗开花，比喻资质虽好，但无成就（成果）。

"莠"字中的"秀"表示成熟的稻穗，但这里的"艹"表示"莠"本质上是一种草，不是禾苗等庄稼。"莠"即民间所说的狗尾巴草，穗跟谷穗长得比较像，但果实和个头都比较小（"良莠不齐"），属于杂草之类，因为混在庄稼之中（"害群之马"）会争夺营养，所以在种地时要及时除草。

"穆"字的金文字形为 ，表示成熟下垂的稻穗在阳光照射下的光彩（三个"丿"表示光线），即谷物已经完全成熟，沉甸甸的稻穗产生了庄重之象。人们在丰收时节会感恩上天，举行庄严肃穆的仪式，这是一个重要的时刻，进而有威仪之意。

"种"（種）指种子。禾苗最重要的部分当然是种子。"重"由"人""東""土"构成，其中"東"表示扎紧的口袋，这里表示人们收获庄稼把稻谷装到口袋里，满满的一口袋粮食比较重。"种"作动词时表示播种。

"播"字中的"番"指动物的足印，播种时要先刨一个坑，用手把种子丢进去后再用脚把坑填上土，看起来就像动物留下的脚印一样。

"私"字中的"厶"表示自己，"私"表示自己的庄稼。私利指收割自己家田地里的庄稼。古代实行井田制，八户人家各自种植自己家的私田，最中间的那块地由八户人家共同种植，因此"八厶为公"。

"和"字也与庄稼有关。种庄稼时如果田地连在一起，相邻的两家人就要用言语（口）讲清是谁家的地块和庄稼（禾），在平等（"和平"）的基础上达到一种共识，这样相处得就比较和睦，即和和气气（"气"通"乞"，表示吃）。

"移"字中的"多"从形象上来看是两块整齐叠放的肉（月），表示量比较多。

对于种植水稻来讲，插秧就是将很多的禾苗按一定的距离间隔整齐地栽种好，这是一个"移动"禾苗的过程。对于各类庄稼来讲，因为在播种时种子撒得不一定非常均匀，长出来的庄稼有的地方会比较稠密，有的地方会相对稀疏。为了保证庄稼苗在生长的过程中有充足的营养和阳光，通常要在比较稠密的地方移除一些苗（这种情况比较多），而在没有长出庄稼或比较稀疏的地方要补栽一些苗（这种情况比较少），这一过程就是"挪移"，主要是从禾苗密集的地方挪走一些。

"秒"字中的"少"指禾苗之间的间距比较小。水稻种植时一般每穴有2到3棵苗，苗与苗之间的距离非常小。后来引申为表示基本时间间隔的单位。毫为丝毫，毫秒表示的时间间隔更短。

"稀"字中"希"里的"爻"为网孔之形，表示麻布（"巾"）中的纤维稀疏得像渔网一样。庄稼苗比较少叫做"稀"，比如陶渊明在《归园田居·其三》中写道："种豆南山下，草盛豆苗稀。"

"季"字指禾苗像小孩子一样尚处在生长的初期，表示比较小。伯、仲、叔、季中"季"排在最后，表示年龄最小的一个。

"稍"字中的"肖"即"小"，"稍"指禾苗刚刚长出的细小的尖芽，表示末梢、末端，比如"树梢"。稍微指程度很轻微。稍息指短暂的休息。

"利"字表示用镰刀收割庄稼的景象。刀子必须磨得比较锋利才好收割庄稼，不然割不动的话干活就不麻利。"蛎"指海蛎，古人多用其贝壳来磨制农具或刀具，用于收割庄稼。割庄稼的刀子要锋利，而且因为要抢农时（如果下雨会影响稻谷的收割或晾晒），所以动作比较快，庄稼很快就割完了。因此引申出快速之义。例如，"俐"表示一个人做事干脆利落。"梨"

爽脆多汁，比较"利口"。"猁"表示动作敏捷、反应伶俐的小兽。"痢"表示吃的食物在肠胃里面停留的时间很短，只是快速通过，"完谷不化"（演变为"顽固不化"），表现为拉肚子、痢疾。"梨"还表示吃多了容易拉肚子，与苹（蘋）果的"频"有共通之处。这说明古人发现水果多食容易导致腹泻。割庄稼是收获的活动，粮食收获之后日子就过得比较滋润，象征利益、利润、好处，比如"无利不起早"。

"秉"字表示用手拿着一株禾苗的景象，即拿着，比如"秉烛夜游""秉承"等。

"兼"字则表示用手拿着两株（并列）禾苗的景象，指并列、重复、相连。"赚"说明钱（贝）是"死"的，要在商品买卖（双方）流通中不断"生钱"才能"活"起来，这就要兼顾双方的利益。"廉"字指屋子（广）下面两面墙壁连接的地方，即墙的拐角。这个地方容易堆积灰尘和结蜘蛛网，所以要清洁打扫。"廉洁"从最初的房屋洁净引申出人品高洁的含义。"镰"字指镰刀，收割庄稼时镰起刀落，干活又快又干净。

"委"字表示谷穗成熟下垂，而女子在家里做家务也经常处于下蹲、弯腰、低头（比如做针线活）的状态，因此"委"表示弯曲。"逶迤"表示山路弯弯曲曲；"委员"表示任务、命令、意见等是由委任的代表间接转达的，不是面对面、直来直往的反馈沟通。"萎"指草木的叶子都弯曲了，说明生命力衰退，开始枯萎。"痿"则是指肌肉萎缩或功能衰退，比如"阳痿"。"倭"指个子比较矮小的人。"矮"则形容身高就像弓箭（矢）一样高。"巍"指从远处看山，会觉得山变小了。

"稼"字表示种植庄稼。种稻谷（粮食）是古代每个家庭重要的家事。"穑"则侧重于收割庄稼，其中"啬"指把粮食（麦子）收藏到仓库（仓廪）里。"啬"字的金文字形为 ，上面为麦（麦字的甲骨文字形为 ，是一株小麦的形状，上面为枝叶，下面一个脚的形状表示"来"，即小麦是从外地传入的，而"禾"为本土种植），下面为粮仓，表示谷麦成熟收入粮仓，有收藏之象，通"穑"。所谓"谁知盘中餐，粒粒皆辛苦"，因为庄稼种植的农活比较辛苦，农民对收藏的粮食比较爱惜，进而衍生出"吝啬"、小气之义。

"菌"字中的"囷"表示把收获的粮食囤起来，如果周围环境潮湿或者储存防范不当,粮食就会发霉或长芽。像发芽一样长出来的霉菌的菌丝就叫做"菌。"

"谷"的左上部分"壳"(殻)表示稻谷的外壳,右半部分表示用手持棒通过敲打来使谷粒与稻株分离。"谷"通"谷",为五谷、粮食的总称。"俗"表示人与风土人情等世俗同流,为食五谷的普通人,与"不食人间烟火"的"仙"相对。

"香"字的甲骨文字形为 ,其中"禾"为稻米,有的字形加两点或四点表示水蒸气四散,下面的口加一点表示"甘",用于形容蒸煮米饭时散发出的甘甜芬芳的味道。这种美好的感觉后来泛化为令人愉悦、心旷神怡的气味或声音,如花香、麝香、书香(书为精神层面的"粮食")等。

"馨"字中的"殸"为古代的一种打击乐器,用玉石制作的叫做"磬"。瓦做的"缶"中间是空的(中空表示完、尽之义,如"罄竹难书"),敲击时也能发出类似"殸"的声音,因此"馨"通"磬"。古人在欣赏击磬时产生了心旷神怡的感受,就像蒸米饭时闻到了芬芳甘甜的米香一样,这种通感即为"温馨"。

"愁"字指秋天人容易产生的一种情绪。自古逢秋悲寂寥。深秋时节,红衰翠减,植物凋零,草枯叶落,萧瑟的景象容易让人触景生情,引发伤感、忧愁的情绪,叫做"悲秋"。

"稳"(穩)字繁体字形 由"禾"、"手"、"工"、手形和"心"组成,表示手提着装有粮食的秤,另一只手在用心地移动秤砣,使秤处于平衡的状态。稳重指做事情就像用秤称重物一样沉着冷静,能处理(平衡)好各种关系,比较稳当,令人放心。

三、贝——财富之象

图2-3 "贝"的甲骨文字形和篆体字形

"贝"(貝)字从甲骨文字形上看是一个打开壳的贝类形状。篆体字形里面的"二"和"人"为两块贝壳之间连接的韧带或贝肉。有的字形写作"八",也表示两块贝壳分开之义。古人曾长期以"贝"为货币,"贝"自然就成了财富的象征。

"财"(財)字中的"才"有草木萌发之象,指钱像小草一样不断变大、变多,就是"发财"("发"指头发,指钱财像头发一样不断生长)。

"贾"(賈)字中的"覀"(读"亚")表示覆盖、包裹。货物用布蒙起来囤积营利,等待别人出价(價),即"待价而沽"。商贾指做买卖的人。古代有"行商坐贾"之说,行走贩卖货物为"商",坐着出售货物为"贾"。价(價)指货物售卖的价格。

"货"(貨)字中的"化"表示转化,可以转化为钱财(贝)的东西就是货物。奇货可居指把稀有的货物储存起来,等待高价卖出去。

"得"字的甲骨文字形为,以手持贝,表示获得、得到。

"贿"(賄)字中的"有"表示用手拿着肉,"贝"为钱财,意思是用钱来换取好处。"赂"(賂)字中的"各"上面是脚的形状,下面的"口"表示目的地,即到达目的地。因此,"赂"就是用钱达到目的。

"宝"(寶)字的甲骨文字形为,表示房子里面有贝(钱财)、有美玉,这些都是稀有之物,即宝贝。

"贵"字的甲骨文字形像双手捧土,表示对土地的感恩与敬重。篆体字形表示双手拿了一串"贝",表示贵重之义。后来,金银等贵金属作为货币使用,便于携带、铸造和分割,大大推动了经济的发展。因此"金"在人们心中就具有了贵重、宝贵的意象,即"金贵"。

"负"(負)指买东西要带钱(贝),钱(贝)多的话要背着走,这就是"背负"。如果是欠别人的钱,就叫背负债务。买了东西之后,"贝"的数量就变少了,即数量与原来相比变成负数。

"责"(責)的甲骨文字形为,上半部分为刺(束)的形状。如果伤到别人,就要赔偿钱财,即"负责"。债(債)指应该给别人的钱财,就是债务。这个债务就是负债。

"贤"(賢)的金文字形为,上半部分为眼睛和手的形状,表示奴隶(臣)用心干活。会干活自然会积累财富,这样的人会聚财,自然也是人才。

"实"（實）字中的"贯"表示把钱（贝）用绳串起来，屋子里有一串一串的钱，就表示实在和富足。家里钱比较多的叫"家境殷实"。

"败"（敗）字的金文字形为 ，表示一只手拿着棍子（树枝）在敲打贝壳（钱币）。贝壳破碎了（贝坏）就不值钱了，叫"败坏"。败（敗）家子指把家里的钱财挥霍或损耗掉的不肖子孙。

"贫"（貧）指把钱财（贝）分成许多份，钱财就越来越少。钱少就不能保证温饱，就有"贫寒""贫困"的意象。

"贱"（賤）字中的"戋"与"戈"相比之下比较小，意思是体积比较小的贝，这样的小贝自然没有大贝有价值，在市场上的价格就比较"低贱"。

"患"字的古文字形为 ，其中"串"表示用一串绳子串起来的贝壳，即钱财。一"心"想着钱（包括与钱财相对应的权力、地位等），就容易患得患失。《论语·阳货第十七》中孔子指出："其未得之也，患得之；既得之，患失之。"人在没有得到钱财的时候，生怕得不到，这就是"患得"；当得到以后，又开始整天担心失去这个财富，这是"患失"。

四、丝——联结之象

图 2-4 "丝"的甲骨文字形和金文字形

"丝"（絲）字的甲骨文和金文皆像两束丝（ ）的形状。本义是蚕吐的像细线一样的丝，即蚕丝，表示较细之物。丝有细微之象，比如"一丝不苟""一丝希望"等。古人曾长期用"丝"来纺线、织布，"丝"具有了联结的意义。例如，"恋"（戀）字中的"絲"有牵系之义，有千丝万缕之象。"恋"表示心里一直念念不忘，情感联结如线牵引。成语"藕断丝连"也是用来表示情感的联结。

"系"字的甲骨文字形为 ，像用手悬结二丝的形状，即把两束丝系在一起，表示接续、联结。"孙"（孫）字中的"系"表示接续。儿子（下一代）的延续就是儿子的儿子，即孙子。

"统"（統）字中"充"的古文字形 上面为一个倒置的新生婴儿形象，下面的"人"表示成人，即从婴儿长为大人，为长大之象。在纺线过程中，要不断地把丝填充进去，许多丝最后成为统一的线，因此"统"有由分到合的总括之义，比如"统一""统统"等。

"总"（總）字中的"恖"表示心脏快速跳动，引申为迅速。"總"指快速地把丝线扎起来成为一束，有由分到合的总括之义。例如，"万紫千红总是春"。聪（聰）指耳朵能迅速地听到声音，反应灵敏。

"综"（綜）字中的"宗"指外族人归入本宗族，"綜"是指织布时经线和纬线交织，把纵横不同的丝线编织在一起。"综"有合之象，俗称"综合"。

"纷"（紛）字中的"分"从刀，表示分散。理好的丝线方向一致，比较整齐，而分散的丝线则千头万绪，方向也不一致，比较杂乱。

"缤"（繽）字中的"賓"指带着礼物（貝）来屋子（宀）里的人，即客人。如果客人像丝线那么多，屋子里就会人声鼎沸，显得比较热闹。"缤"有众多、繁盛之象。

"联"（聯）指用绳子（"丝"）贯穿器皿（鼎爵盘壶之类）的"耳朵"以便于提挂，表示连接起来。

"绳"（繩）字中"黽"的古文字形 为青蛙的象形，蛙鸣鼓腹（看起来像体形变大了一样），表示用力；"绳"表示绳子粗而有力。另外，苍蝇的"蝇"大眼睛、大肚子，是青蛙喜欢捕食的飞虫；而人们用一缕缕麻皮以手搓绳的动作与苍蝇搓"手"（前爪）的动作比较像。

"索"字的甲骨文字形为两手搓绳之形，金文字形 加了表示房屋的符号，即在屋子里搓绳子。本义为把几股丝或麻搓成粗的绳子。

"纯"（純）字中"屯"的古文字形 像豆类植物刚刚发芽从地面下方拱出来的形状，表示初始的状态。"纯"本义为蚕丝，表示同一颜色，没有杂质。例如，"纯洁"表示最初洁白无瑕。

"缓"（緩）字中的"爰"为伸手援助之象，加"丝"表示要先用丝线做成绳子，再用绳子来救人，过程比较缓慢。

"缔"（締）字中"帝"里的"辛"本为枷锁，象征刑罚；"巾"本为权杖，象征权力。因此"帝"有约束之象。"缔"表示绳子打结，因为绳结比较牢固，象征牢固的关系。缔结表示建立某种关系或契约。

"结"（結）字中的"吉"本为祭祀，有吉利之象。把丝线连接在一起，编织成装饰品或衣物，表示物质生产的成果，有"结果"之象。"结束"指把丝线扎成一束，代表一段工作的完成。如今的"中国结"仍然象征吉祥。例如，在新婚的帖钩上，装饰一个"盘长结"寓意一对相爱的人永远相随相依，永不分离；在佩玉上装饰一个"如意结"，引申为称心如意，万事如意；在扇子上装饰一个"吉祥结"，代表大吉大利，吉人天相，祥瑞、美好。

"约"（約）字的甲骨文字形为<!--img-->，像人将绳子捆在草木上，有约束之象。大约指简单粗略地捆扎一下，不是非常精细。约定指把双方的意见以口头或书面的形式确定下来，对双方形成约束。节约指合理节制开支，约束自己的欲望。

"级"（級）字中的"及"有到达之义，如"及格""及第"。到达一定程度的丝叫"级"，代表品质标准、层次等，以不同层次来加以区分就叫"级别"。

"红"（紅）字的篆体字形为<!--img-->，"工"在上方，指天上的彩虹（"红"通"虹"）；"红"用彩虹最外面的红色来代表红色的织物或纱线。另外，"工"也有夯实（打夯）的含义，为重之象，在染"红"的工艺流程中对应赤铁矿粉等天然的赤红色矿物染料。

"练"（練）字中的"柬"指从一捆（束）竹简中挑选，通"拣"，其中"八"有分开之象。"练"指把丝织品分几次用水煮，使之变得越来越洁白与柔软。这也是一个经由"练习"到纯熟的过程。

"细"（細）字中的"田"本来是"囟"，指头部；而丝线的头部非常细小，要仔细观察才能看清，形容纤细。

"组"（組）字中的"且"通"祖"，指祭祀祖先时用的肉。古代祭祀常用牺牲玉帛，牺牲即牛、羊、猪等牲畜，玉帛为玉器和丝绸。"组"指用丝线编织成的宽而薄的丝带，古代多用作佩玉、佩印的绶或系冠用的丝带。如今在农村仍然可以看到祭祀时在牺牲上系红色绸带和大红花的情形。

"绶"指绶带，是较宽并织有丙丁纹的丝缘，封建社会以绶带的颜色和绪头的多少来区分职官大小，这种绶带和官印都由朝廷统一发放。因为绶带常系于印上，绶又有"受"之含意，承绶环印，以示官位秩禄，故称"印绶""玺绶"。"绅"指古代士大夫束腰的大带子，引申为束绅的人，如缙绅、乡绅等。

"线"（綫）字中"戋"的甲骨文字形为小的玩具戈的形状，为小（少）之象。例如，"践"表示比较小的步子，"浅"表示水比较少的地方，"贱"表示比较小的"贝"价值比较低，"钱"表示比较小的金属货币如刀币、铲币等（像劳动工具的玩具模型），"盏"表示比较小的器皿，"线"表示细小的丝。

"经"（經）字中"巠"的古文字形即为织布机的形状，加上"丝"为"經"，特指织布时用梭穿织的竖纱，即编织物竖直的纵线，与"纬"相对。例如，"茎"就表示植物竖直的主干。因为织布时纵线是固定不动的，所以"经"也象征恒久不变，比如"经书""经典"等。

"缘"（緣）字中"彖"的甲骨文字形是一幅用手抓猪（"豕"）的场景，有固定、锁住、抓住之象。"缘"指衣服的边缘，在衣服缝制过程中通过锁边使布帛的线头得以固定，不致散乱。

"第"字中"弟"的甲骨文字形是用丝线缠绕的样子，表示顺序、次序。"第"表示竹节或竹笋的层次；竹简要按照一定的顺序排列整齐后编在一起，"第"也表示次序、等级，比如"等第"。

"么"（麽）的金文字形是一根麻绳的形状。古人用麻线来拧绳子的时候，最后（末尾处）都要打一个结收尾。因此，"么"就是"末"。我们日常生活中所说的"什么"即"多少"的意思，其中"什"即"十"，代表多，"么"代表少。"嬷"指老妈妈、老奶奶等年老的女性，"么"表示年龄比较大，取象于绳子的末端。

"绝"（絕）字的甲骨文字形中的一横指用刀把丝割断。系在一起的丝束（ ）上添加切断线，表示将其切断之貌。初文为"   "之形；而到了篆书阶段，在像丝线之形的"糸"和将其切断的"刀"上添加了"卩"，造出了一个形声字。在楷书中"卩"演化作"巴"之形，后来在新字体中刀之形也发生了变化（变为"⺈"）。绝句是古代格律诗的一种，仅有四句，相当于截取律诗的一半。

"断"（斷）字的甲骨文字形 由纺锤和丝线形状组成，打结的丝线表示纺线结束（终字的甲骨文字形 像给线头打结之形，也是表示纺线结束）。篆体字形保留丝线形状，中间加了一把"刀"表示割断，右侧又加了一只斧子（"斤"），强调断开。"丝"象征联系、连接，"断"则象征"一刀两断"，断绝关系。继（繼）表示把断的丝线再接起来，象征关系的延续。

"续"（續）指丝线接连不断。买与卖相互依存，形成一个接连不断的循环周期。公司的创办人都希望自己的企业"永续经营"。

五、辛——束缚之象

图2-5 "辛"的甲骨文字形和金文字形

从图像上看，"辛"是一副最原始的刑具。用三角形的树杈制成木枷，套在罪犯或奴隶的脖子上，再用横木绑上；下面一横是绑双手之处。头和手都被牢牢控制住，这是比较原始的被束缚的意象。

类似的束缚之像有"困""束"等。困字中大的方框"口"通"围"，"困"指树木四周有围挡的东西影响到树木的生长，引申为限制。现代人经常感觉困乏，这既是一种疲乏的身体状态，更是一种"辛苦"的心理状态。"束"字的甲骨文字形为 ，其中"口"是捆缚成圆圈的绳子的形状，用绳子把木柴捆在一起，也是一种束缚。花束指把几枝花用绳子扎在一起。约束指制定规则加以控制，便于管理。

与束缚相反的意象有"解""松""逸"等。"解"字的甲骨文字形为 ，表示用刀把牛角从牛身上割下来，有去除、解除之意，读音为"卸"（蟹），比如"解甲归田"。解手指古代押解犯人时，犯人的手都是用绳子绑上的，要大小便时可以申请把手暂时解开，所以如厕也叫"解手"。解禁指解除禁令。"松"（鬆）字指头发（髪）像松树的针叶一样松散，即头发蓬松、没有扎起来的样子，这是一种自然放松的状态，没有束缚。"逸"字中的"兔"指兔子，兔子天性善于奔跑，容易逃脱（"免"有脱离之象）；加"辶"表示消失不见，形容隐逸、安逸的自在状态。"一劳永逸"指事情一旦办成，便可免于劳碌之苦，轻松自如。

戴枷锁（有的束缚是无形的枷锁）的滋味本身就不好受，更可悲的是，罪犯和奴隶不仅没有了自由，还要干苦活、重活、累活、脏活，自然不免产生辛苦和悲伤的感受。"辛酸"指长时间被枷锁束缚，活动受限，手脚麻木酸胀。"辛苦"指没有自由，感觉很痛苦。"辛劳"指没有自由，还要当苦力。作为刑具，"辛"的意义泛化后也包括"刑"的含义。比如，"荆"指行刑时用的植物——荆条。成语有"负荆请罪"。

"宰"字从直观上来看，就是房子里有木枷刑具。在房子里掌管使用刑具的人，即有司法权的人。主宰即奴隶的主人，对奴隶有支配权和惩罚权。不仅人（奴隶）会被"宰"，动物也会被"宰"。"牺牲"是古时祭祀用品"牲"的通称，即祭祀所用的贡品牛、羊、豕（猪）。养在圈里到祭祀时用作祭品的牛叫做"牢"，养在圈里专门用作祭祀的羊叫做"宰"。负责皇家祭祀的人叫"太宰"，后来也叫"宰相"。

"辣"字中的"辛"是把人用刑具束缚起来，"剌"是对上了刑具的人用刑（俗称"动刀子"）。前者是无处可逃，后者是任人宰割。这种双重束缚下，痛苦加倍。

有一种火刑，通常使用烧红的铁器或者香烛等暗火烫烙人的身体，或者使用明火烧灼受难者身体的某些部位，这种刑罚产生的痛觉就是"火辣辣"的灼伤感。辣椒指从西部秦地传来的植物（秦椒），人吃了之后口腔、肠胃、肛门均能产生强烈的灼烧感。后来，灌辣椒水也成为一种刑罚。

"帝"字中的"辛"为枷锁，象征刑罚；"巾"为权杖，象征权力。掌管刑罚、奖赏而大权在握的人就是"帝"。《诗经·小雅·北山》中指出，"溥天之下，莫非王土；率土之滨，莫非王臣"，认为天下一切尽在帝王掌握之中，即帝王有约束天下人事的权力。"蹄"是动物趾头前端的角质覆盖物，包裹（束缚）在足趾四周。小动物喜欢跳跃，《红楼梦》中用"小蹄子"来形容不受约束、不守规矩、活泼好动的年轻女孩儿。"骚蹄子""浪蹄子"则成为举止轻浮的风骚女子的代称。"啼"指戴枷锁时口中发出的声音，通常是惨叫或凄惨之音。比如，婴儿（被束缚在襁褓之中）的啼哭，"两岸猿声啼不住"的猿啼，杜鹃啼血，等等。"蒂"指植物的花或果实跟枝茎相连的部分，这一部分从形状上来看好像被紧紧束缚住了一样。

"辟"字的甲骨文字形为 ，这是一幅死刑犯跪倒在地即将行刑的画面。"劈"指斩刑，无论腰斩、斩首，都是用刀把人一劈两半。中国古代有五大刑罚，由轻到重依次是墨、劓、刖、宫、大辟。墨是在面部、手臂上刺刻后涂以墨的刑罚，最轻（《水浒传》中的宋江曾受墨刑）；劓是割掉鼻子的刑罚；刖是断足，也称刖刑（献和氏璧的卞和曾受刖刑）；宫是破坏生殖器官，也称腐刑（《史记》作者司马迁曾受宫刑）；大辟即死刑。生命至高无上，要公开剥夺人的生命，事情非同小可，要有法律授权。而有生杀予夺大权的人，地位也是至高无上的。因此，皇帝也叫"辟"。"璧"就是皇帝用的宝玉，"复辟"就是恢复帝制。"开辟"指古代部落开疆扩土（开辟新天地），要打仗、杀戮。防御就要在地上（土）挖壕沟或者垒高墙，叫做"壁垒"。"臂"指胳膊，无论是打仗（砍人）还是劈柴，都需要胳膊的力量。拉弓也需要力气，叫"臂力"。"避"中的"辶"表示行走、离开。对于刑罚，人们避之而不及，因此有躲避、逃避之义。

"妾"字的金文字形为 ，表示带"辛"的女子，即被束缚的女性奴仆，地位较低。妾是小老婆，地位低于正室妻子，所受的束缚也更多。"接"表示接替。如果正室妻子去世，妾就可以扶正，成为接替的大老婆。另外，很多时候大老婆不能生育，妾的作用就是生育子女，传宗接代。在这个意义上，妾接替了大老婆的部分职责。

六、穴——安全之象

图 2-6　"穴"的甲骨文字形和金文字形

"穴"字从图像上看，是一个洞穴的入口。"八"表示洞穴的入口，而窑洞正是人们把土、石块扒出来之后形成的。原始先民是穴居的，洞穴是最早的"家"，给人们带来了最早的安全保障。后来人们建造房屋，洞穴就升级为"宀"。《周易·系辞下》中说："上古穴居而野处，后世圣人易之以宫室，上栋下宇，以待风雨。"先民的居住习俗经历了一个从天然的洞穴到人工地穴再到上栋下宇的房屋的过程。

"空"指通过劳动形成中空的洞穴，即"空洞"。最初里面什么也没有，空无一物。《道德经》中说，"凿户牖以为室，当其无，有室之用"，空才是房子的使用价值所在。"控"指挖窑洞的过程中以及窑洞建成之后，都要通过采取措施保证（控制）洞穴的质量安全，避免坍塌。"腔"指身体（"月"表示身体器官）中空的部位（类似窑洞），比如口腔、鼻腔、胸腔等。

"安"字从甲骨文字形来看，是女子坐在房屋（宀）之中的情形，举止安静祥和，表示安心、安居。人在家里等熟悉的环境下感觉是比较安全的；反之，在陌生环境下或者面对陌生事物会感到不安。进化心理学认为，人类对未知的环境始终有一种恐惧和厌恶的态度，心里充满了不安。为了规避风险，人们会用曾有的经验和直觉解释这种未知，从而将其纳入已知的范畴（认知层面的"家"），进行预测和控制，以此来获得安全感。

"宁"（寧）字的金文字形为，其中"宀"为房屋，"皿"为器皿，"丂"（丁）为一种木制的支撑工具，"心"表示心愿，合起来表示房屋里面有粮食，心态比较安定平和，即通常所说的"家中有粮，心里不慌"。

"定"字的甲骨文字形为，其中"正"表示脚（止）走到了目的地（一），"定"表示人回到了自己家中，停止下来不走了，心里也安定了下来。相反，游子在外面，不仅居无定所，而且身心都处于漂泊不定的状态。正如马致远在《天净沙·秋思》中所写："枯藤老树昏鸦，小桥流水人家，古道西风瘦马。夕阳西下，断肠人在天涯。"抒发了一个飘零天涯的游子在秋天思念故乡、倦于漂泊的凄苦愁楚之情。

"家"字的甲骨文字形是房屋（宀）里有一头大公猪（豭为牡豕，宗庙祭祀的牺牲品），指宗庙祭祀的场所，表示宗族、部落，如"国家"。后来引申为居住的场所、家庭。

"室"字的甲骨文字形为，其中"至"是箭射中目标落到地上（下面一横）的形状，表示完成、到达、停止。"室"表示人在屋子里停下来睡觉休息，即卧室。

从象形上来看，"室"的甲骨文字形也像一个人躺在屋子里睡觉的情形。卧室属于隐私空间，所以也叫"内室"。古人住宅的前面叫"堂"，堂后以墙隔开，后部中央叫"室"，室的东西两侧叫"房"。登上厅堂，可进入内室。成语有"登堂入室"，比喻学问或技能从浅到深，循序渐进，达到了很高的水平。类似地，"屋"也是指人休息睡觉的房间。"幄"指带有木架的帐幕，构成了人休息睡觉的"小空间"。"房"与"屋"经常连用。房字中"方"的甲骨文字形 为带柄的刀子的形状，表示用刀子来划分东西，引申为旁边。古代堂中间叫正室，左右两旁的叫"房"，即偏房。

"宅"字中"乇"的篆体字形 像植物的种子破土而出，长出嫩芽（形状仿佛用双手"托"出两片嫩叶）。土地是种子发芽、生长的凭借和依托，而房屋是人安身立命的居住之所，称作"宅"。宅分阴阳，阳宅为人住的房屋，阴宅为死人的坟墓。"姹"指美丽的女子。"诧"（詫）指言语夸张，令人惊奇。

"宫"（宮）字的甲骨文字形为 ，其中"吕"表示连在一起的房屋，"宀"表示外面的围墙，"宫"就是由很多房屋连在一起并且有一个统一围墙的建筑群，例如故宫。

"宇"字中"于"的甲骨文字形 是在"干"的旁边有一条迂曲的线，表示行路时要绕着走，通"迂""纡"。"宇"指房屋带弯曲的屋檐，表示空间，例如"宇宙""庙宇"等。东汉王充在《论衡·书解篇》中曾写道，"知屋漏者在宇下"，意为房屋是否漏雨，住在屋宇下的人最清楚。

"字"中的"子"为婴儿的形状，"字"表示屋里有孩子养育，泛化为哺乳、生育、养育、教育、治理等义。文字就是用文化来教育人们、传承文明的符号。

"完"字中的"元"即"一"，表示一个整体；房屋（宀）里面所有的东西都齐备了，就是一个完整的家，表示完备（完全）、齐备。

"贮"（貯）字的甲骨文字形 为储存物品的匣子形象，竖线代表匣子是用绳子挂起来的器皿，加"贝"突出财物集聚的意义，如贮存、贮藏等。

"宏"字中"厷"的篆体字形 指从肩部到肘部的大臂，表示粗壮有力。房屋（宀）取壮大之象，指雄壮的大房子，表示宏伟、宏大。

"牢"的甲骨文字形是一幅牛在栏圈里的画面，本义指牲口圈。引申为牢固、坚实之义，如"牢不可破"。

"守"字从篆体字形上看，以手抓物，表示"掌握"；房屋里面有人管理操持，即为"守"。守卫即保卫屋子里的人和财产不受侵犯。守候中的"候"为观望，"守候"即看护、照顾与等待。

"宴"字的金文字形为，其中表示女子在晴朗的天气里安闲自如的状态，"宴"象征在房间里和悦、安乐的景象，表示其乐融融，比如"家宴""宴会""晚宴"。"晏"用艳阳高照指女子在晴天白日下更加安全。"晏如"指安然自若的样子。

"宾"（賓）字的甲骨文字形为人来到屋子里的形象（来宾），其中"止"表示脚步，"贝"表示来的人带着礼物（财物）。"宾"一般指地位比较尊贵或主人比较敬重的人，如"嘉宾""贵宾"，通常是受邀而来。宾至如归指宾客来了之后像感觉回到家（"归"）一样舒适自如，形容对宾客照顾得非常周到体贴。"客"是指外来的人，可以是受邀而来，也可以是不请自来（"不速之客"），一般要"客随主便"。

"容"字的甲骨文字形为盛纳物品的器皿形状。篆体字形从"宀"从"谷"，房屋和山谷和器皿一样均有盛纳之象，引申为包容、宽恕。另外，从象形上来看，"容"像人的眼睛、鼻子和嘴巴的形状（联想到"囧"字），也用来表示人的神色、表情，而"貌"侧重相貌、体态。

"究"字中"九"的金文字形像动物的尾巴（尻尾）形状，引申为尽头（与"开头"对应）。洞穴里露出一截动物的尾巴，人们用手（扌）拿着木棍（木）往洞穴（宀）里面捅一捅（探一探）想要弄清楚到底是什么动物，这就是最早的"探究"。

"窍"（竅）的篆体字形为，其中"敫"由"白"（表示光线）和"放"（表示放逐）组成，"窍"表示有光线透过的孔洞。"白"有光明、真相、智慧之象，因此"开窍""窍门"均与智慧有关。

"窟"字中"屈"篆体字形表示长长的尾巴弯曲的形状，而弯弯曲曲、长长的洞穴就是"窟"。这种洞窟一般是小动物用爪子"掘"土挖出来的，也叫"堀"。动物洞穴的出口一般会有小土包一样的突起形状，而这隆起的洞口就叫"窟"。"狡兔三窟"的故事来自西汉刘向所著的《战国策·齐策四》："狡兔有三窟，仅得免其死耳；今君有一窟，未得高枕而卧也。请为君复凿二窟。"该故事讲的是冯谖为孟尝君谋划的保命手段："第一窟"是替孟尝君买义，将百姓的债款一笔勾销，为孟尝君失宠找退路；"第二窟"是说服梁惠王来请孟尝君以提高孟尝君的威望；"第三窟"是将齐国的祭祖器分到孟尝君的封地薛邑，使孟尝君进可攻、退可守。这里的凿"窟"（洞穴）是出于保命的心理动机，因此洞穴是安全的象征。

"窝"字中"呙"的古文字形为 ，是残缺的骨头形状。例如，"剐"表示用刀来剔除骨头上的肉；过（過）表示随着时间的流逝，生命只剩下一堆残骨。野兽的洞穴里面经常会有吃剩下的小动物的骨头残渣，所以"窝"最早指兽穴，比如"狼窝"。后来泛指动物（包括人）的家，一般空间比较狭小。俗话说，"鸟要有巢，人要有窝""金窝银窝，不如家里的草窝"。

"突"字的甲骨文字形为 ，表示一只狗从洞穴里面突然跑出来或突然跑进洞穴里，人们没有准备，吓了一跳。一般而言，"突发"事件（"黑天鹅"事件）会引起人们的不安与恐慌。突击指突然袭击，即出其不意地快速攻击。

"窸"字中的"釆"为动物脚印的形状。屋里有动物进入，地上留下了脚印，人们会细心地去辨认这些印迹。"窣"字中"卒"的金文字形 为带标记的衣服形状，"十"表示记号，最初指隶役穿的衣服。房屋里面来了陌生人或动物，发出细微的声音，令人不安，就叫"窸窣"。

"灾"（災）字的篆体字形 由"火"与"戈"组成，指由刀兵（战争）和火带来的灾难。繁体字"災"表示水（洪水）、火（大火）之灾。水、火、战争都可以摧毁家园，使人流离失所，所以叫灾难。简体字形表示房屋着火造成灾害。灾害意味着危险。

"危"字的篆体字形为 ，其中"厂"为悬崖的象形，"危"上下各有一人形，表示在下面的人看着悬崖上的人，产生惧高的感受。

"险"（險）字中"佥"的古文字形为 ，表示很多人聚集在一起；"阜"表示土山、山峰；很多山峰聚集在一起，就有地势崎岖、高耸险峻的含义。

七、戈——杀伐之象

图 2-7　"戈"的甲骨文字形和金文字形

"戈"从图像上看，是一个长柄、横刃的兵器形状。为了便于使戈在不用时插在地上，不致倾斜，所以在柄的尾端会加上一个铜制镈。戈盛行于中国商朝至战国时期，具有击刺、勾、啄等多种功能，后来演化成为仪仗兵器。"戈"通"割"，指像割草一样割杀敌人（"割"字就是用"刀"除"害"）。"戌"从金文字形上看是一把宽刃的斧头状兵器。

"武"字的甲骨文字形为，其中"止"为脚步，"武"表示持"戈"前进，即征战。赋（賦）表示为征战（"武"）提供财物（"贝"）支持。

"伐"字的甲骨文字形为，表示"戈"砍在一个"人"的脖子上，即杀伐、砍杀。"筏"指砍伐（"戈"）竹子（"竹"）做成的渡水工具。

"戍"字的甲骨文字形为，指一个"人"肩上扛着"戈"，表示守卫。守卫边境叫"戍边"。

"截"的金文字形为，持"戈"把小鸟（雀）的头割掉，表示截断、切断，比如"截肢"。

"战"（戰）字中"單"的金文字形表示上面两端分叉上绑着石块、下面带着网的捕兽工具，"戰"表示用"戈"来搏击、捕获野兽。

"戕"字的甲骨文字形为。其中，"爿"（pán）的篆体字形为，是劈开的"木"（）的一半形状，指用劈开的木头做的木片和木板，进而表示床或门板。"戕"表示持"戈"以武力（由外向内）杀入屋内或床前，表示杀害。

"成"字的甲骨文字形为。其中，"戌"为宽刃的斧头状兵器，下面一点表示大斧向下砍，指杀牲取血誓盟。结盟共同防御敌人，宣告事情办成了，即"大功告成"。"诚"（誠）指歃血盟誓时说的话都是发自肺腑、真心实意的。"城"指歃血盟誓要保护的领地，即城池。"盛"指歃血盟誓时要杀牲取血盛放在器皿中，表示容纳。因为结盟时场面宏大，也表示隆重、热烈。

"威"字的金文字形为🔲。"戌"下加"女",表示用武力获得权威,使别人顺从("女"有顺从之象)。

"减"(減)字中的"咸"由"戌"与"口"组成,有杀伐之象。杀伐会导致人口减少,就像水受日照蒸发或渗入土中会减少一样。简体字用"两点水"再次强调减少。削减指像刀斧砍掉树枝的枝丫一样,从原定的数目中减去,使变少。

"灭"(滅)字的古文字形🔲表示用器械("戌")把火扑灭,后来加"水"表示用水灭火。简体字形"灭"指通过覆盖("一"代表覆盖物)使燃烧物与氧气隔绝,从而把火扑灭。

"越"字中"戉"的甲骨文字形🔲表示圆刃空心的大斧,即兵器;"走"表示快速行进。因此"越"表示行军赶路。战机不可贻误,应召而走,行军速度比较快,有超越、超过之义。

"戚"字中"尗"的金文字形🔲由"弋"和"小"组成。"弋"的甲骨文字形🔲是一个尖木橛的形状,末端是分叉的"丫"的形状,用来系牲畜;三点为"小",指细小的沙粒;"尗"表示把木橛从地里拔出来。"叔"中的"又"为手,表示用手拔。"菽"表示收获时把整株拔出来的豆荚类植物。"戚"的甲骨文字形🔲像边缘有齿的长柄大斧,后来加"尗"表示大斧尖端平时像木橛一样插在地里,用的时候拔出来。长柄大斧作为破甲利器,战斗过程中可以砸开敌人链甲的链节,使链环嵌入伤口,造成易于感染而难以治愈的伤口;即使无法破甲,斧也可以利用自身动能造成钝伤,甚至击碎骨骼。因其杀伤力巨大,引申出了悲伤的含义。

"咸"的甲骨文字形🔲由"戌"(大斧)与"口"组成,表示征战杀伐时喊杀声震天的情形。战争的惨烈最为触目惊心,"感"就表示外在强烈刺激下的心理反应。"憾"字中的"忄"强调强烈的心理触动,通常表示对过去没有完成事情的"遗憾",心里不能放下(参照格式塔心理理论)。"撼"字中的"手"强调振动、摇晃的心理感受,如表示震惊的"震撼"。

"戒"字的金文字形为🔲,双手持戈表示正处于防御、戒备状态。《论语·季氏》中说:"君子有三戒:少之时,血气未定,戒之在色;及其壮也,血气方刚,戒之在斗;及其老也,血气既衰,戒之在得。"这里的

"戒"就表示提防。诫（誡）指用言语提醒，表示告诫。三国时期诸葛亮著有《诫子书》："夫君子之行，静以修身，俭以养德。非淡泊无以明志，非宁静无以致远。夫学须静也，才须学也，非学无以广才，非志无以成学。淫慢则不能励精，险躁则不能治性。年与时驰，意与日去，遂成枯落，多不接世，悲守穷庐，将复何及！""械"指木制的防身的工具，如棍棒等。

"藏"字中"臧"的甲骨文字形为，表示战争（"戈"）中兵败被俘的奴仆（臣），"艹"表示隐藏在草丛里，"藏"即奴仆到草丛中隐藏起来不被发现之义。"隐"（隱）字中的"阜"表示土丘，"隱"表示双手（爪）持夯"工"筑墙的情形，"隐"表示在山中隐匿起来。

"割"与"戈"音象相通。"割"字中"害"的金文字形表示设网捕捉，"刂"表示用刀切割，合起来表示抓住并切割。比如，"割草"就表示用手抓住草并把草割断。引申为由舍弃造成痛苦或伤害，比如股票交易中的斩仓"割肉"。

与"戈"意象相近的有"诛""杀""刑"等。"诛（誅）"字中"朱"的甲骨文字形指一种红心的树木，"诛"的金文字形由"朱"与"戈"组成，表示以戈砍伐赤木。赤木砍断为红色，这与战争杀伐中"血流成河"的红色有相似的联结，因此表示诛杀。"言"字部首强调声讨之义，表现为"口诛笔伐"，即用言辞谴责。"杀"最早指捕杀野兽，甲骨文字形和金文字形都是死亡的长毛野兽的形状，其中"乂"有交叉、割去之义（联想"刈"），下垂的尾巴表示动物已经死亡。后来加"殳"（shū）表示手持器械，强调击杀之义。"刑"字中的"开"为"井"字形的木枷形状，由两个半片组成，表示囚禁处罚；加"刂"表示刀割的刑罚。因此，"刑"表示割杀的刑罚。型指铸造的模具，通常由两个部分组合而成（类似"井"形木枷），由木头制成的叫"模"，由沙土做"模"的叫"型"。将高温熔化的金属液体倒入沙土做的模具，最后冷化成型。荆指荆条，其中"艹"表示植物，荆条早期也作为鞭打的刑具。历史上有著名的"负荆请罪"的故事，赵国将军廉颇背着荆条请求相国蔺相如治罪处罚，二人尽释前嫌，成就"将相和"的佳话。

八、木——生发之象

图 2-8 "木"的甲骨文字形和金文字形

木字的甲骨文字形和金文字形皆像一棵树的形状,包括树枝、树干和树根。上半部分"屮"表示树木从地下冒出来,有生发之象。"丨"即竖,与"树"音象相通,表示树木的直立之象。"本"加一横在"木"的下部,表示树的根部。"末"加一横在"木"的上部,表示树的末梢。"束"加一个"口"(圆圈)在"木"中部,表示树枝被捆起来。树木聚集为"林"。树林聚集繁盛为"森"(三个象征众多)。木头劈开成两半,左半边为"爿",右半边为"片"。

"树"(樹)字中"壴"(zhù)的甲骨文字形 是鼓的形状, 为"尌"的金文字形,表示用手把鼓架竖立起来,竖直向上的手形表示竖直的方向。"树"表示把"木"竖立起来,即"树木"(种树)。

"栽"表示用"戈"把"木"尖端的枝叶("十"即"才",指刚发出的嫩叶)去掉。移栽树木的时候要把多余的枝叶修剪掉,减少养分消耗,以保证移栽树木的成活率。这里看似是剪掉"生机盎然"的枝叶部分,实际上还是为了保证树木更好地"焕发生机"。

"桑"字的甲骨文字形 表示树叶像手掌一样的桑树,篆体字形用三个"又"(手)指要反复多次采摘树叶来养蚕。桑树长出桑叶,而桑叶喂养的蚕可以吐丝,二者均具有生发之象。蚕桑可以为人们提供衣服原料,是人们重要的生活来源之一。古代人们喜欢在住宅周围栽植桑树和梓树,后来人们就用"桑梓"代称家乡,指一个人的"发源地"。古时人们还有栽桑树、梓树作为财产遗传子孙后代的习惯,南宋朱熹曾说:"桑、梓二木。古者五亩之宅,树之墙下,以遗子孙,给蚕食,器具用者也。"

"果"字的甲骨文字形 像树上结了很多(三个表示多)圆形果实的样子。果实是发芽、开花的结果,同时果实作为种子又是新一轮生命(生发)过程的开始。"裹"指果实成熟前,外面包着幼小果实的花衣,即"衣中有果"。"裸"指幼果长大后,花衣脱落到旁边,露出完整的果实。

"某"的金文字形 像一棵树上结的一枚果实,指梅子。"甘"强调果实吃进嘴里的强烈感觉,"口"指如果是吃酸梅的话人会酸得咧开嘴,如果是吃熟透的甜的梅子人会开心得咧开嘴。因为不同梅子酸、甜的味道不确定,所以"某"表示不能明确肯定。"谋"指对不确定的事情进行琢磨、规划,叫"谋划"。"媒"指让原本没有关系的人发生确定的联系,如"媒人""媒介"。

"李"字中的"子"有幼小(小孩子)、果实(种子)的双重含义,因此"李"指果实比较小的果树。李子果味酸甜,孕妇喜食。而且,李子果实茂密,有多子之象,这也符合人们"多子多福"的美好期盼。据统计,李姓是当今中国头号大姓,也是世界第一大姓,这也印证了"李"具有"多子"的特征。"李"有幼小之象,因此引申出需要照看的含义,例如"行李"。

"休"字的金文字形 像一个人依靠着树木在休息的情形。古代,人们在田间劳作,累了之后会到树荫底下进行短暂的休息,俗称"歇口气儿"。休养生息,是为了恢复体力精力。"休"与"宿"音象相通,意义也有相通之处,"休"指在树底下短暂的休息,如"休整","宿"指在房间里睡觉休息,如"睡了一宿"。

"沐"的甲骨文字形 是人伸头到盆里用手洗头的情形。"沐"指洗头发,洗发时水从头顶顺着头发往下流,这跟雨水淋到树枝上沿着树木的枝条往下流淌的情形非常相像。另外,头发和树木都生长得比较快,具有共同的生发之象。历史上,周公在告诫儿子伯禽要礼贤下士时说自己曾"一沐三握发,一饭三吐哺,犹恐失天下之士"。"沐"指洗头发,"浴"指洗澡(身体)。

"淋"字中的"林"用来比喻水量多,指水淋淋的状态。如果下雨的话指被大雨浇湿。"霖"指雨水从树枝之间的缝隙滴滴答答地往下滴。俗语有"久旱逢甘霖"之说。

"禁"字中的"示"表示祭祀神灵、祖先,"林"表示祭祀之地。在树林中举行祭祀活动,作为祭祀场所的"林"就是禁地,非祭祀人员(担当祭祀任务的人员)不可入内。引申为担当、禁忌。森林本身就是一个神秘的原始意象,因为人类的祖先曾长期在森林中生活。

"孛"字的篆体字形为 🌱，形容胎儿（"子"）像草木那样从地底（如同胎儿在母体子宫"内"）往"外"生长，有生发之象。本义指肚脐。在农村，对牲口产子仍然叫"孛"。"勃"字中的"力"更加强调朝气蓬勃、生机勃发的有力之势，指长势旺盛，生机盎然。"渤"指水流速度加快，如"渤海"。"脖"最初指脐带，即连接胎儿与母体、输送营养的纽带，部首"月"指脖子，取连接（头与身体）之象。另外，胎儿在子宫里，脐带经常会缠绕到胎儿的脖子（绕颈），容易导致胎儿窒息或孕妇难产，因此造"脖"字表示警示。

"末"指树梢，即树枝的末端。"抹"指用手在物体的表面（末端）摸过去，比如"涂脂抹粉"。"袜"最初指肚兜。胎儿出生的时候肚脐部分是与母体最后分离的部分，因此"袜"最初指保护肚脐的衣物——抹肚。后来用于表示成人身体最末端的脚的衣物——袜（襪）子。"襪"中的"蔑"有蔑视的意思。"沫"指水面浮起的泡沫。"秣"指稻谷收割（去掉稻穗）以后，秆子上端部分通常用来喂牛、马等牲口。成语有"厉兵秣马"。

"未"的甲骨文字形 🌿 指树木繁茂的树叶，特指刚刚冒出来的繁密的嫩芽。"味"指树叶嫩芽的味道，如香椿芽、柳芽儿、榆钱芽儿等。"昧"指太阳（"日"）将出未出，即黎明前的黑暗。"寐"指人夜晚躺在床上睡觉。"蒙昧"指智慧尚未开化，仍处于混沌的昏昧状态。"魅"指黑暗中模模糊糊看不清、像鬼一样的影子。"魅力"指无形中一种看不清的力量在实际地起着作用。"妹"是最小的女孩子，即孩子中排在最后的女生，俗称"幺妹儿"。

"朱"的金文字形 🌲 着重强调了树干的中部和中心位置。篆体字形加一横强调了树干从中间截断。本义指树木砍断后树干中心的红色圆心。例如，"朱门"就指富贵人家的漆红色大门。树干为栋梁之材，"朱"也指优秀的人，如"近朱者赤"。因砍伐树木看到红色，"朱"也产生了"切断""诛杀"的含义（参见"戈——杀伐之象"）。例如，"制"就表示用刀具切割木料来制作物品。"株"指树木砍伐之后剩下的树墩子，即树桩，成语有"守株待兔"。树桩本身是砍伐留下的桩子，又可以长出新的树枝，因此"株"本身就包含了生与杀两种相反的意象。"侏儒"指身材矮小得像树墩一样，"儒"即弱小。"珠"指红色圆形的玉石，称"珠子"。后来泛指圆形的球状物，如"眼珠""夜明珠"等。"蛛"即蜘蛛。"蜘"通"织"，指能织网；"蛛"通"珠"，指身体呈圆球形。"茱"指茱萸，有杀虫、辟邪之作用，取其"诛杀"之象。对于害虫而言是诛杀，对于人而言则是保护，是生发。所以，这个汉字本身就包含一对阴阳。

"朿"字的甲骨文字形 ⚹ 像带箭头的木头，指植物上的尖刺。"刺"指植物上的尖刺像刀子一样锋利，可以伤人。"棘"由两个"朿"横排，指浑身长满刺的灌木，丛生横长，如"蒺藜""荆棘"。最早指酸枣树，摘果子时很容易把手扎伤，所以叫"棘手"。"枣"（棗）则由两个"朿"叠加，指高大耸立带刺的枣树。"责"的甲骨文字形 像用"朿"（尖的木头）从"贝"中取肉的情形，像择菜一样，读音为"zhái"。例如，"负责""责怪"中的"责"在北方农村读音就是"zhái"。"责"是"债"的本字。如果贝壳戳破或打破了，就要赔偿，"债"表示这种钱比较棘手。

"束"字的甲骨文字形为 ⚹，本义是指把木柴捆扎起来，为约束、收缩之象。"速"指挑柴的时候，要先把木柴捆扎好，才能比较快地行走；否则的话，有的木柴会掉下来，反而影响速度，即"欲速则不达"。"整"指捆扎木柴（"束"）的时候要用手（"攵"）把木柴理顺（"正"），使长度大约相齐、头尾方向一致，有序摆放，即"整齐"。"剌"指用刀把捆扎木柴的绳子割断，为松解、放大之象。"喇叭"就是指把声音放大、声音洪亮的乐器。"赖"由"剌"与"贝"组成，指负债的人想把欠钱（"贝"）的债务关系割断，即不想还钱。这种心态叫做"懒"。

"柬"的金文字形为 ⚹，由"束"与"八"（表示分开）组成，指把一捆木头（或竹子）加工做成薄薄的木片（或竹简），用于记载文字。"八"也可以看作两点，指书写的文字。"拣"（揀）指制作木片或竹简时要用手挑选适合的材料。"练"（練）指煮蚕茧和抽丝剥茧的过程中要反复挑拣、找到丝头来抽丝，需要反复练习才能熟练掌握。

"阑"字的金文字形为 ⚹，像正门前面用于遮挡的木头栅栏，由长木条制成，像放大版的竹简形状。"阑"通"栏"（欄），一块块长木条就是"杆"，合称"栏杆"，表示阻挡。例如，"阑尾"就像一个收缩变窄的小管道。"兰"（蘭）即兰花，其叶子一根根下垂，就像栅栏上的一根根木条。"拦"（攔）指像栅栏那样用手阻挡。"烂"（爛）指火光四溅、火星迸发的样子就像兰草开花一样四处散开，如"灿烂""烂漫"；水果等食物腐烂的时候汁液四处流淌，也如兰草四下散开的形状。

"东"（東）字的甲骨文字形像一个上下两端扎起来的包裹（口袋）形象；包裹中间穿过一根树枝（"木"）。古人日出而作，早上会背着包裹外出或扛着口袋干活。后来借指东方。"重"的金文字形就是一个人背着口袋的形象；加"土"表示口袋里装的是土。"动"（動）表示用力移动重物。"栋"（棟）指屋脊顶端的一根头东尾西（大头在东，小头在西）的大木头。"冻"（凍）通"冬"，指冬天一大早出门干活时比较冷的状态。"陈"（陳）中的"阜"表示土坡，把东西排列在向阳的土坡上晾晒就叫"陈列"。东西晒久了会褪色变旧，称为"陈旧"。另外，因为古人打仗常借山势排兵布阵，因此"陳"即"阵"。

"草"与"木"经常连用。草（艸）的甲骨文字形是一棵小草的形状。"苗"指田里种的草——禾苗，与一般的野草相区分。"卉"由三个"屮"组成，表示小草会集。"茻"由四个"屮"组成，表示四方都是草，指茫茫的大草原。

"才"的甲骨文字形像草木穿地（"一"）而出，指刚刚破土而出的草木。金文字形还标出了种子颗粒的形状。"才"字有由小到大的生发之象。这种潜力、潜能叫"才能"。"材"指树木由小苗长成大树，变为可用之木材。"财"指钱由少到多不断积累，犹如小树由发芽到长成大树。

"生"的甲骨文字形像小草长出地面（"一"）的样子，金文字形强调小草长出"土"地的上方。"姓"表示母系社会时期由哪个母亲（"女"）所生。母系社会实行群婚制，人们只知其母，不知其父。"性"表示内心生发的东西，侧重天性。"星"表明古人认为天上的星星是太阳（"日"）的儿子。"甦"表示多年生草本植物在冬天枝叶枯萎，来年春天重新发芽生长，好像重生的生命一样。

与生发意象相反的是死亡之象。"莫"从甲骨文字形直观地看就是太阳落山时没入草原（或树林）中不见了，表示"没有了"。日落而息，太阳下山（日头"没有"了）就表示不用再耕地了。再加"日"为"暮"，表示太阳西下。"墓"指人没有了（"莫"通"殁"）之后埋在坟地（"土"）里，像太阳落山一样消失了。墓地比较荒凉，一般会杂草丛生而被遮蔽。

"死"中"歹"的甲骨文字形像残缺的骨骼形状,指骷髅。只剩下骷髅架子的人,就是"死"人。死亡是指人死后从精神到肉体再到骨骸都会逐渐地消失不见。"葬"的篆体字形为,指人"死"之后四周以草掩埋。人们把去世的人(亲人)埋在草丛之中,包含有借草的"生发"之象获得永生的美好愿望。所以,这一汉字同时包含有生与死两种意象。

传统文化提出"木主仁",认为"木"的生发之象与仁爱之德有相通之处。"仁"的甲骨文字形为。有一种古文字形写作,上边是"身",下边是"心"。"身"的本义是妇女怀孕("妊"),即怀胎。字下边的心,表示"仁"是母亲对胎儿的一种情感。还有一种古文字形由"千"和"心"组成,"千"中的一横标在"人"的腹部,表示怀孕。另外,"仁"还可以写作"|二",即一竖二横,一为阳,二为阴,代表一生二、二生三,有生发之象。"仁"中的"二"代表母亲与胎儿,表示新生。仁者具有爱人之性,即像慈母对待胎儿一般的母性情感。果仁的"仁"表明"仁"内蕴生机,是生命勃发的力量。

九、火——炎上之象

图 2-9 "火"的甲骨文字形和籀文字形

"火"字的甲骨文字形像一团熊熊燃烧的火焰向上升腾的形状。"炎"即火上有火,指比较大的火焰。"焱"是三个"火"叠加,甲骨文字形为,表示火焰更加盛大。"燊"表示火焰炽盛。古人认为,火从天上来(天雷之火),所以具有炎上的特性。

"灾"(災)字甲骨文字形为,表示房子着火,即发声火灾。繁体字形加"川"表示大洪水,即水灾。"灭顶之灾"即水灾。还有一种字形用"戈"表示刀兵之灾。

"焚"字的甲骨文字形表示手持火把,焚烧草木庄稼。刀耕火种法属于原始耕作方法,人们先以石斧(后来用铁斧)砍伐地面上的树木等枯根朽茎，等草木晒干后用火焚烧。经过火烧的土地变得松软，不用翻地，利用地表草木灰作肥料，播种后不再施肥，一般种五年后易地而种。

"伙"表示一起生火做饭、围着一个火堆吃饭的人们。古代兵制中，十个人为一个伙食单位，共同炊煮用餐，也称"同伙""伙计""伙伴"。"众人拾柴火焰高"是"伙"所表达的团队合作意向。

"灰"字的篆体字形为 ，指用"手"持棍棒撩拨火堆，使快熄灭的火堆复燃。火堆充分燃烧后（"烬"即火尽）剩下的就是"灰"。让火堆"死灰复燃"的心愿，就是"恢复"。后来用作比喻"点燃"已丧失的斗志，重整旗鼓。让火堆重新变成熊熊燃烧的大火，就是"恢宏"，后来用作比喻场面壮观。"炭"指在山洞（山里挖一个窑洞）里将木柴碳化，变成木炭。木炭看起来像是灰一样的块状物，仍然保留木材的基本形状，容易燃烧且基本无烟，被用于冬天取暖。"盔"一种是盛木炭（"灰"）的火盆（器"皿"），用于取暖；另外一种是北方用来和面（"灰"状面粉）的灰色的瓦盆（器"皿"）。

"炎"字的甲骨文字形 像火焰猛烈上冲的样子。"发炎"指嗓子、喉咙发热肿痛的感觉。上火或身体有炎症的话，出于自身的免疫反应，就容易生"痰"。中医认为，痰为有形之火，火即无形之痰。"淡"指大火把水烧开，即白开水。"谈"（談）指说话时你一言、我一语，兴致比较高，就像烧火时一根接一根地添加柴火，火势比较旺（"众人拾柴火焰高"）。"毯"指这种用毛线织成的用品（通常是卧具）会使人感觉到特别温暖，有一种热量往上升腾的感觉。

"光"字的金文字形 像一个跪坐的人头顶有火光，应指点燃的火把，引申为光亮。"晃"指在太阳光照射下，火光的燃烧会加速周围气流的流动，在视觉上呈现出一种火焰跳动和视线晃动的眩晕感。"胱"即膀胱，动物的膀胱充满水之后表面非常光亮。"耀"中的"翟"表示鸟的羽毛，华丽的羽毛在太阳光的照射下会闪闪发光（反光），即"照耀"。

"灬"的古文字形是 ，就是一团火的形象。"鱼"（魚）：按照象形字形，一横本来是鱼的尾巴，用"灬"表示吃水中之鱼无论是蒸煮煎炸炒，都离不开"火"。

"鸟"（鳥）：按照象形字形，一横本来是鸟（喜鹊）的爪子，用"灬"

表示鸟为候鸟，喜暖和干燥。冬天候鸟会飞往南方，即"火"的方位。"马"（馬）：在中国文化中，十二地支与十二生肖对应，"午马"表示马为火性，即性躁烈。"午"指太阳正中、烈日当空的中午。"杰"（傑）指当山林起火时，有的树木被火烧之后仍然能存活下来，重新发出新的枝芽；"出"代表发芽，所以叫"杰出"。而"傑"中的"舛"表示两只脚登高踩踏，字面意思为身手敏捷、登上枝头，艺高人胆大，俗称"豪傑"。"煮"字中"者"的金文字形为 ◇，上面表示木头在点燃，几个点代表冒的烟或火星，下面的"口"表示说话，即说木头点着了（"着"与"者"音相近）。"者"下面加"灬"强调用火烧。篆体字形 ◇ 加蒸煮的器皿——"鬲"。

"煎"的篆体字形为 ◇。"前"表示舟（"月"）在水中顺水行进（"止"），即快速前进。"煎"表示火苗直接向上烧烤食物，到达食物为止，即火苗直接加热食物，为武火。"熬"中"敖"的金文字形为 ◇，左半部分上面是草，下面像奔跑的牛羊马等动物奔跑时的侧面形状（黑色的圆点表示牲畜的头部），右边像手持树杈，意为手持树杈驱赶牲口到山坡上有草的地方吃草。"敖"指放牧，是无拘无束悠闲游玩的情景。"熬"是指像放羊一样慢悠悠地煮食物，用时较长，为文火。

"炙"从篆文字形 ◇ 可以形象地看出用火烤肉的景象，表示用火烧烤。"黑"的金文字形 ◇ 表示小的烟火灰尘（用点点表示）汇集到屋顶烟囱（◇）上的颜色。"焦"的金文字形 ◇ 像在火上烧烤小鸟的情形，因为小鸟骨多肉少，表皮很容易就被烤得焦脆。

"寮"的甲骨文字形 ◇ 像许多木柴架在一起燃烧的情形，众多点点表示四处飘散的烟和飞溅的火星，有扩散之象。"寮"表示大火火焰四散的景象，上面的"大"和"小"都是"火"的变形，中间的"日"表示火光冲天。"燎"字强调火势蔓延，比如"星星之火，可以燎原"。"潦"指洪水像火势一样四处蔓延，冲倒房屋，即"潦倒"。"缭"指烟雾、云雾像一缕缕丝线一样不断旋转、上升。

"辽"（遼）中的"辶"突出火势向远方蔓延之义，表示遥远。例如，东北的"辽宁"就是指地处偏远；三国时期魏国大将张辽的字就叫"文远"。"疗"（療）：指火疗，通常用白酒点燃的火焰放在患者背部擦拭，祛除外寒。"治"指用汤药（"水"）治疗内疾，"疗"指用"火"（比如灸法）治疗外疾。

"烧"（燒）字中"尧"的甲骨文字形 ▧ 表示人在土丘（两个土为"丘"）前面，土丘指烧窑的窑包（"窑"与"尧"同音）。三"土"重叠表示高，"兀"也表示高峻，因此"烧"表示火焰燃烧得很高，炉火旺盛。"浇"（澆）指水从高处（"尧"）往下浇灌。"晓"（曉）指太阳从高处的土坡上方升起来，天刚刚亮，即"拂晓"。"翘"（翹）指鸟（比如喜鹊）的尾"羽"翘得比身体高。"饶"（饒）形容粮食堆得比较高，像一个个小山丘，指生活富足。"桡"（橈）指高处的树枝（"木"），人在够不着的时候会使之弯曲，也叫"挠"（撓）。身材曲线比较好的女子称为"妖娆"。

"烤"字中"考"的甲骨文字形 ▧ 为一个拄着拐杖的老年人形象（头发稀疏、弯腰驼背）。老年人阳气虚弱、畏寒怕冷，冬天喜欢围在火的周围，即"烤火"。"烤"意为靠近火源（与"靠"音象相通），把水分烤干。

"荧"（熒）字的金文字形 ▧ 像两个点燃的火把，即篝火的形状。"荧"由"焱"与"冖"（表示覆盖）组成，表示篝火燃烧之后剩下的点点火光，形容微弱的亮火。"萤"（螢）加"虫"表示夜晚能发出微弱亮光的小虫子。萤火之光指萤火虫发出的光亮，比喻很微弱的力量。《三国演义》第九十三回中魏蜀两军对阵，魏军王朗劝诸葛亮时说："谅腐草之萤光，怎及天心之皓月？"后人经过改编和简化变成"萤火（虫）之光岂敢与日月争辉"。"营"（營）字中的"吕"指军营里一个接一个的帐篷，"营"指帐篷门口亮着灯光。"营"里面是睡觉休息的，外面是站岗放哨的，分工明确。"经营"指要在夜晚的灯光下忙碌、安排事务。"莹"（瑩）加"玉"表示玉石表面发出的清澈、微弱的亮光。"茔"（塋）加"土"表示墓地、坟地附近有磷火，俗称"鬼火"。"荣"（榮）加"木"表示树木上开花（"華"），花红似火，像向外发散的亮光，叫"荣华"。牡丹等花有雍容华贵之象，象征"荣华富贵"。"劳"（勞）指晚上在微弱的灯光下还要干活劳作。晚上本来是休息时间，却要灯火通明地干活，形容辛劳、劳苦。

"热"（熱）字的甲骨文字形 ▧ 像以手执火的样子，表示点燃火把。手拿火把，人会感觉到火的温度，产生热的感觉。"执"的金文字形 ▧ 像手持树苗栽树的情形，与手持火把的样子相似。炙手可热形容权势大，气焰盛。

"烬"（燼）字中"尽"的甲骨文字形像手拿毛刷刷器皿的样子，表示里面盛的东西已经没有了。"烬"表示木柴、炭火已经全部燃烧完了，火已经熄灭，只剩下了灰烬。

"烈"字中"列"的古文字形表示用刀来分解骨头，通"裂"；指很多骨头摆列在一起，形容众多。"烈"加"火"表示很多火在一起，表示猛烈、气势盛大。"烈火"即熊熊燃烧的火焰。

"火"与"红"有旺盛、热烈之象，经常在一起使用。例如，"火红年代"表示激情燃烧的年代，"红红火火"表示日子过得非常好。"虹"的古文字形为，指彩虹；"红"（紅）指彩虹最外面的一层颜色，加"纟"表示红色的布帛。因为火焰是红色的，所以"火红"表示火焰般的颜色，比如"火红的太阳"。《国语·吴语》中记载："万人以为方阵，皆白裳、白旗、素甲、白羽之矰，望之如荼……左军亦如之，皆赤裳、赤旗、丹甲、朱羽之矰，望之如火。"吴军方阵中的白色方阵"望之如荼"——像开满白花的茅草地；红色方阵"望之如火"——像熊熊燃烧的火焰。"如火如荼"最早比喻军容之盛，后来用于形容旺盛、热烈或激烈，侧重"火红"意象。

"火"与"暴"（爆）均有热烈、激烈之象，经常在一起使用。暴字的籀文字形写作，像手持火把围猎一头鹿的情形；鹿被火围住，会做垂死挣扎，有暴烈的含义。暴字的一种篆体字形表示日出晾晒大米；另一种篆体字形表示火光围绕、双手搏击，形容残暴、凶暴。"曝"通"暴"，强调太阳光照。"爆"强调用猛烈的火加温，被烤的物体出现暴烈的现象，比如"爆米花"。"瀑"指瀑布的水从高处往下落，凶猛的水势碰到岩石上水花迸溅，像物品爆炸时的样子。"瀑布"指水流像一条宽宽的带子。"暴躁"指一个人火爆脾气，性格急躁，容易冲动。对应的气质类型为胆汁质，典型代表人物有张飞、李逵等。

十、土——化生之象

图 2-10　"土"的甲骨文字形和籀文字形

"土"的甲骨文字形像地上有一个土堆的形状。"圭"指土台上插一根木棍，通过测量影子的位置和长度来测量时间。"垚"用三个"土"叠加，指烧陶器的土堆——窑（垚、尧、窑音相通）。古人认为，土生万物，"一粒入土，万粒归仓"，具有化生的特性。

"地"字中的"也"为女阴的形状 坤，表示生育。"地"强调土地能生长植物的特点。类似地，"池"能生鱼虾，"他""她""它"能繁衍生育后代。

"吐"指植物的嫩芽从土里长出来，像人吐舌头一样突然从土地里面凸出来，含有从里向外出的意义。"吐"表示嘴巴吃进去的东西再向外吐出来。在音象上，"吐"与"土""凸""突"相通。

"肚"字中的"月"代表肉，表示人体部位；"土"堆的形状是圆而凸起；"肚"就表示圆圆的、微微凸起的腹部。民以食为天，人吃饱了肚子之后，才能获得热量进而转化为生命的能量。因此，肚子就像土地滋养植物一样滋养了人。

"杜"的甲骨文字形为 ，杜树即海棠，常常用作嫁接梨树的砧木。"土"表示这种树就像土地一样可以用来让其他树枝生长，进而结出无数的果实。"杜绝"指在准备嫁接时，要把杜树新长的枝干砍掉（"绝"）以便于嫁接。"杜"与"肚"音象相通。

"牡"的甲骨文字形 左边是牛，右边是雄性动物的生殖器形状，表示雄性的公牛。在音象上，"牡"与牛的叫声"哞"相通。强壮的公牛常被作为种牛来繁衍后代，"土"表示公牛像在土地里播种一样生育后代。"牝"字中的"匕"为勺子，而勺子像雌性生殖器官的形状；"牝"本义指母牛。

"灶"字的金文字形为 ，"竈"（zào，与"窑"和"窖"同韵）中的"黽"像一只青蛙或蛤蟆的样子，是炉灶的膛笼子的象形。简化后的"灶"表示用土垒成的、生火做饭的土台子。"灶"中生出火苗如同"土"中长出禾苗，有化生之象。"灶"与人们的饮食密切相关，蕴含了"土"的滋养属性。另外，"竈"的蛙形，也蕴含了多子多产的象征。从音象上来讲，蛙、娃、娲同音义近，神话故事"女娲造人"即是一种化生意象。

"社"的甲骨文字形 为"土"，"示"表示祭祀，"社"即人们祭祀的土地神。土地生长万物，人们祭祀土地以祈盼年年丰收。土地和粮食是立国的根本，合称"社稷"。

"圭"字的金文字形为 ⟂。古人用来测量时间的计时工具，早期是由一个土垒起来（双"土"叠加）的土台，人们根据上面木棍的影子长度来计算时间。太阳东升西落，影子画圆成一个圆圈形，即圆"规"。周公测景台即"测影台"。古人根据时间历法（"圭臬"表示标准）来播种耕地，种植农作物。因为测影计时的土台子遭受风吹雨打容易损坏，后来人们改成坚固的石台。王公贵族使用玉石制圭，即"珪"。"圭"成为身份、地位、权力的象征。古代帝王举行典礼时手拿玉器，一般是皇帝执圭、皇后执琮。神话故事中"托塔天王"李靖手中所托宝塔的原型就是一块玉圭的形状，托举表示高贵，因此"珪"通"贵"，为贵族所用。"桂"指一种常绿乔木——肉桂，树皮称桂皮，叶子称香叶，都是居家常用的调味品。桂皮一般割下来为长方形，与玉圭有相似之处，而且香气馥郁，有"贵"之象。与之类似，桂花以花之清香高洁取名。"鲑"：指鲑鱼，每年要从海水中溯河逆流回到原来的出生地淡水河中产卵，这种回归产卵的特性就是"归"，与自然界植物的"落叶归根"、回归泥土有相似之处。"闺"指古代未出嫁女子的内宅，待字（"字"有生子、孕育之象，含土之德）闺中表示纯洁、尊贵的黄花闺女。卦字中的"卜"指火烧龟甲产生裂纹，古人用来测吉凶；"圭"音象同"龟"；"卦"表示用龟甲占卜以测吉凶。"掛"即"挂"，就是把占卜的、用符号画的卦象图挂起来展示。"褂"指人们披在外面的大衣，比较宽松，像挂在人身上一样，例如医生穿的白大褂。

"垚"通"窑"，为烧窑的土洞形状 ⌒。联想到"土""凸""肚"，圆鼓鼓的窑洞也有化生之象。加火为"烧"。"饶"（饒）字中的"食"表示食物，吃的食物在碗里盛得非常满，鼓的高高的，像垒砌的"窑"一样，表示丰厚、富足。"浇"（澆）指烧窑时从上向下浇水，主要用于制作青、黑色的陶器，通"焦"，即焦黑之色。"晓"（曉）指烧窑时从窑洞里透出火光，跟早上太阳快要升起时散发出光芒的情形比较像。

"垒"指很多（"三"表示多）的土方层层叠叠摞在一起。砌成墙就叫"壁垒"；作战时修筑的防御工事就叫"堡垒"。"磊"与"垒"相似，指把很多的石块层层垒砌（摞）起来。石块表面光滑洁净，引申为"光明磊落"。

"堂"字的古文字形像土台（屋基）上建造的房屋。"堂"为正室，所以叫"堂堂正正"。"尚"的金文字形为，上面的"八"表示增加。在父系氏族社会，同一个祖先的、爸爸这一支的才算是"一家人"，因为最早在一个"堂"内生活，如"堂哥""堂姐""堂弟""堂妹"等。而妈妈这一支的叫"表"，属于"外人"，比如"外公""外婆""表弟""表妹"等。因此，"堂"本身也象征一个氏族的繁衍、延续，有"土"的化生之象。

人们种庄稼的土地称为"田"。田字的甲骨文字形像分割成一块一块的田块形状。土是自然的土地，田是人工种植农作物的土地，具有明确的分界线。田里长出来的草为"苗"。在田里耕作的人叫"佃户"。"男"指在田里用"力"（"犁""耒"等农具）干活的人。农业社会"男耕女织"，干农活的主力（主要使用"犁"的人）是男人。"胃"就像人体的粮仓（"田"）一样，通过消化食物给人体提供能量。"胃"与"喂"音象相通，寓意给身体喂食（提供能量）。

土"生"万物。生字的甲骨文字形像地上生长出草木的样子。"牲"指牲口，用于祭祀而献出生命的叫"牺牲"；蓄养起来用于食用或耕作的叫"畜生"，"畜"中的"玄"表示用绳子拴起来。"笙"指用十三根竹管做成的乐器，像竹子丛生，取生物之象。在音象上，"笙"与"生""声"相通。"甥"指外甥，即"外生"，女子嫁给外族男子所生之子。"姓"指母系氏族社会孩子的姓跟随母亲所在的部落，同姓不结婚。古人认为小星星由大太阳所生，即"日生为星"。黑"猩猩"在夜晚只有两只眼睛明亮放光，像晚上的星星一样。"隆"由"降"与"生"组成，最初指轰隆隆的雷是从天上降生的。"青"由"生"与"丹"组成，指炼丹时的炉火所生出的颜色，即"炉火纯青"。另外，植物的青翠颜色也象征旺盛的生命力。"晴"指大晴天万里无云时天空清澈如洗的湛蓝颜色。"精"指有光泽的米，即米中的精华。人们认为吃了这些精华能补充人身体的元气，让人更加有"精神"。性中的"生"像小草从土地中发芽之形，表示生发。"性"指由心而发，侧重天性，即先天的本能、本性、品性、性格倾向等。在"性"的基础上，经由内在需要、外在刺激而产生各种各样的"情"。"情"指七情六欲，包括情绪、情感、激情、亲情、爱情等等。

万物生于土，万物归于土。"埋""没"与土（吐）的化生意象相反。"埋"（薶）字的甲骨文字形表示把牛埋在坑里，几点代表尘土。篆体字"薶"指山猫（狸）隐藏在草丛里，即"没"入草丛不见了。与太阳下山、没入草丛不见的"莫"含义相近。简体字"埋"形象地表示把东西埋在土坑里。人去世之后埋在土里，埋的地方叫做"墓"，表示人"没"（通"殁"）了。总之，"土"为从无到有的化生之象，"埋"则是从有到无的消亡之象。"霾"指阴云密布，阳光消失不见，四周一片黑暗的状态，有吞没之象。

十一、水——流动之象

图2-11 "水"的甲骨文字形和金文字形

"水"字的甲骨文字形像水流的形状，与坎卦的卦象相同。坎卦两阴爻在外，一阳爻在中间，表示外柔顺而内刚健。水外表柔弱而内含刚性，滴水可以穿石。"坎"字又有欠土之意，土缺必成洼穴，水总存陷于低洼之处。水性流下，有流动、浸润之象。《吕氏春秋·尽数》中指出："流水不腐，户枢不蠹，动也。"一直流动的水（流水）不会发臭变质，经常转动的门轴（户枢）不会遭虫蛀蚀。比喻经常运动，生命力才能持久，人才有旺盛的活力。

"川"字的甲骨文字形中两边实线指河岸，中间虚线指水的流动，河道整体呈弯曲状，表示水在河道中弯曲穿行。"巡"中弯曲的"川"表示拐弯的地方是巡逻检查的重点。河流长期冲刷两岸，泥沙沉积会逐渐形成宽而平的地带，也叫"川"，比如"一马平川"。在音象上，"川"与"穿"相同。在意象上，水流受河道约束，"川"有约束之象。"顺"（順）指沿着河道顺水而走，即顺从、服从、"上道儿"。"训"（訓）指通过语言的教诲让人按照所说的去做。"驯"（馴）指通过约束让马听话，顺从主人的意思。"钏"（釧）的作用在于提醒人的言行举止要符合规矩。"州"字中的

"点"表示水中一块块可以居住的陆地，通"洲"。"圳"表示水边的一块土地。例如，深圳即海边的一个"小村"（"村"为"川"的粤语发音）。

"江"字的金文字形为![工水]，其中"工"是古人筑墙打夯用的石杵的象形，上面是长长的木把，下面是粗大的石质杵头，表示"大"或"长"的意思。"江"特指长江，后来也泛指又长又宽、水势浩大的大河流。另外，"工"与"巫"一样，还表示通达天地（上面一横代表天，下面一横代表地）。古人认为长江的源头在天上，江水经过陆地流入大海，最后又回到天上。在音象上，"江"与"降"相通，表示长江之水天上来。李白也在诗中写道："黄河之水天上来，奔流到海不复回。""洛"与"落"音象相通，"洛河"表示从天上降落的河流。

"河"的甲骨文字形为![河]。"何"字甲骨文字形![何]为人肩挑荷担之形，为负荷之义。"河"特指黄河，金文字形![河]表示"水"边之"何"，指肩挑土石、筑堤防汛，即用土石加固加高堤防的水道。黄河所流经的黄土地土质疏松，植被稀疏，故历史上曾多次改道，曾造成巨大的生命和财产损失。在音象上，"河"与"荷"相通，表示荷土治水。

"湖"字中的"古"即"咕"，表示响声；"月"指肉，即身体部位；"胡"即"喉咙"（也叫"胡咙"），指动物从喉咙里发出含混的、"咕咕"的声音。"湖"表示像喉管一样与江河相通的大片水域。在音象上，"湖"与"互"相通，表示互通。

"海"字的金文字形为![海]。"每"的金文字形像一位母亲，"海"表示水的"母亲"，比喻百川（小溪、小河等）汇聚之处。古代称大湖为海。

"洋"字的甲骨文字形为![洋]。"羊"表示众多、成群，"洋"指众多的水流。古代称大海为洋。

"汁"字中的"十"有交叉之意，指含有某些物质的水（或水样形态的液体），不是纯净的水，有混杂之象。比如，雨夹雪指含有冰粒的雨水，铜汁指铜融化后的液体，果汁是水果压榨出来的液体，乳汁是奶水，看起来是水的形态，但通常还混杂有其他物质。

"液"字中的"夜"指夜晚，夜晚水汽会凝聚成水珠附着在树枝、草叶等的表面，有转化之象。"液"指从其他形态（固态、气态等）转化成水状的形态，即液体。

"淼"字由三个水组成。"三"表示多,"淼"指水面辽阔,一望无垠,烟波浩渺。

在音象上,"淼"与"渺"相通。在意象上,"淼"既有宽大缥缈之意,又有遥远微小之意。

"永"字的甲骨文字形 为人在水中游泳的形态,拖长的人形表示长长的水流,本义指水流长。"泳"表示游泳。"咏"指吟诵时悠长的音韵。"派"的甲骨文字形为反写的"永",表示水的支流(支脉)。"脉"(脈)指分布在人和动物周身内的血管及其支脉,像水流一样四散分开,但同时又彼此连贯相通。

"冰"字的甲骨文字形 为冰块的形状,金文字形 中两点表示因寒冷而凝固,即水凝结形成固体。"冻"(凍)字中"东"指装东西的口袋,表示很多东西聚集在一起。"冻"指原来流动的液体凝结在一起,成为一体。原来流"动"的液体变成不"动"的了。"冶"指金属加热熔化为金水后快速冷却为金属块,就像水凝结成冰一样。"台"为新生儿降生的情形,"冶"指冶炼形成新的金属形状。

"回"的金文字形 像水流的旋涡,表示回旋。"茴"指草本植物茴香,通"回",能去肉之腥膻使之变香,而且花草的香味回旋凝聚、经久不散。"蛔"指人或动物身上的一种寄生虫——蛔虫,形体卷曲如回字形。虫卵附着在肉或蔬菜上,人吃进肚子里以后虫卵发育成成虫,成虫产卵被人体排泄出体外,通过施肥又回到蔬菜当中。这是一个在人或动物体内来回出入的过程。"啬"指把收获庄稼的粮食塞("塞"与"啬"音象相通)到仓廪里储藏起来。"禀"中的回字形指围起来的圆形的粮仓。

"流"字中"㐬"的古文字形 像婴儿出生时随着羊水一起涌出的情形。"流"的古文字形 表示水流急速涌出。著名心理学家、积极心理学奠基人米哈里·契克森米哈赖提出了"心流"的概念。他指出,"心流"是人们在做某件事情时所表现出的全神贯注、投入忘我的状态。在这种状态下,人们甚至感觉不到时间的存在,并且在当前事情完成后会有一种充满能量且非常满足的感觉。如果用"熵"的概念来理解的话,个体出现心流的状态是一种能量有序流动的感觉,是一个"熵减"的过程,它往往伴随着专注、幸福与和谐。

"井"的金文字形为 ,其中的一点代表的是静止止水,其甲骨文字

形 井 像纵横交错的四根木棍组成的井口形状。与流动的河水不同，井里的水是静止的，可以慢慢澄清，也便于人们取水饮用。井水是人们饮用水的主要来源，所以有"吃水不忘挖井人"的说法。"耕"指耕地、翻土（"耒"是翻地用的农具）要用井水浇灌，即要保证庄稼的用水。"形"中的"开"为"井"，三撇表示光影，即人在井水里的倒影。

十二、目——观察之象

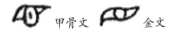

图 2-12 "目"的甲骨文字形和金文字形

"目"字的甲骨文字形、金文字形皆像眼睛的形状。篆文将眼睛形状竖起来并整齐化为目。眼睛是人最主要的感官通道，用于观察事物。"眼"字中的"目"表示向前看，"艮"表示回头看，"眼"表示可以四下张望。

"看"字的字形上"手"下"目"，指手搭凉棚向远处张望，本义是远看。例如，"天街小雨润如酥，草色遥看近却无"。《三国志·吴书·吕蒙传》中有一句名言："士别三日，即更刮目相待。""士"是古时对男子的美称，"刮目"本指擦拭眼睛，这里表示去掉老眼光。分别三天就应当另眼看待，形容一个人进步很快，不能再用老眼光（思维定式）去看人。

"望"（朢）字的金文字形 表示人站在土堆上（"壬"，后来变为"王"）抬头用眼睛（"臣"，后来变为"亡"）看月亮。本义是遥望。例如，"望子成龙"表示父母在孩子很小的时候就希望自己的孩子长大以后能够出人头地，这里也有"遥望"的意思。

"泪"（淚）字最早的字形为"涕"，其中"弟"表示次弟、顺序，指眼泪一滴一滴地落下来的样子。后来，"涕"专指鼻涕，另造"淚"字指眼泪。"戾"指狗（"犬"）弯曲身体从狗棚（"户"）中钻出来的样子，表示身体弯曲。而人在哭泣抽搐时也会出现身体蜷缩、弯曲的样子，"氵"表示哭泣时的眼泪。如今，简化为"泪"。

"民"字的金文字形 像用尖锐的物体刺目之形。古代俘获敌人则刺瞎其左眼为奴，本义指奴隶，表示目盲。"氓"指流亡的人民，即部落战争中战败的一方被迫流亡在外，成为流民。如今，"流氓"指目无法纪、不守规矩（尤其是在男女关系方面）的"二流子"。"泯"指受洪水灾害（"灾"包括水灾与火灾）影响而逃亡，洪水摧毁一切房屋、村庄，即"泯灭"。"眠"指睡眠，眼睛闭上不再视物或思考。"瞑"仅指眼睛闭上，不一定睡着。

"相"字的金文字形为 ✹，像人用眼睛端详树木之状，即观察、思考树木适宜作为什么器具的材料。本义为观察。"想"字中的"木"表示外在事物或刺激，"目"表示眼中所见，"心"表示心中所想，"想"即对外在刺激的心理反应。"厢"（廂）指正房左右两侧的厢房。"厂"与"广"用于纪念人最早藏身的山崖之下的居住之所，表示住所；"相"表示可以左右观察，指两侧。"箱"指用竹子或木头做的"厢"，即像小房子一样的方形盒子。

"臣"字的甲骨文和金文字形 ✹ 均为竖着的眼睛形状，表示低头竖目。低头竖目主要有两种情形：一种是表示用心干活、专注；一种表示低头屈服，早期社会奴隶见主人时如此，封建社会大臣见皇帝时也是如此。"卧"（臥）指人在侧躺的时候眼睛也是竖着的，表示躺卧。"贤"（賢）字中的"手"表示辅助，"贝"表示财富珍贵难得，"贤"表示有能力的、得力的助手。"坚"（堅）字中的"臣"表示低头干活，"又"与"土"表示夯土垒砌，即要把地面夯得结实、坚固。"紧"（緊）字上半部分是眼睛（臣）和手，表示干活；"系"表示扎紧，用绳子把东西捆牢固，没有松散的缝隙；"紧"指用线绳把物体绑牢固，或者把丝线拉紧。"紧张"指弓拉开时紧绷的状态。"紧急"指箭在弦上，一触即发，表示形势危急。"手头紧"指手上没有什么钱，财务不自由。古人认为"肾"（腎）（俗称"腰子"）是身体强壮的根本（先天之本），"肾"指腰部坚挺有力。

"监"（監）字的甲骨文字形 ✹ 和金文字形 ✹ 像一个人低头（低头竖目）看着一个水盆（"皿"）的样子，表示照镜子，即以水为镜。"镜"与"净"音象相通表示通过照镜子使得面容干净。"鉴"（鑒）字用"金"表示铜镜（"鑑"），指照铜镜。"盐"（鹽）指人低头察看器皿中的"卤"水，表示熬煮卤水以炼盐。"临"（臨）字中的"品"即"喦"，指靠近悬崖的岩石，人在悬崖上低头往下看叫"临"。常见词语有"降临""光临""君临天下"等。

"蓝"（藍）指人们从靛蓝类草本植物的汁液中提取颜料（"青出于蓝"），用于染布或做标记符号。"蓝"指蓝草。"褴"（襤）指蓝色的布做的衣服，这是最普通的、平民穿的衣服。"滥"（濫）指水位超过警戒（"监"）线，泛滥成灾，要加以拦截。"滥"与"拦"音象相通。"篮"（籃）指竹子做的竹篮，用于搁置物品（"拦"住物品使不掉下去）。"篮"与"拦"音象相通。

"见"（見）的金文字形突出眼睛形状，强调眼睛看到之义。"视"（視）字的甲骨文字形表示用眼睛看天象（"示"）。"现"（現）指玉石发光可见，强调显现。"砚"（硯）指砚台磨制得非常光滑，可以"现"出光亮。"砚"与"研""烟"音象相通。"研"指研磨，"烟"指由黑色烟灰所制成的墨。"觅"（覓）字中的爪形指探寻之义，"寻"表示用手来摸索、探寻；"觅"表示用眼神像手一样四处找寻。

"观"（觀）字的甲骨文字形和金文字形都是借用一只猫头鹰的形状，两个"口"表示猫头鹰圆圆的眼睛在注视，强调仔细察看、认真观察。"罐"指装水的瓦器。早期先民用瓦罐汲水时，要用眼睛注视着水面位置，看水是否装满。如今，"罐头"通常指有水的、玻璃器皿装的食物。"欢"（歡）字中的"欠"为张口的形状，表示注视猎物时见猎心喜的神态。"劝"（勸）指旁观者所做的工作（出力），比如给出一些建议。

"察"字中的"祭"指祭祀，为用手（"又"）持肉（"月"）放置在祭桌（"示"）上的样子，"宀"表示在屋内祭祀，即庙祭。祭祀是一件非常庄重的事情，"察"表示在房子里检查祭祀用品的摆放、准备情况，形容非常仔细地察看。

"盲""昏"与"目"的观察意象相反。"盲"指没有眼珠，表示眼睛失明，为无明之象。"盲人摸象"比喻对事物只凭片面的了解或局部的经验，就以偏概全想做出全面的判断（假象），指看不到事情的本质和真相。"昏"字的甲骨文字形为，其中"氏"为"氐"，像种子（往上）萌芽（往下）长根的形状，指向下扎根（与"低"相近）。"昏"表示傍晚太阳西下，光线变得昏暗，眼睛看东西也变得模糊不清。比如"老眼昏花"就是指视物不清。

十三、止——行动之象

图2-13 "止"的甲骨文字形和金文字形

"止"字的甲骨文字形像一只左脚的形状,下面部分为脚跟和脚掌,上面部分为脚趾头,凸出的形状表示大拇脚趾头。"止"指人负责站立的器官——脚。脚印留在原地,表示停止。但同时脚印又指向前方,脚步代表行动,有行动之象。因此,"止"字本身就包含了一静一动、一阴一阳。《礼记·大学》中说:"大学之道,在明明德,在亲民,在止于至善。"郑玄在注解时说:"止,犹自处也。"孔颖达疏:"在止于至善者,言大学之道,在止处于至善之行。"这里的"止",既是一种静态的、终极的目标(达到或处于德行最高的境界),又指一种动态的、不懈的努力(对至善境界的追求)。

"址"字中的"土"表示土丘(阜),"址"表示选址于此,停下来开始动工建设。"祉"即选址祭祀(示),祈求上天降福于此,表示福祉。"芷"指一种香草,其香味令人止步。夏季开白花,又称白芷。白芷入药,可"止"多种病痛。人们寻找("止")这种草药治病,不用花钱,又叫"白治"。"耻"(恥)指耳朵听到别人的指责,心中感到羞愧,停止所作所为。"趾"指脚趾,脚趾一般是静止不动的。而手指比较灵活,因此"扯"表示用手拉拽。

"此"字的甲骨文字形 ϕ 用脚印("止")表示一个"人"所到之处。"些"中的"二"表示两个,泛指一些(少于"三"表示的许多)。"些"即一些脚印。"雌"中的"隹"指小鸟,母鸟产蛋孵化小鸟时要待在鸟巢里一动不动,即在"此"而"止"。"疵"字中的"此"表示这里,"疵"即这里的小毛病(麻子等小黑点),平时不引人注意,需要指出才能发现。"柴"指踩在脚下("止")的小树枝("木")。人拾取小的枯枝散木(烧火做饭用)要捆扎在一起,捆扎的时候一般要用脚踩着,以便于捆扎结实。"柴"与"踩"音象相通。

"企"字的古文字形 表示踮起脚尖,比如企鹅。踮起脚尖,一方面表示非常忙碌，即民间通常说的"忙得脚后跟不沾地"；另一方面表示企图、企盼、期望，即有目标性。合起来表示为达到某种目标而忙碌。

"武"字的甲骨文字形 像人持戈行进之状，即征伐行进。"武"最早表示征战，进而表示武力层面的勇敢、勇猛；后来，"武"被赋予"止戈"的含义，侧重于武德层面的止暴、仁义，即维护和平。"武"字体现了中国汉字的阴阳一体思维。

"走"字的金文字形 为一个人展开双臂奔跑的形状，表示跑，例如"儿童急走追黄蝶，飞入菜花无处寻"。"陡"字中左边"阜"表示土山，右边的"走"表示人走山路时摇摇摆摆的样子，凸显山势陡峭不平。"徒"字的金文字形 中的"土"表示土地，"辵"与"止"分别表示行走与止步，即从一个地方步行走到另外一个地方（止于"土"）。"徒"与"土"音象相通。人走在土上，表示"没有"交通工具，有"空""无"之象；"徒手"即空着手，"徒弟"即空着手跟在师傅后面学习的学徒。

"步"字的甲骨文字形 和金文字形 像一前一后的两个脚印，表示迈步行走。"少"为右脚脚印的变形。"涉"表示在水中行走，如"跋山涉水"。"陟"表示在山中行走，甲骨文字形 中脚尖朝前，表示登高、上升。

"降"字的甲骨文字形 和金文字形 中的"夅"像方向朝下的两只脚，一前一后，表示沿着山坡从上向下走——下降。去掉"阜"之后为"夅"，表示从高处下落、降落。"绛"指紫红色的绛草，用于染布则白布变成大红色。所染之色与植物本来的颜色有一个色差，即色度有所下降。

"之"字的甲骨文字形 是代表脚印的"止"下面加了一横，表示人所到之处。例如，"送孟浩然之广陵"即表示孟浩然要到扬州去。"芝"指可以使人轻身便于行走的草，如灵芝、芝麻。"志"字的篆体字形为 ，其中"止"表示前往，"志"表示心中的向往，即内心想要达成的目标，它会使人产生一种指向性的驱动力。"志"与"之"音象相通。

"复"（復）字的甲骨文字形 表示一个"豆"状食器旁的脚印，脚印的朝向是离开食器。加"辵"表示人要行走回到盛食物的器皿中拿取食物，这是一个反复的来回走动的过程。金文字形 中也有表示来回的脚印符号。"腹"指腹部，包含了人体储存、消化食物的主要脏器，这也是一个循环往复的进食—消化—排泄的过程。另外，腹部在人呼吸时会一鼓一缩、来回起伏、反复不止。"覆"字中的"覀"表示盖子，人来回走动以盖上遮挡物，表示隐藏。"履"字中的"尸"表示人形，"履"表示人来回行走（"復"）所需要的鞋子。

"各"字的甲骨字形为 ，其中"夊"表示脚步，"口"表示目的地，"各"指到达自己的目的地，表示各自。"客"表示远道而来的人来到房子（"宀"）前。客人进屋时一般是"额"（"页"表示头部）最先探进来。在音象上，"客"与"咳""叩"相通，表示客人在进门之前要先询问一下主人是否在屋里。"胳"表示身体（"月"）两侧一边一个，各自独立。"格"表示树枝各自生长，方向不同，互不影响。"格子"用于放置东西，表示分门别类，互不相干。"阁"表示分类摆放不同的收藏品。"搁"表示用手把收藏的物品放置（搁置）起来。"阁下"表示尊重对方的隐私（收藏品）。

"洛"字的甲骨文字形 像水从天上降落的样子。天上下雨，水会自动汇集到低洼的洞穴里。"落"指叶子从树木上脱离，降落到地上。"烙"指物品放（降落）到火上烤，即落到火上。"络"指拧绳子时在最末端要扎束起来，垂落在绳子末尾的头绪就叫"络"。"骆"（駱）指黑鬃黑尾的白马，颜色对比鲜明，落差明显。骆驼的驼峰为脂肪储存的地方，随着能量的消耗会逐渐变小回落。"珞"指用玉石珠子等串起来制成的戴在脖子上的装饰物，呈下垂之状。"酪"指像酒（"酉"）一样发酵、沉淀（"落"）而成的奶酪。

"路"字的金文字形为 ，用"足"强调人们各自行走（"各"）所踩踏出来的途径，即道路。"露"指空气中的水蒸气夜间遇冷凝结成水滴"落"在花草枝叶上。古代人们行路时常被路边草丛上的露水打湿衣角。露珠从无形的水蒸气到有形的水滴，表示显露、呈现。"略"指通过规划让不同的田块之间各自分割开来，如田埂等。"大略""战略"都表示宏观的规划。

"先"字的甲骨文字形 和金文字形 均由"之"（表示脚前行）与"人"组成，表示一个人在前面引导。例如，"敢为天下先"就是指敢做第一个吃螃蟹的人，勇于迈出第一步。

"乏"字的金文字形为 𠂊，其中一撇表示不正、歪斜，与"正"相反（"正"上面的一横表示清晰明确的目标或目的地）。"乏"表示走错路线或走了歪路，导致力不从心。"丿"有反之象，表示无功而返，半途而废。"眨"表示眼睛由闭着变为睁开，或者由睁开变为闭上，即与原来的状态相反。"贬"（貶）表示与钱财（"贝"）原来贵重的价值相反，即价值缩水。"砭"即砭石，石器本身是作为攻击、敲打、战斗用的工具（杀伐之象），如果用于治病救人（仁爱之象），就是反其道而用之。"泛"表示目标不明确，与有明确目标和行动的"正"相对，例如泛舟、泛泛而谈等。

"舛"字的金文字形像两个方向相反的脚印形状，表示背离。"命运多舛"指人一生坎坷，屡受挫折，命运与人的愿望经常背离。燐字中的"米"为火的形状，"粦"表示像长了脚自己会走一样（漫无目的、飘忽不定）不断跳动的火焰，也叫"磷火""鬼火"。"潾"字中的"巜"表示水面上的小水流形成的波纹形状，"潾"用来形容水面上星星点点跳动闪耀的波光，如同磷火一样。

"行"字的甲骨文字形 和金文字形都是一个十字路口的形状，表示人在道路上行走。"荇"指荇菜，在水中随风荡漾，好像会行走一样。"衍"指"氵"行走的道路，表示水流入海。百川归海的过程中，会流出很多分支，叫"衍生"。"街"字中的"圭"表示汇集，"街"表示许多十字路口相连接的道路，指宽阔的主干道。"街"与"接"音象相通。

"爱"（愛）字的篆体字形为 ，上下两个"夂"表示脚步，中间是被包围起来的"心"，表示围绕心中所想去行动、去追求，是发自内心、真心实意的行动。因此，"爱"是需要行动来证明的，不仅仅是一种情感，更是一种实践。

十四、页（头）——带领之象

图 2-14　"页"的甲骨文字形和金文字形

"页"的甲骨文字形是一个跪坐着的人的形状，其中头的部分最为突出，头发、眼睛清晰可见。在这里，"头"是重点强调的内容。"元"字的甲骨文字形为人的形状，"二"即"上"，突出人的头部。"元"与"圆"音象相通，古人认为，天圆地方，人的头部是圆的，与天相应，人的脚是方的，与地相应。"首"字的甲骨文字形，与"页"相似，头发的特征更为明显，也是指头部。在动物界，雁群中飞在最前面的大雁叫头雁，狼群中走在最前面的狼叫头狼；在一个部落中，站在最前面带头的人叫头人，也就是首领。"道"的金文字形表示一个人（"首"）在十字路口（"行"），指要行进的道路。"导"（導）字中的"寸"表示用手指引，即指引人们要走的道路，"导游""导师"等均有带领之象。

"头"（頭）字中的"豆"的甲骨文字形表示一种高足的食物器皿，加"页"表示脑袋。"头"进而表示次序在前或者地位最高。"出人头地""高人一头"等词汇反映出人们有追求卓越、自我实现的心理动机。人是社会性动物，有人的地方就有江湖。工地上有"工头"，监狱里有"牢头"，水泊梁山也有头领。金庸先生的武侠小说里，各路武林人士抢破头的，也是一个"头儿"的位置——武林盟主。

"顶"（頂）字中的"丁"为钉子，而一个立起来的钉子最显著的特征就是顶部的"大头"形象，这和"页"的意象一致。二者叠加，强调的是最高的地方，如"头顶"。成语"灭顶之灾"，就是指河水（洪水）淹没了人的头顶，人要面临死亡的灾难。有个理发店的广告词这样写道："虽是毫末技艺，却属头顶功夫。""头顶"一语双关，包含位置最高和技艺最高的双重意象。

"项"（項）字中的"工"是"夯"的形状。以前人要盖房子，首先要用"夯"把地基夯实。上面一横是把手，中间一竖是夯柄，下面一横是夯头。很多劳动工具的头部和身体都是需要连接的。对于人而言，连接头部（"页"字上半部分的"首"）和身体（"页"字下半部分的"人"）的地方就是"脖子"，即"项"。

"领"（領）字中的"令"表示发号施令，使周围的人集合，发令的人就是一群人里的"头头儿"，即领袖。对于一件衣服来讲，领子是最高的地方，这和头是人身体最高的地方是相对应的。

"顺"（順）字的金文字形为 ![字形]。古人头发比较长，要经常梳理头发使头发柔顺。柔顺的头发垂下来，像水流一样顺畅。

"须"（須）字的甲骨文字形为 ![字形]，"头"的下部（下巴）上长了几根毛，这就是胡须。胡须要长长的话要留很长时间的，这里面就有"等待"的时间意象。古代男子都要留须，即"必须"。而剃掉胡须是一种惩戒行为。

"颗"（顆）表示果实果大柄细，也是"头大"之象。表示树的数量用"棵"，表示果实的数量用"颗"。古代打仗有用割下敌人的头颅来计数领赏的做法，这种"胜利的果实"也用"颗"来表示。

"颂"（頌）指以天下为己任（天下为公）、办事公道的人自然会受到人们的信任和称赞。老百姓心里有一杆秤，在心理衡量之后，对某人的由衷赞扬叫做"称颂"。如果是以歌唱的形式来称赞某人，就叫"歌颂"。

"烦"（煩）指头部发热，出现发烧症状。后来泛指着急上火、心中烦躁不安的情绪。

"硕"（碩）指非常大的石头。石头有很多种类，大小不一。在一堆同类的石块儿中，首先映入眼帘的，通常都是"大块头"，即大石头比较突出、醒目。《诗经·国风·魏风·硕鼠》中的"硕鼠"就是大老鼠。"硕士"比"学士"更高一级，通俗地讲就是"大学士"。

"顾"（顧）字的篆体字形为 ![字形]，左边为"雇"，表示"户下有鸟（隹）"；屋檐下的鸟，一般是燕子或麻雀；小鸟机警胆小，经常回头四顾，这个回头就是"顾"。

成语"瞻前顾后"，往前看叫"瞻"，回头看叫"顾"，所以有"回顾"之说。顾客就是"回头"客，商家总是希望客人下次还能来光顾的。

"顷"（頃）字中的"匕"为勺子，勺子的头与身是不平的，以便于盛取汤汁。"顷"是一幅人歪着头的形象，表示倾斜。"倾"（傾）指人歪斜失去重心、要摔倒的样子。"颖"（穎）指禾苗的穗逐渐成熟饱满而下垂呈倾斜状，象征着庄稼的丰收。"新颖"即新的丰收景象。"颖"与"英"音象相通，表示开花结果。

"嚣"（囂）字的金文字形 ![字形] 中四周的四个"口"表示众人喧哗，"页"表示居中一人十分张扬。

"忧"（憂）字中的"頁"表示头部，被包围起来的"心"表示心事，

"忧"指心事显露为头面部的表现,如沉思、烦恼等。有的字形加"攵"表示心中有心事行走不快的样子。"忧愁"有迟缓、纠结之象。

与"头"相对应的是"尾"。尾字的甲骨文字形为🔣,指动物的尾巴。动物的头在最前面,尾巴在最后面(末尾)。"追尾"就是撞到了前车的最后面(车屁股)。尾巴紧紧跟在屁股后面,所以跟踪也叫"尾随"。尾巴根儿那里是动物的生殖器官所在,蜜蜂、蛇等交配的动作就是"交尾"。

十五、子——繁衍之象

图 2-15 "页"的甲骨文字形和金文字形

"子"的甲骨文和金文字形像一个突出头发、囟门形状的初生婴儿形象,后来简化为🔣。"子"是新的生命,象征生命的延续,为繁衍之象。

"籽"字中的"米"表示谷物的颗粒,"籽"表示植物的种子。

"仔"字的甲骨文字形🔣像大人背着孩子,代表幼小的人或动物。例如,"仔鸡"即童子鸡。

"字"的金文字形🔣表示屋("宀")中有子,表示生育孩子。女子未出嫁时叫"待字闺中"。"文字"表示字是文化繁衍的载体,就像孩子一样是基因的延续。

"孜"字中的反文旁"攵"表示以手持棍,"孜"表示教导小孩子。"孜孜"表示对小孩子的教育、引导要持续不间断、勤勉不懈。

"季"字的金文字形🔣表示庄稼("禾")结籽("子"),这个时节也叫"季节"。"籽""子"都是幼小之象。在"伯仲叔季"的排序中,"季"为最小的一个。

"李"指李树,结的果实叫李子。李树为木中多子者。李姓是人数众多的大姓。

"学"(學)字的甲骨文字形🔣像双手在房屋("宀")前摆数筹("爻")的情形,后来加"子"表示教小孩子学习六爻数术。金文字形为

"觉"（覺）字中的"见"表示学习之后视野开阔，可以看得更高、更远。这种变化就如同人从睡梦中的无意识状态到睡醒之后的清醒状态。"搅"（攪）指学习、觉悟的过程被打断，即"打搅"。

"孨"表示一胎多子（"三"表示多），生下来的多胞胎婴儿一般会比较弱小。"孱"指孕妇生育多胞胎之后，身体比较虚弱。"潺"表示水流比较弱，细微平缓。

"乳"字的甲骨文字形像一位母亲把小孩子揽入怀中喂奶的样子。金文字形突出了乳房的特征。"孚"的金文字形也表示抱子哺乳。"孵"表示从蛋中孵化出小宝宝。"浮"指漂浮在水的表面，就像孵卵时母鸟覆在蛋上面一样。

"育"字的金文字形为一位母亲（两点突出哺乳特征）和一个头朝下刚出生的婴儿形象，表示生孩子时婴儿是头朝下，先生出头来。"毓"字的字形比"育"多了表示水流的符号，指生孩子时从母体内流出来的羊水。

"保"字的甲骨文字形像大人反手背着一个孩子，表示保护、保养。"褓"指包裹小孩子的宽布带。"褒"字的"保"在"衣"内，指衣服宽大，可以包裹进去一个小孩子。古代天子会奖赏给臣子衣襟宽大的礼服，以表示胸怀宽广、心系万民，这种衣服就叫"褒衣"，这种奖赏就叫"褒奖"。"葆"指像爱护小孩子一样爱护自然界的青山绿水。"永葆青春"用于形容人（尤其是女性）对自身容颜的保养。"堡"指用土做成的小型的防御工事，取保护之意，后来也指村庄。"煲"指用文火长时间地烹饪食物，火苗较小。例如，煲汤就是使食物中的营养成分最大程度地溶解到汤中，得以保留。

"好"字的甲骨文字形为一个女子（母亲）抱着小孩子的形状。从进化心理学的角度来看，能孕育新生命、繁衍后代、延续基因的女性（母性之美），更符合男性的审美期望，有"美好"之象。对于一个家庭而言，有了女人和孩子之后这个家才完整，象征团圆、幸福、美满。同时，母亲对孩子有一种"舐犊情深"的情感投入，这种天然自发的情感是仁爱这种社会性情感集群的源泉。母亲与孩子和谐共生的自然状态也象征着"岁月静好"的安适心境。

"儿"（兒）字的甲骨文字形是一个囟门未闭合的婴儿形状，篆体字形像一个曲身爬行、身体尚不能站立的小儿。"孙"（孫）字的金文字形为，其中"系"用丝线形状表示延续，"子"的生命延续为"孙"，这样一代代延续，子子孙孙无穷无尽。

十六、酉——幸福之象

图2-16　"酉"的甲骨文字形和金文字形[1]

"酉"字的字形是一只酿酒、盛酒的尖底酒樽之形，即酒坛子。在农业社会，下午5点至下午7点，太阳渐渐落山，鸡开始归巢（十二生肖中的"鸡"与十二地支中的"酉"对应），务农的人们开始回家吃晚饭（日入而息）。这个晚饭时间如果有酒喝，那说明家里粮食很充足（酒是由多余的粮食酿造的），生活"富"足。所以，酉时就表示吃晚饭、喝酒的时间。"酉"为酒，而酒在中国文化尤其是道家文化中成为自由、逍遥的象征，人通过饮酒来实现精神上的宣泄与自由，达到一种心满意足的幸福状态。

"酒"字的甲骨文字形为。酒坛子加"水"，再次强调坛子中所盛的液体——酒。

"酤"字左边是酒坛子"酉"，右边是酒葫芦"古"，从酒坛子里面把酒灌到葫芦里面，表示买酒。"酤"与"沽""贾"音象相通。

"酣"字左边是酒坛子"酉"，右边是乐在其中的"甘"，"酣"表示喝酒喝得非常畅快。

"酩"字中"名"的金文字形为，"夕"表示晚上看不清，只能以"口"呼叫名字。"酩"与"冥"音象相通，表示昏暗。"酩"指人喝醉之后，意识模糊不清。

"醉"字中的"卒"本来是"装老的衣服"，不能再脱下来了，指死亡、终结。喝醉酒的人神志不清、不省人事，很多醉汉躺在地上看起来像"死"了一样。另外，喝酒喝到醉了（人们认为醉了才表示喝到位了），说明喝酒活动也就该结束（终结）了。

"犹"（猶）字的篆体字形为 ，其中"犭"表示兽类动物。《尔雅·释兽》中说，"犹如麂，善登木"，可见是一种猿猴。古人大抵有这样的经验，猴子偷喝人们贮藏的酒，最后竟然也喝醉了；人们就知道，酒不仅能使人醉，而且还能"醉猴"。人和猿猴在很多地方有相似之处，有时甚至可以相互类比。例如，成语"沐猴而冠"就是把人比作猴子，"朝三暮四"就是把猴子比作人。

"酗"字中"凶"的字形为 ，与"夋"同源，指身体壮硕、披头散发、样子丑陋的大猩猩。猩猩喝醉酒的样子更显凶恶丑陋，使人害怕。对于人而言，"酗"表示喝酒没有节制，或者喝醉酒耍酒疯，像凶恶丑陋的大猩猩一样。

"醒"字表示酒醒。晚上喝酒的人通常有这样的体会，当酒劲儿过去、第一次醒来时多数是在半夜，这时可以看到天上星星发出的微弱光亮。

"酬"字中的"州"为水（川）中陆地，表示水围绕沙洲流动。"酬"指主人围绕各位客人敬酒。

"酋"字的金文字形为 ，上面的两点水为"酒"，表示酒溢出来或者把酒舀出来。因此，"酋"还是"酒"。古代掌管分酒的人就是"大酋"。"酋长"则为部落首领。

"尊"字的甲骨文字形为 ，下面的"寸"是手的形状。喝酒的时候，如果是给地位比较尊贵的人或辈分比较高的长者敬酒，那肯定是要双手捧着酒的，以示尊敬。而且，向贵客、长者等敬酒，酒是一定要斟满的（溢出来的"两点水"），这样更显诚意满满的心情。当然，古人祭祀的时候，也会双手捧酒以敬天神，对天的尊崇也是自古有之。

"蹲"字指下蹲。向长辈敬酒，不仅要双手呈上、恭恭敬敬，还要跪下来或者蹲下来。为什么会这样？一般而言，老年人弯腰驼背，身高是不及年轻人的，而晚辈给长辈敬酒是要"自下而上"以显示对长辈的尊敬。当然，在现代社会，给长辈敬酒是不用再下跪了，弯腰或微微下蹲一点即可，但是酒杯是万万不能高于长辈的酒杯。这其实是用自己位置较低的酒杯来象征性地"下蹲"了。

"遵"字中的"辶"表示走什么道路（如何做人、如何做事）。遵照执行就是根据首领、长辈的教导和指引去做，循规蹈矩。

"奠"字的金文字形为 ，指把酒坛子放在案几上，祭祀逝去的祖先。这是一幅庄重地用酒祭祀的场面。在农村，当家中有人去世时，死者棺木的正前方会有一个大大的"奠"字。这个符号化的象征寓意逝者会在另一个世界"有酒有肉"（无酒不成席，一般有酒必定有肉），衣食无忧。

"郑"字的篆体字形为 ，左边为"奠"，右边为"邑"。许多人聚集在一起祭祀祖先，这种场合是非常庄重的，即"郑重其事"。春秋时期有一个郑国，成语有"郑人买履"。现今河南省有郑州市（省会）和新郑市（县级市）。

"覃"字的金文字形为 ，下面是一个酒坛子（酿酒坛或者盛酒陶坛），上面的"西"是一个酒盖子形状。酒易挥发，平常是有塞盖的，酒因长久存放，悠长醇厚的香气就蕴藏在酒坛子深处，"覃"有深入、悠长之义。"潭"指水比较深，如水潭、潭渊、龙潭虎穴等。"谭"指言论主题比较宏大，距离现实生活比较远。

"福"字的金文字形为 ，是两手捧着酒祭祀（"示"）的情形，指通过祭祀祈求神明赐福。祭祀有酒，表示生活富足；用酒祭祀，表示祈求福佑。从心理层面而言，"福"指主观的幸福感，即心满意足。"富"指房屋里面贮存有酒（"畐"为酒坛的形状），说明粮食充足，不仅够吃，还可以酿酒。在农业社会，粮食充足，生活就非常富裕。"畐"是"富"的省略，表示财产。"逼"字用"辵"（后简化为"走之底"）表示追迫，即债主追讨财物、钱款而强迫、逼迫。在如今的网络环境中，不少人大量使用"逼"代替同音字"屄（女性生殖器的俗称）"，宣泄低俗、压抑的情绪，导致一些恶俗"网词"流行，如"逼格（讳）""牛逼（讳）""傻逼（讳）""装逼（讳）"等。这一现象有待规范，但从侧面也反映出许多网民压抑的心理状态。

"幸"与"福"经常连用。"幸"字的篆体字形为 ，由"夭"与"屰"组成。"屰"为古代的一种兵器，类似于戟；"夭"有歪斜之象。"幸"表示歪头躲过兵器，因免于灾祸而有吉利之义。人们日常生活中所说的"幸福"其实包含了两方面的思维：一是免于灾祸，即无病无灾；二是吉祥如意，好事连连。这也体现了传统文化中的阴阳双向思维。

"富"与"裕"经常连用。"富"表示家中储存有美酒，生活富足。"裕"左半部分的"衣"表示衣物，右半部分"谷"从种植农作物的山谷转换为谷物之象。有吃有穿，衣食无忧，温饱两大需求都得以保障，也是富足之象。

十七、彡——纹饰之象

图 2-17　"彡"的甲骨文字形和金文字形

"彡"（shān）的甲骨文字形为三撇（丿），金文字形为五撇；指线状条纹，通常是用笔写、刀刻、刺绣等方式所画的纹饰，比较显眼，便于识别。"彡"与"三"音象相通，取"三"之多义。"彡"表示呈显著特征的线条状纹饰，有纹饰之象。

"彡"的甲骨文字形和金文字形指人身上呈线条状的标志性特征，比如毛发、皱纹、斑点等。诊字中的"言"表示诊断需要询问，而问诊主要是根据身体出现的变化（症状表现）来加以判断，比如饮食、大小便、寒热等变化。"疹"指皮肤上起的微小颗粒，但非常醒目。"珍"字中的"王"表示玉石，"彡"表示光泽、纹路，"珍"指有光泽的宝石。"趁"字中的"走"表示急走，"彡"表示尘土飞扬等显著特征，"趁"即追赶。"趁"与"尘"音象相通。"殄"字中"歹"为残缺的骨头的形状，"殄"表示杀害。"胗"指家禽类动物的胃，比如鸭胗等，有明显的线状纹路。

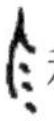

"参"（參）字的金文字形是一株人参的形状，上面三个小圆形表示籽实，人字形表示像人身一样的根部（人参即长得像人身一样），"彡"表示众多的细长状根须。人参的须深入土里，表示渗入、掺杂、参与。"参"与"伸""深"音象相通，表示深入地下。"渗"（滲）指水沿着缝隙慢慢渗透进去。

"形"字的篆体字形为 🔲，其中"开"由两个"干"（带杈的木棍）组成，表示实体。"形"与"型"音象相通。

"影"指太阳（日）光线被高大的物体（京）遮挡之后产生的暗影（彡）。

"影"与"映"音象相通，表示遮挡。在意象上，"影"与"形"相对。

"穆"字的金文字形 🔲 像一株成熟的、沉甸甸的稻穗形状。"彡"表示阳光照在稻穗上进而在地上呈现的影子。"穆"指成熟的庄稼（禾）。

"彬"字中的"彡"表示光线，"林"（树林）中透出来的光线强度适中，比较温和，有阴阳相济之象。例如，"文质彬彬"形容一个人温文尔雅又有真才实学。《论语·雍也》中指出："质胜文则野，文胜质则史，文质彬彬，然后君子。"

"彰"字中"章"的金文字形 🔲 表示用"辛"刀刻画图形标记，加"彡"表示通过显著的符号、记号使信息公开，让更多的人知道，比如"表彰""彰显"等。

"彭"字的金文字形为 🔲，其中"壴"为架起来的一面鼓的形状，"彡"表示连续不断的声响。鼓声响亮，声波宏大。"彭"与"碰"音象相通，表示撞击发出的声响。"澎"指水浪激荡、碰撞发出的声音。"膨"指肌肉、腹部等鼓起状部位非常突出，表示变大。

"彤"字的金文字形为 🔲，其中"丹"表示丹砂矿井，"彤"表示红色非常显著醒目，如"红彤彤"。

"彩"字中的"采"表示用手（爪）采摘植物（木）的花、叶或果实，"彡"表示各式各样、各种颜色（"三"表示多）。"彩"指多种颜色，比如"彩虹""彩带"等。

"杉"即杉树，树的表皮和针状叶子都像"彡"的形状 🔲。篆体字形 🔲 表示杉树的皮、枝等可以捆起来当作火把用。

"衫"的篆体字形为 🔲，古代指短袖单衣，因为纱线稀疏，所以线的形状清晰可见。

"髟"字中的"長"指头发很长的样子，"彡"表示显著，"髟"的意思是长发披垂，比较醒目。"髟"与"彪"音象相通。"髯"指两腮长长的胡须。例如，关羽被称为"美髯公"。"髯"与"软"音象相通，指柔软。"须"（鬚）指下巴上的胡须。

"彪"字的金文字形为 ，指老虎身上的斑纹非常醒目。"彪炳"分别用虎纹之象和火之象来形容鲜明、亮眼。

"修"字中"攸"的金文字形为 ，表示人沐浴整理；"彡"表示修饰、装扮等；"修"指通过修饰、整治使状态恢复或更加完美。

"彦"字的金文字形为 。"文"代表花纹、图画，"弓"象征狩猎，"厂"代表岩石，"彦"指岩画，远古时期的人们将表现行猎或战争的图案或符号刻画在不易遭破坏的崖岩上并涂上醒目的颜色，以便作为历史永久留传。"彦"与"岩"音象相通。人的头部（页）与岩石比较相像。"颜"（顏）指脸上的"岩画"，即人的容貌、化妆等。"谚"（諺）指民间流传的、包含着先辈经验和道理的通俗语句，这些句子口口相传，通俗易懂，像岩画一样是文化经验的传承。

十八、欠——需要之象

图 2-18　"欠"的甲骨文字形[1]

"欠"字的甲骨文字形像一个跪坐着、张大嘴巴的人的形象，其中最突出的特征是夸大的嘴巴。关于这个夸大的嘴巴，一种常见的解释是打哈欠，另外一种是垂涎之象。我们很自然地会联想到一个"嗷嗷待哺"的画面：一只鸟口中叼着一只虫子回到巢穴，一群幼鸟张大嘴巴，等待喂食。从动物（包括人）最初始的本能来看，张大嘴巴意味着想要进食、吃东西，这是最基础的一种需要。

直到如今，在河南信阳的方言中，"欠"仍表示看到别人吃美味食物时自己也想吃的意思。"涎"字由三点水（口水）与"欠"组成，表示看到美

---

[1] 徐中舒．甲骨文字典[M]．成都：四川辞书出版社，1989:981．

食垂涎欲滴的情形,即俗话说的"哈喇子都流出来了"。"羡"字也是非常形象地表示看到美食(羊肉)流口水的样子。

"饮"字由"食"与"欠"组成,甲骨文字形是人抱着酒坛饮酒的形象,本义是饮酒,后来泛化作饮水、饮茶等;成语"饮鸩止渴"用饮用毒酒来比喻用不适当的方式来满足不合理的欲望。"炊"字用"火"表示肚子饿了,烧火做饭;烧火的材料一般是从树上砍下来的木柴,做饭的工具叫做炊具;至今,人们仍然保留有"野炊"的习惯。刚煮(烤)熟的东西比较烫,人们急切地想吃时就会用嘴吹气,让食物的温度尽快凉下来,这个用嘴巴呼气的动作就叫"吹"。"欢"字的繁体字形为"歡",其中"雚"表示锐目(口代表犀利的眼神)利爪的猎鹰,"欢"表示猎鹰发现猎物时兴奋欢快的模样。

"欠"字表示需要尚未满足或者有待满足的状态。例如,打哈欠表示人精力不够、需要休息或睡眠。"次"字中的两点表示唾沫或喷嚏,指人因为身体欠安(欠佳)而打喷嚏的样子。这种信号表示人的身体状态不如平常健康时好,所以"次"也有差一些(次品)、顺序(次第)的含义。本来打喷嚏是非常不雅的一种形象,但是女子(尤其是美女)打喷嚏的样子反而给人(男子)一种审美的感受,这种形象叫"姿",例如"西子捧心"的样子还引得许多女性效仿,其中最著名的就是"东施效颦"。"资"本义是一种货物,它通过交换流通可以转换成钱财(贝),但如果货物卖不掉会造成积压,所以货物相比货币(贝)而言流动性要差一些。

"欠"字与"缺"字经常连用,表示未满足、有欠缺的状态。刀斧剁处,石头会出现缺口,这个豁口就是"砍"出来的。"坎"表示地面(土)有凹陷(欠)的地方。

"欲"字用山谷之象强化了亟须满足的意象,类似的表述有"欲壑难填"等。在中国文化中,如果一个人的心灵被各种欲望所占据,就是通常所说的"俗人"。

十九、隹——飞鸟之象

图2-19 "隹"的甲骨文字形[1]

"隹"字的甲骨文字形像一只展翅欲飞的鸟（短尾鸟），其中最突出的特征是胸部前挺、展翅欲飞。体型小的隹就是"雀"，"欢呼雀跃"就是指像小麻雀那样兴奋地叽叽喳喳、跳来跳去。动物"獾"行走时也具有跳跃的特点，像人们欢喜时跳跃的样子（"獾"与"欢"音象相通）。"雁"则是排成"人"字形飞行的鸟（隹）。而且，古人认为，大雁通人性，并广泛运用大雁南飞的意象来表达自己的思乡之情。唐代诗人杜甫就写过《归雁二首》："万里衡阳雁，今年又北归。双双瞻客上，一一背人飞。云里相呼疾，沙边自宿稀。系书元浪语，愁寂故山薇。欲雪违胡地，先花别楚云。却过清渭影，高起洞庭群。塞北春阴暮，江南日色曛。伤弓流落羽，行断不堪闻。"

绝大多数鸟只能往前飞，不能往后飞。"进"字的繁体字形为"進"，就是选取了鸟类的这一显著特点来表示前进。飞速是鸟的特点，形容速度之快，很难追上（"追"与"隹"音象相通）。"骓"就是指奔驰起来速度如飞的骏马，比如项羽的坐骑就是乌骓马。野鸡也是动作非常敏捷，难以徒手捕捉，这种鸟（隹）要用弓箭（矢）射猎，古人称之为"雉"。"获"字的繁体字形为"獲"，表示人们带着猎狗（犭）在灌木丛（艹）中捕获小鸟。"夺"字的繁体字形为"奪"，表示一只鸟儿（隹）被人用手（寸）抓住，扑棱着翅膀想要飞走、逃离（联想成语"夺门而逃"），而人的手要紧紧抓住防止鸟儿挣脱，有相互争夺之象。

"护"（護）字中"蒦"的金文字形 表示一只手抓着一只小鸟，指捕获、抓获；"言"表示用语言劝说抓鸟之人，想要救护之义。因此，"護"的本义就是爱护弱小的生命（护生），保护大自然。简化后的"护"表示用

---

1 徐中舒. 甲骨文字典 [M]. 成都：四川辞书出版社，1989:390.

手保护家园、门户。

鸟类在进化过程中，根据飞翔的需要，身体呈流线型，体表覆羽，前肢变成翼，骨骼轻、薄、坚固，胸肌发达。从正面看，鸟类的胸部比较突出，"鹰"在这方面的特征更加明显。"膺"表示人的胸部，代表胸膛。人心中对外在刺激的心理反应为"应"（"应"字的繁体字形为"應"）。

在中国文化中，鸟是自由的象征，比如"天高任鸟飞"。"崔"就是用鸟飞之高来象征山的巍峨。"难"字的繁体字形为"難"，其中"堇"为一个人双手被绑住的形象，对于鸟（隹）而言，翅膀受到束缚（如同人被绑住了双手）是很难受的，因为不能飞的鸟很难称之为鸟了。京剧《四郎探母》中杨四郎有一段唱词："我好比笼中鸟有翅难展，我好比虎离山受了孤单，我好比南来雁失群飞散，我好比浅水龙困在沙滩。"其中就运用飞鸟难展翅的意象表达了自己的难处。

因为鸟雀形体小、肉少、脂肪少，烧烤时鸟肉很容易变焦变黑，所以人们就用以火（灬）烤鸟（隹）的意象来表示"焦"。为了不让鸟肉烤煳烤焦，人就要在火旁边目不转睛地看着，即"瞧"。"蕉"就是植物（木）身上出现的黑点（焦），比如香蕉成熟后果皮出现黑点（俗称"芝麻蕉"）就像烧烤时烤焦的部分。美人蕉的花非常美丽，但花谢后花瓣焦黑，似被火烤焦一般。海边的礁石也是因为颜色焦黑，如同被熏烤过一样。[1] 如果一个人面容萎靡、老黑着脸，就是"憔"，人们一眼就可以"瞧"出来（"憔"与"瞧"音象相通）。

"汇"字的繁体字是"滙"。水往低处流，汇集在一起，就像鸟儿（隹）回到自己的巢穴（匚）一样。"集"字很直观的图像就是鸟（隹）停在树（木）上歇息，一般而言，一棵树上会停歇着很多鸟，就像集会一样（"汇"与"会"音象相通）。鸟的这种集群的特点作为意象被广泛运用。比如，"堆"就表示很多土堆集在一起，即集土成堆；而做这个堆集土块的动作就叫做"推"，相应的机器叫做"推土机"。

"谁"是鸟（隹）语（言）。一只鸟在那里叽叽喳喳地叫，人们出于好奇心就要猜测它到底想要表达什么意思，可能是在呼朋引伴（叫谁）。

"唯"字用张开的口的形状来表示喂鸟，即大鸟叼着虫子回来，小鸟张

---

[1] 白双法. 双法字理第六辑·字部·动物[M]. 北京：光明日报出版社，2018:48.

口要吃东西。小鸟用张口的动作来表示应答，表达"给我吃"的意思。这里的"唯"有一种乞食的含义。俗话说，"端谁的碗，受谁的管"，在上下级关系中出现"唯唯诺诺"的现象与"有口饭吃"的原始意象不谋而合。这种顺从、忠诚的现象叫"唯一"（"唯"与"惟"音象相通），在上下级关系中如此，在恋爱关系中也是如此。

"双"字的繁体字为"雙"，两只鸟（隹）紧密贴在一起，通常是成双成对的伴侣，好比人的两只手一样。但伴侣之间也会吵架，甚至反目成仇，"仇"的异体字"讎"（chóu）就用两只鸟相对互怼的情形（金文字形为）来表达争吵或相互挑剔。

二十、巴——附着之象

图 2-20　"巴"的甲骨文字形[1]

"巴"字的甲骨文字形突出强调了一个人长着不成比例的、又大又长的手，表示善于攀爬的长臂人。约五千年前到三千年前，大蜀地区生活着瘦高的长臂人，他们在深山的丛林崖壁间攀爬的习惯，使他们进化出超常的身高和夸张的长臂。古籍称这种外形罕见的长臂人为"巴人"，意即"攀爬者"。当代考古队在陕南的商南县发现，今天金丝峡谷的木崖村，依旧生活着长臂山民，其臂展远远超过身高。篆文将甲骨文字形中的"爪"和"人"混合，导致字形中的"爪"形、"人"形消失。

"爬"字中突出"爪"，再次强调了攀爬的形象。"耙"是一种通过外力牵引使其在地上"爬"行的农具，用于使土地平整。人在攀爬时手要紧紧地握住攀爬物，这种手紧握东西的意象为"把"，常见词汇有把守、把持、把酒言欢等。"巴"意为"附着""黏着"，"口"与"巴"联合起来表示嘴唇附着在食物或食器上。例如，婴儿用嘴唇裹住母亲的乳头、牛羊等牲畜

---

[1] 于省吾.甲骨文字诂林（全四册）[M].北京：中华书局，1996:342.

把头埋入食槽里或水里（饮水），这些嘴部动作及发出的声音都叫"吧"，常见词汇有吧嗒、吧唧等。这种紧紧攀附的意象在词语"巴结"中也可以看到。

锅巴就是指黏着在锅底的米粒所结成的焦脆硬壳。"粑"就是用米粉做成的黏黏的小饼或糕点。"疤"就是身体受伤流血部位形成的结痂硬壳，伤疤脱落后留下的痕迹叫做疤痕。身体的伤口结疤时相应的部位活动不便导致动作迟滞，这与说话时候的"结巴"意象相通。

"爸"字表示父亲，因为父亲作为顶梁柱在家庭中的地位非常重要，是全家人的依靠，所以用"巴"强调家人尤其是子女对其的依赖。在古代"父死曰失怙，母死曰失恃"，这里的"怙"表示凭借、依靠，与"巴"的意象相似。

芭蕉是一种叶子宽大的多年生草本植物，其叶柄一层一层紧裹着茎，有"巴"的附着之意；芭蕉的叶和茎的纤维可编绳索，可用于固定或攀爬。

篱笆是用竹片或木棍编成的遮挡物，其中"离"表示竹片之间有一定的间隙，而"巴"则表示竹片之间的联系非常紧密牢固。

琵琶是一种乐器，《康熙字典》中指出，"批把，乐器，推手前曰批，引手后曰把"，这里的"批"与"把"方向相反，体现了"巴"（攀爬时）向下、向后用力的特点。果树枇杷的叶子与乐器琵琶的形状非常相似，所以由形象相通演变为音象相通。

"肥"字表示身上附着的赘肉或皮下脂肪（月）非常多。淝水则表示比较大（肥）的一条支流（水）。类似地，"象"字的本意是大象，其中用豕字底是因为古人认为大象长得像猪，都是圆滚滚的体型，有肥头大耳（肥猪）之象。

二十一、羊——美好之象

图 2-21 "羊"的甲骨文字形[1]

---

[1] 于省吾. 甲骨文字诂林（全四册）[M]. 北京：中华书局，1996:1537.

第二章　象形造字及其思维特征

"羊"字的甲骨文字形比较直观，是一个从正面可以看到头、角、足的羊的形象。"养"字的繁体字为"養"，指羊作为一种重要的食物来源，为人们提供营养、给养。清朝的造字"氧"也形象地表达了空气中能养活人、给人提供能量的气体。羊满足了人们吃、穿（羊皮、羊毛保暖）的基本需求，被赋予了美好的含义。丰衣足食的美好期盼融入祭祀祈福（示）活动之中，就是"祥"。人们在祈祷时说（言）的也是"吉祥话"——详，要把美好的祝愿一一列举，从全家平安到六畜兴旺，等等。

从吃的方面来讲，手（丑）拿羊肉大快朵颐为"馐"。烤（灬）的小羊肉质嫩、口感好，小羊就被称为"羔"。用米做的糕点形软糯、色乳白，与烤羊羔的肉质有相似之处，被称作"糕"。"羹"则表示更软、更嫩、吹弹可破的糕。[1]

羊肉和鱼肉分别为北方和南方的代表性菜肴（代表性主食分别为面和米），二者都具有味道鲜美、鲜嫩的特征，"鲜"传达了不同食材的味道融合在一起的综合感受。"鲜"字本身也代表了不同文化（有新鲜感）相互交流、交融的美好意象。西方文字之前被称为"洋文"，是因为那时的国人对西方文化鲜有接触，即"鲜为人知"。西方的服饰被称为"洋装"，包含了新奇、前卫、时尚、高档的意象。

从穿的需求来讲，羊毛及其制品的保暖效果较好。在暖和的状态下，皮肤会有轻微地出汗，产生痒的感觉，是一种暖洋洋的状态。羊群从直观上来看是一大片白色物体不断移动的场景，这与海洋上不断涌动的白色浪花有相似之处。羊群移动的特点是安闲自如、慢慢悠悠，这就是徜徉一词中"徉"的状态。鸟在飞行过程中平展翅膀遨游的状态为"翔"。

从心理层面来讲，羊的品性比较温顺和善，中国文化也非常推崇这种"善"的特质，比如提倡"口不出恶言""逢人说好话"等。但性有善恶，人伪善、伪装的行为就是"佯"。羊还有一个特点是合群，这与人的社会性有部分相似之处。"群"本身隐含了"君"的含义，表明一个团队（群）需要公认的领导者（君）来带领和指导，使得群体内部协调。

"美"的甲骨文字形像一个人头上戴有羽毛类的装饰物，指美丽、漂

1 白双法. 双法字理第六辑·字部·动物 [M]. 北京：光明日报出版社，2018:103.

亮。从心理层面而言,"美"指主观的审美体验。

二十二、辰——开合之象

图 2-22 "辰"的甲骨文字形[1]和金文字形[2]

"辰"字的甲骨文字形属于蛤蚌类动物形象,外面是大而坚硬的壳,里面是软体组织,即肉藏甲中。软体组织有时也会伸出来,"伸"与"辰"音象相通。非常巨大的海蚌叫"蜃"。蚌类动物最显著的特点是一张一合,犹如天地开合。天地开就是白昼,天地合就是夜晚,所以辰也代表日、月、星,合称"日月星辰"。

蚌类动物的贝壳内能产生晶莹明亮的珍珠,这种诞生之象就被称为"诞辰"。成年女性从受孕(有身孕)到诞生新的生命,这一过程称为"娠"("身"的古文字形就是一个大肚子、有孕在身的女性形象,"身"与"娠"音象相通)。白天,人们主要通过丈量(寸)太阳(日)在地面投射的影子长短来确定时间,即"时辰"。

在古人看来,天地的开合运动会导致天空或地面的震动,这种伴随着云雨出现的天上打雷、地壳运动的现象叫做"震"。地震等自然灾害出现时,国家发放物资(贝)救济受灾百姓,称为"赈灾"。手臂的运动开合叫"振"。

早上,天地初醒,太阳(日)升起的景象仿佛是大蚌(辰)吐出了明亮的珍珠,这就是"晨"。早上7点到9点的时段也被称作"辰时"。

对于生养万物的土地而言,其"开合"也会不断诞生新的生命(植物),而人弯曲(曲)身体劳作的过程就称为"农业"(农字的繁体字为"農")。农业过程中要用水来浇灌土地,水与泥土的混合物就称为"浓"。人的伤口发炎时流出的浓稠的体液与之相似,称为"脓"。

---

[1] 于省吾. 甲骨文字诂林(全四册)[M]. 北京:中华书局,1996:1124.
[2] 王本兴. 金文字典 [M]. 北京:北京工艺美术出版社,2016:19.

人的嘴巴一张一合，与蚌类的开合非常相像，而且两片嘴唇比较柔软，很像蚌类的软体组织，所以嘴巴叫"唇"。

"辱"指人们在食用蛤蚌类的肉或开壳取出珍珠之后，贝壳就会被抛弃丢掉（"寸"指手），埋没于草丛之中，有被"辱没"之意（谐音是"肉没了"）。"溽"指开贝壳时湿漉漉的状态。被褥中的被子和褥子分别像贝类的上下两个外壳，人在被子里睡觉时就像是贝类的肉。褥子是一直垫在下面的，象征地位低下而受辱。在纺线织布（纟）的过程中，经线和纬线之间要反复不断地交叉重叠，如果要形成彩色的花纹图案，就要加入彩线，程序就更为繁琐复杂，因此"缛"表示复杂。

二十三、甬——通达之象

图 2-23 "甬"的金文字形[1]

关于"甬"字，常见的有两种说法：一种认为其字形像一口悬挂着的钟，上面是钟柄，下面是钟体；另外一种认为其由"用"演化而来，像由木块箍扎拼合成一体的木桶。超越具体形象来看，其共同的特点在于中空、直通，钟可以敲击发声，桶可以盛水盛物。因此，"甬"有通达之象。

"勇"表示力之所至，生命勃发。"勇"与"耻"是一个相对的概念，前者是有所为，后者是有所不为；"知耻而后勇"，就是知道哪些事情自己不能做，然后坚持去做正确的事情，比如"见义勇为"。怂恿则是指鼓动别人去做某事，这里的"恿"指做通别人的心理工作。"俑"是指古代殡葬用的木制或陶制的偶人，即在甬道（连接墓室与墓道或墓室与墓室的通道）里的"人"，"兵马俑"即在甬道里防卫保护"主人"的殉葬陶偶。

"通"指行走（辶）过程中没有阻碍，可以穿过通道到达目的地，即贯

---

[1] 王本兴.金文字典[M].北京：北京工艺美术出版社，2016:220.

通。例如，通风指空气可以自由流动，通气指相互沟通情感和信息。在创新思维训练上，融会贯通也是非常重要的一项技能。

"涌"指泉水等从地下向上冒出来，到达地表。人体脚底有一个穴位叫做"涌泉"，就是取用了泉水往上涌出的意象。

按照中医的理念，"通则不痛，痛则不通"，人体内如果经络、血管等堵塞不通，人体就会出现疼痛的疾病症状。中医的养生理念提倡疏通经络，道家的修真实践致力于打通任督、运行周天，其实质都是让身体的经络、气血通畅运行，进而避免产生"痛"的疾病。例如，中医问诊非常重视病人的大小便（女性包括月经）通畅情况，中医认为大小便是否正常反映了人体的"下水道"是否通畅。

"诵"指在朗读的过程中与文本意义相通、情感相通，即通过抑扬顿挫的诵读来自然地体验文本中蕴含的情感，理解文本背后的意义，做到"感而遂通"。

"捅"指用手或手持工具打通，常用的词语有"捅破窗户纸""捅马蜂窝""捅窟窿"等。"蛹"指蛹虫要打破像"甬"似的保护壳——茧，破蛹而出，化茧成蝶，实现蜕变。

二十四、文——符号之象

图 2-24　"文"的甲骨文字形[1]

"文"的甲骨文字形像一个正面站立的人形，其胸部有刻画的图案符号，即文身。文胸代表胸部带有明显特征符号或美丽图案的饰物。文有符号之象。"字"表示生子，"文字"表示字是由文演化而来的符号。

"纹"（紋）表示布匹、丝织品（丝）上纵横（经线与纬线）交错的图案、花纹、纹路（文）等。花纹指颜色靓丽、多彩的图案，像美丽的花儿（"花"与"华"音象相通）一样。因为美丽的图案经常被用作装饰，

---

[1] 王本兴. 金文字典[M]. 北京：北京工艺美术出版社，2016:242.

"文"有了修饰、遮蔽的意思，比如"文过饰非"。"华"（華）的甲骨文字形像一株花朵盛开的植物形状。花朵比较艳丽明亮，所以指光华、光彩；"晔"（曄）指光明灿烂；"哗"（嘩）指花开时呈喇叭口形状，如众口齐张，用来形容声音喧哗。

"玫"的小篆字体为，其中"王"为玉石，"文"表示华美，"玫"即美丽的玉。类似地，"瑰"形容玉石上的纹路犹如大自然的鬼斧神工。"玫瑰"本身就表示玉的美丽纹路。

织布的过程中如果发生错乱或线头打结（"系"在一起），导致图案纹路变形，就成为"紊"。这时候用剪刀（刂）把混乱的丝线（紊）切断使之整齐就是"齐"（简化汉字）。

"蚊"即蚊子，在叮咬人的皮肤之后，皮肤会有红肿起包的现象，好像文身留下的印记。

《三坟》里的"坟"字，是指当时的图书载体和文字载体是用土制成的，原始先民作述于石板或陶板上，着土坑埋石于其上，基部坟起，以"坟"代指。

"吝"用特殊符号（文）来强调嘴巴（口），突出了嘴巴吃的功能，即只进不出，可以联想"饕餮"的特征。民间文化认为貔貅嘴大无肛、只进不出，所以用其来寓意聚财。钱财方面只进不出表明非常吝惜钱财，符合"守财奴"的特征。"吝"与"啬"经常连用，"啬"上半部分是麦穗的形状（"麦""来"），"回"表示粮仓（仓廪），即把麦子收藏到粮仓里储存起来。

"齐"字的繁体字是"齊"，上面是三（中国文化中"三"表示多）个麦穗的形状，表示整齐的麦穗；下面的"示"表示祭祀，即祭祀时的麦穗要摆放整齐，这也是一种表示敬天的符号。山东是麦子的主产地，其麦地整齐辽阔，被称为"齐地"（齐国）[1]；又因为山东靠海（与"鱼"有关）的地理位置和生活方式以及古称鲁国的关系，山东至今仍被称为"齐鲁大地"，这也是一种文化符号。"脐"是胎儿脱离母体后剪断连接母体的脐带所留下的疤痕，是身体（月）上的一种特殊符号（文）。

---

1 白双法.双法字理第七辑·字部·人体[M].长春：东北师范大学出版社，2019:29.

二十五、白——明亮之象

图 2-25 "白"的甲骨文字形[1]和金文字形[2]

关于"白"的甲骨文和金文字形，众说纷纭。《甲骨文字典》释为大拇指，《汉字文化》解析释为人的头盖骨，《说文》释为西方色阴用事，《中华字通》释为阴道分泌物，《汉语字源字典》释为稻米，还有的解释为日光或者火焰的白色中心、水滴在阳光照射下所折射出来的颜色，等等。本书认为，"白"是米粒的形状，一横指的是米粒中的白点；大米上的白点多出现在米的中部，和人的肚子的位置差不多，所以一般叫做"腹白"。另外，掰开米粒可以发现，其断面呈半透明的白色。"白"与"掰""败"音象相通。

无论哪一种解释，"白"都表示一种明亮的颜色，与"黑"相对。例如，"明白"就是使事物从黑暗不清处明亮地呈现出来。因此，"白"呈现的是一种明亮之象。

"柏"的金文字形为 。柏树上长得像星星一样的果实外表也是整体泛出明亮的白色。

"泊"中的三点水"氵"指水，"白"表示白色，指水折光时看到的颜色。"泊"与"波"（bó）音象相通，表示波浪运动的白色浪花。浪花时停时歇，居无定所，称作"漂泊"。"泊"与"泼"（pō）音象相通，水在泼洒出去的过程中看到的颜色是白色的。借"泼"声表示水泼地，形成的是一摊水，如水泊、血泊、梁山泊等。所谓覆水难收（俗语有"嫁出去的姑娘，泼出去的水"），泊是主干河流"泼"出去的一摊水，通常是单向流动。而"湖"与主干河流可以双向流动。

"皓"指明亮的白色清晰可见，如同告之（"告"有口吹牛角、广而

---

1 于省吾. 甲骨文字诂林（全四册）[M]. 北京：中华书局，1996:1018.
2 王本兴. 金文字典[M]. 北京：北京工艺美术出版社，2016:3.

告之之象）。例如，"皓月当空"就是指月亮在黑夜的天空中非常醒目。"昊"与"皓"音象相通，分别指日、月当空。

"皇"的金文字形为 ，像一盏灯，指明亮的灯光。"煌"与"皇"音象相通，指明亮的火光光芒四射。具有光芒四射特性的人即为"皇"。

"碧"指青绿色的玉（王）石，其中"白"强调玉石色彩的明亮特性，比如"碧油油"。江淹的《别赋》记载："春草碧色，春水绿波。""碧"与"绿"的区别在于绿中发亮，有明亮的色彩。

"怕"指人受到惊吓或应激反应下大脑（心）一片空白的心理状态。

"魄"指精魄，在古人眼里是依附于形体而又能独立于形体存在的没有形质的东西，比如精神、气魄、精力，类似于大米中的营养精华，其"白"指"精"。"精魄"与"神魂"相对应，两精相搏谓之神，随神往来者谓之魂，并精而出入者谓之魄，所以任物者谓之心，心有所忆谓之意，意之所存谓之志，因志而存变谓之思，因思而远慕谓之虑，因虑而处物谓之智。"白"还代表"空虚""无有"（白茫茫一片），"鬼"即"归"，"魄"指人们臆想的灵魂脱离身体后的具体形态，即没有"魂"的身体。因此，"魂"侧重精神层面，"魄"侧重物质层面。

"百"从数上来讲，指100；从象上来讲，指众多，兼精彩纷呈（明亮）之义。例如，百家争鸣、百花齐放等。"佰"指百人之长，即古代军队中统率百人的长官（"老大"）。长官在一群人中最为明显。类似地，"伯"指兄弟中的老大（长兄），即"带头大哥"。

"皂"的金文字形 像未成熟的栎实（柞栎的果实）之形，其壳像黑色的亮斗包裹着果实，所以称为橡斗。这里的"白"也是强调明亮的色彩，只不过是明亮的黑色。《说文·艸部》："草，草斗，栎实也。""皂"的本义为栎实，栎实可以将帛染黑，所以引申为黑色。皂荚树的果实——皂角就是黑色的，皂角可以用来去垢污，也被称为肥皂；古代的奴隶、差役都穿黑色的衣服，"皂班"就是指旧时衙门内的差役。平常所说的"不分青红皂白""粉底皂靴"，也是取黑色含义。

"皑"中"岂"的繁体字为"豈"，其古文字形为 ，表示安乐喜悦（"豆"为古代鼓的形状）；"白雪皑皑"指天地间一片银装素裹的明亮景象，使人感觉到祥和安乐。这里的"岂"（kǎi）与"凯""恺"音象相通。

"皎"中"交"的古文字形 为一个人交叉双腿的形状,表示交互、交错;"皎"指这种明亮的白色的光可以映出人的影子。皎洁一词常用来形容月光。

"皙"指木头(木)被斧子(斤)砍断后断面的颜色,即黄白色。白皙一词常用来形容人的皮肤颜色。

"皅"指花草表面一层绒毛所呈现的白色。其中"巴"表示附着在外表的白色(参见"巴——附着之象")。

"隙"指从山体(阜)、墙壁中很小很小的缝隙中漏进来的光线。

"迫"指人刚刚从洞穴等黑暗的地方走(辶)到外面时被明亮的强光(白)刺激得眼不能睁、目不能视、分不清南北的状态,即"强迫"。古希腊哲学家柏拉图在《理想国》中有一个著名的"洞穴隐喻",讲的是现象与事实的关系。在这个故事中,柏拉图描述了一个山洞,只有一条长长的通道连接着外面的世界,仅有微弱的光线照进洞穴。一些囚徒从小就住在洞中,头颈和腿脚都被绑着,不能走动也不能转头,只能朝前看着洞穴的墙壁。这些囚徒看见投射在他们面前的墙壁上的影像,便错将这些影像当作真实的东西。后来,有人拖曳着囚徒从洞穴中出来暴露在阳光下。对此,囚徒非但不喜出望外,感激涕零,反而痛苦万分,火冒三丈。因为,解放的囚徒站在太阳底下,由于阳光强烈猛刺双目,瞬时眼冒金星、头晕目眩,以至于不能分辨事物。

二十六、臼——凹陷之象

图 2-26 "臼"的古文字形[1]

《周易》中说:"断木为杵,掘地为臼,臼杵之利,万民以济。"古时先民斩断树枝做成舂米用的木杵,在地上挖一个坑为"臼"(后来改为用石

---

[1] 李圃. 古文字诂林(第6册)[M]. 上海:上海教育出版社,2004:704.

头制成石臼），人们用杵臼去除禾谷表层粗糙的谷壳，这才有了"米"吃。"臼"本来是舂米的器具，呈中间凹下的U形。臼齿指形状像"臼"的牙齿。北方人捣蒜的容器叫"蒜臼"。"臼"是一个小坑，有陷入之象。

"陷"的甲骨文字形为🜲，表示人掉进坑里或陷阱里。"陷"与"下"音象相通，指下沉。"馅"指包子、饺子、馅饼里包裹的馅料，把馅料包进面皮里面，就像人陷入坑里面一样。"掐"指人用指甲（扌）去嵌入被掐对象（蔬菜、皮肤等）里，形成的掐痕像一个小坑一样。"掐"与"嵌"音象相通，有嵌入之义。"谄"指用逢迎的话语让对方开心，让对方沉浸其中，就如同陷入坑洞一样。"谄"与"缠"音象相通，有缠绕之义。同样，"谀"也是表示用好听的话把对方束缚住，使对方沦陷其中；其中"臾"的金文字形为🜲，有陷入之象。

"凶"的古文字形为⊠，像一个底部装有木桩和荆棘的大坑，即陷阱，表示凶恶的处境。"酗"指沉醉于饮酒而不能自拔，这种成瘾行为就像掉进了陷阱一样凶险。

"舂"的甲骨文字形为🜲，表示双手持杵在臼中捣物，比如去除谷物的皮壳。"舂"与"冲"音象相通，表示冲击。"舀"与"舂"相比少了两只握住杵的手，只是杵（干）放在臼里的样子，表示插入。"舀"与"插"音象相通。常用的词语有插播、插队、插秧、横插一脚等。"锸"指掘土的工具——铁锹，用的时候需要反复插入土中。

"舀"指用手（爪）从臼里舀出捣好的谷物。"滔"指（下雨后）臼里面充满了水，需要将这些水舀出来之后臼才能使用。水流的特点是"盈科而后进"，即在流动过程中会把地上的坑填满。"滔天"用来形容水势之大，好像能把天地之间（类似一个巨大的大坑）填满一样。

"要"的甲骨文字形为🜲，像一名女子双手叉在腰部，这样就形成了一个"臼"的形状，表示有所求、需要。"腰"表示身体器官（月），专指腰部。"要"与"邀""约"等音象相通，表示约请。

"儿"（兒）的甲骨文字形为🜲，其中的"臼"指幼儿头顶尚未闭合、凹陷的囟门。

"鼠"的甲骨文字形为🜲，其中的"臼"为头部，突出牙齿的形状。老鼠的门牙一生持续生长，经常要啃东西来磨牙，这样被老鼠啃过的东西就会形成凹陷。另外，老鼠擅长打洞、匿藏洞中的特点与"臼"的凹陷之象有一定的相似之处。《西游记》中金鼻白毛老鼠精的洞府叫"陷空山无底洞"，陷空、无底都有陷入之象，说明洞很深，一旦陷入其中就难以拔出。

"凹"的字形像物体中间凹下去的样子，与"凸"相对。"凹"与"洼"音象相通；"凸"与"突"音象相通。

二十七、卩——节制之象

图 2-27　"卩"的甲骨文字形和说文古文字形[1]

"卩"的古文字形像挺身跪坐的人形，有节制之象。"卩"与"节""接"音象相通。

"却"中的"去"表示离去，"卩"表示屈服，"却"表示遇到困难而退却。例如，"望而却步"形容害怕眼前的困难而往后退缩、止步不前。

"即"的古文字形为，左边为盛放食物的器皿，跪坐的人形表示人正在吃饭。"即"与"饥""接""节"音象相通。古人提倡"饮食有节"，一方面指饮食要有节制，即"先饥而食，食勿令饱"；另一方面指要按照相对固定的时间有规律地进食，使得肠胃虚实交替（接），有张有弛，可以保证食物有条不紊地被消化、吸收和利用。若不分时间，随意进食，就会使肠胃长时间工作，得不到休息，以致肠胃消化的正常规律被打破，胃肠虚实无度，久而久之可发生脾胃病变。"卿"的甲骨文字形，为两人（或多人）相对而坐进食的样子，这就涉及进食的礼节了。

"节"（節）的小篆字体为，指竹子的关节，这与人跪坐（即）时突出的膝盖形状相似。"节"表示约束、克制，如"节约""节制"等。"节"还表示连接，比如竹节就是两段竹子连接的地方。

---

[1] 汉语大字典编辑委员会. 汉语大字典[M]. 成都：四川辞书出版社，2010:340.

"印"的古文字形为🖐️，像一只大手按着一个跪坐的人的头部，使之屈服。"印"与"抑"音象相通，表示按压。"仰"中的"人"为大手所代表的地位尊贵的人，跪坐的人需要翘首仰望，而且要提前"迎"接。"昂"表示对太阳（日）的仰望与崇拜。

甲骨文中"命"和"令"的字形都是🖐️，向下的口表示发布命令，跪坐的人形表示服从。

"卫"（衞）的金文字形为🖐️，中间的圆圈"口"表示城邑，左右两侧的"行"表示城邑的街道，"口"上下的脚印形状指守卫巡逻的士兵。简体字"卫"中的"一"代表地面，指领地，"卩"代表节制，即维护秩序。

"卸"与"御"相通，古文字形为🖐️，其中"午"是索形，表示御马的辔索。"御"与"驭"意象相通，指驾驭。"卸"与"写"音象相通，指把器具放置在屋里。到达目的地之后，马身上的辔索、笼头等器具就要拿下来放到屋里。

"卯"的甲骨文字形为🖐️，本义是树瘤。"柳"树的根茎上容易长树瘤。"柳"与"瘤""留"音象相通。石榴、榴莲的果实都像一个大瘤子，手榴弹的形状也是如此。

二十八、巠——纵直之象

图 2-28　"巠"的金文字形[1]

"巠"的金文字形表示织机（工）上的经线，有上下直立之象。

"经"（經）的金文字形为🖐️，专指经线。与经线（纵）相对的为纬线（横），"维"与"围"音象相通，表示横向贯穿。

"茎"（莖）表示草木直立生长的主干。

"劲"（勁）表示肌肉绷紧所产生的力气。肌肉紧张（非正常状态）的

---

[1] 谷衍奎. 汉字源流字典 [M]. 北京：语文出版社，2008:209.

收缩为"痉",即通常所说的"抽筋"。

"颈"(頸)指人的脖子,支撑头部(页)保持直立。以刀割颈为"刭",用绳子自缢为"经"(类似于绷紧的经线)。

"胫"(脛)指人的小腿骨(胫骨),是形状直立的大骨头。

"径"(徑)指直的小路(小路如经线一样细长),即人们通常所说的"径直"(两点一线、最短距离)。"轻"指能走小路的、比较轻便的车辆。

"泾"(涇)指南北走向(由北向南、由高向低流动)、比较直的河流,如同经线一样细长。瀑布则是由无数道从上而下的直流所构成,如同布由线条所构成。成语"泾渭分明"指泾河之水与渭河之水在会合处清浊不混,比喻界限清楚。

"戠"与"至"的纵直之象相近。"戠"的甲骨文字形为 ,表示"戈"通过三角形的橛子(立)扎在土坑(口)里。"织"(織)主要指把纱线固定到织布机上的工序——经布。"帜"(幟)指树立起来的、带有标志性的、像"巾"一样的旗帜。"识"(識)与"帜"(幟)音象相通,指标识、标记。"职"(職)最初也与织布有关,表示耳熟能详。

二十九、弋——拴物之象

图 2-29 "弋"的甲骨文字形和金文字形[1]

"弋"的古文字形像一根带杈的小木桩插在地里,木桩上面的分杈(丶)为树枝形状,即民间通常所说的"木橛"。一横代表绳子,表示可以系物,比如拴牲口等。因为"弋"可以拴东西,所以将细绳拴在箭上射也叫"弋"(与"隹"音象相通)。"弋"有拴物之象,随物而走又有更替之义,所以该字本身就包含了一对阴阳之象。

---

[1] 李圃. 古文字诂林(第9册)[M]. 上海:上海教育出版社,2004:916.

"代"指人把木橛拔起来，表示要换一个地方。这种空间（地点）的更替意象延伸到时间领域，就用"时代""年代"等词汇来表示；延伸到社会领域，就有了"代表""代替""代办"等说法。

"岱"指泰山（岱宗），即诸多山峰以泰山为宗，泰山被视作山的代表。泰山被尊为"五岳之长""五岳独尊"。

"贷"（貸）指经济领域（贝）的借贷行为（代），指钱币持有者的变更，即借入或借出。这里的"代"表示有个绑定效应，即金钱虽然借给了其他人（持有者），但是金钱的归属者仍然是借出人（所有者）。

"袋"一般指用布或皮做的盛东西的器物——袋子。"代"表示其功能，即可以盛放东西，或代替人的手拿肩抗；"衣"表示其材质，即像衣服一样的材料。

"黛"指青黑色的颜料。古代女子通常用"黛"来画眉，用"粉"来扑脸。"代"的功能在于表现黑色。

"垈"指耕地翻土，即把原来地表的土壤翻到下面，原来地下的土壤翻到地表。翻地不仅能改善土壤、加深耕层、消灭病虫害、清除杂草，还具有蓄水保墒、防御旱涝的作用，是农作物种植中非常重要的环节。

"鸢"指老鹰，善于捕获猎物，"弋"表示其爪子就像木桩一样能拴住小动物。

"式"指式样，即制作东西（工）时要遵守特定的工序、流程等，这样按照程序制作的东西才能符合特定的规格或样式。

"轼"指古代车厢前面用作扶手的横木，这种扶手与现在公交车或地铁上的扶手作用类似，在路面颠簸或车子晃动时可以帮助人们稳住身形。

"贰"的金文字形为 ，其中的"贝"为鼎的形状，"贰"表示比较两只鼎的式样、花纹等是否一致。两物相比较，是为了凸显其中"一"个的独特性，即"不贰"。

"忒"指一种心理上的认知偏差，即由于人的心理主观性所导致的差错。例如，锚定效应是指人们会不自觉地给最初获得的信息过多关注的倾向，如果仅凭第一印象就给一个人下结论的话很可能会产生错误判断。

三十、鬲——隔开之象

图 2-30　"鬲"的甲骨文字形和金文字形[1]

"鬲"的甲骨文字形像口圆、三足、中空的器具，是中国古代煮饭用的一种炊器，三个中空的足便于烧柴加热。"鬲"与"隔""膈"音象相通。"鬲"作为炊具，把水（食物）和火隔开，有隔开之象。与此同时，"鬲"作为一种中介，使得能量（热量）在两者之间传递，又有中介之象。因此，"鬲"字本身也蕴含了阴阳文化。

"隔"表示阻隔、隔断。"阜"为山，古代交通不便，有山则表示交通阻隔。俗语"望山跑死马"也从一个侧面说明大山对交通的阻隔作用。

"膈"指横膈膜，即人或哺乳动物体腔中分隔胸、腹两腔的膜状肌肉。恶心、反胃也称作"膈应"。

"嗝"指打嗝，即气从胃中上逆，喉间频频作声，声音急而短促，这一生理现象通常是由横膈膜痉挛收缩引起的，也叫"呃逆"。

"鬻"为一幅鬲中煮着热气腾腾的米粥的场景，表示用鬲煮粥，为"粥"的本字。粥可以养人，"鬻"与"育"音象相通，表示养育，跟自己、自身有关。"鬻"表示售卖时不是正常的贩卖，其所售对象通常具有自己生产或自有之物这样的特征（以自己为中介），即不是正常流通的商品。当火比较旺，用鬲煮粥沸腾时粥容易溢出（河南方言中读 yǔ），"鬻"与"溢"音象相通，表示不受控制地溢出，为非正常的状态。同样表示售卖含义的还有"沽""贾"等。"沽"与"估"音象相通，表示待价售卖。"贾"与"固"音象相通，表示在固定地点出售货物。

---

[1] 李圃.古文字诂林（第3册）[M].上海：上海教育出版社，2004:289.

三十一、乂——交错之象

图 2-31　"乂"的甲骨文字形

"乂"（yì）最直观的形象为相交、交错。

"艾"指艾蒿，是中医艾灸的原材料。艾灸具有温散寒气、活血行气、温通经络、回阳固脱、升阳举陷、消瘀散结、拔毒泻热等作用，在人体内能够纵横驰骋。传说，古代行军打仗一直采用艾草来找水源。军队到了荒原上的时候，士兵就会分头去找艾草（或者干脆行军时随车带上干艾草），然后把艾草堆成一堆，点火燃烧。艾草燃烧后，有一种向下的特性，并有自动找水的功能，艾草烧着后，产生的艾热会顺着地下走串，直到它找到出路，当艾热遇到水源的时候，往下渗透的艾烟就会随水一同蒸发升腾，这时军队就在方圆几里去找地面有水雾冒出来的地方，通常这个地方会有地下水。

"刈"中的立刀旁"刂"表示镰刀，刀与草交错，表示割除杂草。艾草生命力旺盛，也常被人们收割后用于治病或辟邪。

"七"表示用刀"切割"，指刀子与被切割的物体交错。其中的"十"字符号表示切割或雕刻留下的纵横交错的痕迹。

"杀"表示砍下人的头颅或肢体，即兵器（刑具等）与肢体交错。

"卜"表示龟背甲骨上的细小裂纹，纵横交错。

"爻"的甲骨文字形表示算筹相交错、组合，用于计算、推算。古人效法天地变化的规律，用阴阳的组合（八卦）变化来推测、计算世事的变化。"学"的繁体字"學"中就包含这个"爻"，表示推测、计算、探究等。

"风"在"凡"的基础上演化而来。"凡"通"帆"，表示帆船上的帆布。"风"中的"乂"表示交错不定的风向。《说文解字》中解释："风，八风也。东方曰明庶风，东南曰清明风；南方曰景风，西南曰凉风；西方曰阊阖风，西北曰不周风；北方曰广莫风，东北曰融风。"生活中人们也会说"八面来风"。

"义"中的"丶"代表在交错、不同的意见中寻找平衡,能够恰到好处,通适宜的"宜",也表示公平、正义等。"义"的繁体字为"義","羊"表祭牲,"我"是"以手持戈","戈"为兵器或仪仗,可理解为"我"为公平(或信仰、正义等)而战斗。

"凶"中的"乂"代表地面挖的陷阱中纵横交错的木桩或荆棘,表示凶险。

"网"中的"乂"表示纵横交错的网眼。

"离"的繁体字为"離",是指用长柄的网——"离"来捕捉"隹"(鸟),其中"乂"表示纵横交错的网状结构。

"篱"指用竹片编织的篱笆是纵横交错的网眼形状。

"肴"由"爻"与肉月的形状组成,表示切好的、摆放有序的肉片。这里的"乂"表示烹饪、处理的制作过程,最终呈现的结果是"美味佳肴"。

"希"由"爻"与"巾"组成,"巾"指丝织品,"爻"表示针线交错,"希"表示刺绣。刺绣非常耗时耗力,在古代确实属于稀有的奢侈品。

"稀"指庄稼、禾苗稀疏。陶渊明在《归园田居·其三》中写道:"种豆南山下,草盛豆苗稀。晨兴理荒秽,带月荷锄归。"

"行"的字形像纵横相交的十字路。"彳"与"亍"组成了纵横交错的意象。"彳亍"是一个汉语词汇,拼音为 chì chù,形容慢步走,或时走时停。

三十二、艮——反向之象

图 2-32 "艮"的甲骨文字形和金文字形

"艮"的甲骨文字形上面是一只放大的眼睛,而眼睛是朝后看的(人面朝右站立,眼睛是向左看的;一般而言,向前看为"见",回头看为"艮"),下面是弯腰站立的人形。弯腰站立本来表示服从,但人扭头向后看的"目"却表示与之相反的意图,即内心不愿服从、有意违背之意。"艮"字的甲骨文字形为用一只放大的眼睛往后看的意象,突出反向、回避、压抑之意。六十四卦中的艮卦卦形为☶,其中三至上爻为离卦卦象☲,代表眼睛,下面两阴爻代表人,这与"艮"字的甲骨文字形非常相似。艮卦代表行有所止,停滞不前。

"恨"表示心中极不情愿,这种恨意通常来自针对他人的、被压抑的愤怒,情绪上表现为怨恨,从行为上表现为攻击性的举动(与服从、逆来顺受的行为相反)。

"恳"的繁体字为"懇",其中"豸"(猫科动物)的字形由"豕"(猪)演化而来(因字形相近而在书写中混淆)。给猪喂食时,当猪在圈栏里听到动静(可以联想巴甫洛夫给狗喂食的条件反射实验)后会立刻回头来找食物,那种渴望食物的眼巴巴的神态诚心实意。这是一种原始的本能,人也是如此,例如表示欲望的"慾"就形象地揭示了粮食(谷)欠缺(欠)状态下人内心的本能反应。按照马斯洛的需求层次理论,人除了食物等基本的生理需求,还有成功、自我实现等高层次需求,而这种发自内心的需求就会表现出"恳"。另外,"恳"也表示个体压抑自身内心的真实欲望、想法,表现为顺从,如恳请、恳求、恳切等。

"很"中的"彳"表示向前行进(行为),"艮"表示压抑的情感,组合起来表示内心不愿走(做)却不得不走(做),这种反向表达的情感或行为反而显得异常强烈,比如走得非常快,其实是内心不想去。这种极端的表达方式用于表示程度的强烈。

"狠"中的"犭"不只是指犬,还用犬争斗的意象来表示一种兽性。对于人而言,一旦这种兽性不被压抑而释放出来,就会表现得像野兽一样凶狠、残忍,没有人性(兽性与人性相对)。

"根"指树木在地下不可见的部分,即被土地"压抑"的根部。而且,地面上的树木是向上生长的,而根是向下生长的,这也是一种反向的意象。

"跟"与"根"意义相通,指底部或后部,"足"的后部即为脚后跟。跟着别人的脚后跟走,即为跟随。

"哏"指口中所说的话不合常理、非常滑稽,即所说的话和想要表达的真实意思其实是相反的,或者是出乎意料。传统相声艺术中有"捧哏"的演员角色。

"限"中的"阝"为"阜"的字形变形,表示土山,与山势有关。遇到山势阻隔,有回头、返回之意,表示受到限制或困阻。唐代韩愈在被贬路上作诗《左迁至蓝关示侄孙湘》,其中写道:"一封朝奏九重天,夕贬潮州路八千。欲为圣明除弊事,肯将衰朽惜残年。云横秦岭家何在?雪拥蓝关马不前。知汝远来应有意,好收吾骨瘴江边。"这里的"雪拥蓝关马不前"就是一种受限的困阻意象。"限"与"陷"音象相通。

"眼"中的"目"表示向前看,"艮"通"限",表示视野受限,即眼"界"。

三十三、勹——包裹之象

图 2-33 "包"的小篆字形

"勹"(bāo)的字形像手臂弯曲环抱之形,其基本意象为环绕、包裹,音、义同"包"。

"包"中的"巳"指襁褓中的婴儿,"勹"指包裹婴儿的被子和带子。"泡"指水中的气泡。

"勺"中的"丶"音、义同"主",其基本意象来自正在燃烧的灯烛的灯芯,用明亮的意象表示强调、突出。"勹"与"丶"联合起来表示挹取,即专包一物、专取一物,比如舀酒或盛汤等。"勺"与"少"音象相通,表示量少。

"勾"指弯曲的物体,比如衣勾(钩)、鱼勾(钩)等,表示用弯曲的"勾"来探取。

"句"(gōu)与"勾"读音相同,表示藤状植物的枝蔓扭曲、盘勾、缠绕之状。

"旬"中的"日"表示时间单位——日子,"勹"指一整段时间,比如十日为一旬或十年为一旬。

"匈"通"胸","勹"指胸腔是包容内脏的,像一个包裹一样。

"匀"与"云""运"读音相通,有搬运、流动(用"力"来"运"为"动")之意。其中"二"在"勹"之中,表示二者整体作为一个单位,相互之间调匀取平均值。

"匍"中的"甫"表示田中长的禾苗,用"勹"表示人趴在地上、身形弯曲,像是田里的禾苗一样。"葡"表示葡萄枝叶生长的攀爬形态。

"匋"中的"缶"表示用泥土烧制的陶器,因为陶器的耐久性以及防腐蚀性能都比较强,古人生活中主要用它们来储存各种东西,比如油、盐、酱、醋等。"勹"代表陶器的贮藏功能。"陶"加"阝"(阜)表示取土的土坡,"掏"用提手旁表示制陶时挖土,"淘"中的三点水表示用水淘洗、过滤,都与陶器制作过程有关。"萄"表示一串葡萄像陶器一样小口圆肚的形状,而且每颗葡萄也如同陶器盛水一样形圆而多汁,像是包裹着水分的"陶器"。

"匐"中的"畐"表示装满东西的容器,屋子里有"畐"代表"富"有,祭祀用"畐"代表祈"福"。"勹"像弯曲的人形,有"伏"之意,代表人伏地前进。"匍匐"中的"匍"代表爬行过程中身体高耸,像田里长出的禾苗一样;"匐"代表爬行过程中身体下沉,像贴在地面一样;二者是一个动态转换的连贯过程。

三十四、乙——弯曲之象

图 2-34 "乙"的甲骨文字形[1]

"乙"的甲骨文字形是一种弯曲的形象。《说文》解释为草木破土而出、刚刚发芽时屈曲生长的形状。类似的弯曲之象还有"己""巳"

---

[1] 汉语大字典编辑委员会. 汉语大字典(第二版)[M]. 武汉:崇文书局,2010:52.

"已""乞"等。

"气""汽"指云气、水气弯曲缭绕的形态。"乞"指乞讨、乞求时弯曲的身形以及相应的姿态。

"乾"的古文字形表示小草在太阳的照耀下生长,其中"倝"(gàn)表示太阳刚刚出来时金光灿烂的形象,"乙"表示植物生长、阳气升腾,有"万物生长靠太阳"之意。"乾"用来代表天,与之相对,"坤"指植物在土地(土、田)里"伸"展而出,代表地,"乾坤"合起来表示天地、自然界。

"己"指人的腹部,可以联想到肠子弯弯曲曲的形状。"自"指鼻子,代表呼吸;"己"指腹部,代表饮食;呼吸和饮食是个体生存所必不可少的,用于代指"自己"。"己"把饮食转化为人体所需要的营养和能量,这是一个曲折的过程。"忌"代表心中有所顾忌、不愿直接表达的想法。

"巳"代表蛇,与蛇弯曲的形象一致。"圯"指用土石临时铺砌的小桥,表示铺砌的桥面高低不平,弯曲不直。历史上,黄石公传书张良的地方就是下邳的圯上(桥上),今称"圯桥"。

"夗"为身体侧卧弯曲的样子。"苑"表示曲径通幽的园林。"怨"指心中有郁积的委屈、愤懑、不满等情绪。"鸳"指鸳鸯这种水鸟配偶之间颈与颈相互依摩,在水中欢快交颈嬉戏的特征。"宛"指房屋建筑宫室回环、盘曲回旋的样子。"婉"指像女子一样性情温顺、曲己从人。

"风"中包含"乙"的弯曲之象,表示风可以使树木、枝叶、花草等弯曲,"X"的符号既可以表示风向的变化,也可以表示风吹之后留下的痕迹,比如弯曲、折断等。

三十五、月——身体之象

图 2-35 "月"(肉月)的甲骨文字形[1]

---

[1] 徐中舒.甲骨文字典[M].成都:四川辞书出版社,1989:981.

月字有两个来源，一个是月亮，一个是肉块的形状，二者都是非常形象的表达。其中肉月的本义就是指肉，腊肉就是指昔日的肉，即肉通过腌制、晾晒之后可以储存很长时间，腊月也是人们用来腌制腊肉的季节。在汉字构造中，肉月多用来表示身体部位，有身体之象。但需要注意的是，肉月所代表的不只是身体的构造"零件"，而是象征身体的系统功能。

"腠"与"凑"音象相通，"凑"的本义是水流的汇聚，"腠"则是指皮肤细胞簇拥在一起，形成了表皮的结构。但因为是凑在一起的，所以细胞之间会有细微的缝隙。在中医理论中，"腠"是正气、邪气出入的通道，而"理"则是表皮缝隙之间形成的纹路，统称"腠理"。

"肤"指皮下脂肪等皮下组织，一个人饿得皮包骨头就是"肤"消耗殆尽了。《易经》中说"臀无肤，其行且次"，指一个人的屁股上没有脂肪的话，走路都不稳健，也不好看。臀部横纹正中的穴位叫"承扶"，表示扶助。"肤"与"扶"音象相通，说明这些皮下脂肪有支撑、充盈、扶助的作用。骆驼的驼峰也是"肤"，其中储存的脂肪可以为骆驼的长途跋涉提供能量保障。

"肌"中的"几"指茶几，是类似于茶几的象形，上面有板，用于放置物品，起支撑作用。"肌"与"肉"的区别就在于它是刚硬的、紧张的，而肉是放松的、柔软的。

"膏"中的"高"有精华之象，表示高层次、高纬度的"肉"（身体）之精华。骨髓、脑髓、精髓都属于"膏"，这里的"高"不是指位置高低，而是指层次高低。"膏"形容蓄积的能量作用之大。

"脂肪"中的"肪"表示成块的硬脂，如板油。"方"为方块之象。

"胃"的甲骨文字形上半部分的"田"像一个袋子里有"米"（粮食）的形状。从功能上看，"胃"作为食道与小肠之间的袋状消化器官，确实像一个"米袋子"，盛放"喂"进身体的食物。当然，"田"也有滋养之象，意指"胃"像田地一样为身体提供食物和营养。

"脖"中的"孛"上面为草木初生之形，下面的"子"意为婴儿。在民间，动物如牛羊等下崽儿就叫做"孛"。婴儿出生的时候是头和脑袋先出来的，就像种子发芽时先露出地面的是"脑袋"和"脖子"。"脖"有生机勃勃之象。许多动物尤其是鸡鸭鹅等鸟禽的脖子是非常灵活的。

"胸"中的"凶"最初指陷阱，其中"凵"像地陷形（读 kǎn），"乂"表示陷阱里有尖利的物体可以伤人；"勹"（读 bāo）为包裹之象，"匈"与身体胸腔的形状比较类似，外面是胸部肋骨（起保护作用），里面是心肝脾肺等重要的脏器（不能受伤，受伤则凶）。"胸膛"是需要重点保护的身体部位。

"肺"又称华盖，其中"市"（读 fú）是指遮蔽在前面的衣服，而两片肺叶就像是衣服一样遮挡在其他脏器的前面。

"肝"中的"干"为树干之象，表示骨干的重要作用。《素问·灵兰秘典论》中指出，"肝者，将军之官，谋虑出焉"，把"肝"比做将军，可见其作用之重要。中医理论中，肝在五行中属木，与自然界中春气相通应，主生发，与树木的生发、疏泄等功能相类似。肝郁就代表心情不顺、气机不畅，疏泄功能受阻，就如同土地板结对于植物生长不利。"肝硬化"意味着肝脏解毒、疏泄的功能已经严重受损了。

"脾"中的"卑"有婢女之象，像一个勤劳的小丫鬟，丫鬟虽然做的事情很细碎，但作用却至关重要。在中医理论中，"脾"的一个很重要的功能就是把胃腐熟出来的精华上输于心肺（上进）；如果这个叫"脾"的小丫鬟偷懒，不好好干活，不往上输送精华，甚至放任不管，专门往下输送，就叫做"下流"，这样心肺等脏器就会严重缺乏营养与能量，出现糖尿病等症状。

"肾"的上部有"坚"之象，从功能上看肾是生命的先天本源，是动力之源。中医理论认为，肾藏精，即肾具有闭藏、储藏人体之精的功效，为封藏之本，所以以坚实为佳。而"肾虚"就代表身体虚弱。

"膝"中的"桼"（读 qī）是"漆"的本字，其篆体字形 䕂 表示树木上向下滴的树汁，即树漆。树漆是从树上提取的黏液状的粘胶涂料，涂在物体表面干燥后会形成坚韧的薄膜，有保护和装饰作用。膝作为连接大腿和小腿的关节部位，膝关节韧带具有类似的保护作用。

"脚"中的"却"表示退却。人在后退的时候通常是"脚"先动，然后带动"腿"。所以"足"是表示往前的意象，而"脚"是表示往后的意象。

第三章

指事造字及其思维特征

三十六、乔——高大之象

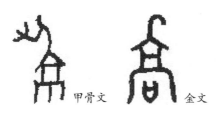

图 3-1 "乔"的甲骨文字形和金文字形[1]

"乔"（喬）的古文字形由"夭"与"高"构成，是一种复合意象，表示高而弯曲。例如，"乔装"指通过装扮改变（弯曲之意）自己原来的样子。

"荞"指荞麦，即体形高大的草。荞麦生长比较快，在夏天种植、秋天收获，俗语说"出土到开花，八九（72天）就到家"。

"桥"指桥梁，通常架在水面上或地面上，是高于地面的。古代正式的桥大多呈拱形，最常见的为石拱桥。至于独木桥、石板桥，则是类似于或接近于桥的建筑物，被称为小桥。类似地，"鞒"指马鞍拱起的地方。

"侨"指个子或外形上比较高的人，比如踩着高跷的人。中国古代把寄居他乡的人称为"侨人"和"侨士"，这里包含有"乔迁"的意象。

"轿"指轿子，是古代由人用肩膀抬着走的交通工具（类似于车）。轿子在人的肩膀上抬着，所以位置比普通人要高。

"骄"指马高大健壮，这样的马通常难于驯服。"骄"的意象也常用于描述人，比如"骄傲""骄横""骄奢淫逸"等。"翘"与"骄"的意象相

---

[1] 李圃. 古文字诂林（第9册）[M]. 上海：上海教育出版社，2004:916.

通,指翘尾巴。

"娇"指女子身材修长,与花草修长挺拔的形象相似,有时互相隐喻,例如"娇弱""娇柔"等。

"峤"指高大尖耸的山峰。《天龙八部》中乔峰的名字也是使用了这一意象,来凸显其英雄气概。

"矫"是使弯木变直的方法。将箭杆有弯曲的地方拉直,从直观上来看箭杆比原来更长了。相反,"揉"是使直木弯曲。

三十七、回——旋转之象

图3-2 "回"的金文字形和先秦货币文字形[1]

"回"的古文字形像旋转的水流漩涡,有旋转之象,表示回旋、往复、环绕。

"洄"指水回旋而流。"鮰"指这种鱼有旋转游动的显著特征。

"茴"指茴香,表示这种草本植物(艹)的气味(香)比较浓郁而且回旋不散。

"徊"指徘徊,表示人在道路(彳)口像水流旋转一样原地踱步、徘徊不前。

"啬"中的上半部分表示"麦",下半部分的"回"指储存粮食的粮仓,这种粮仓是用草席(用高粱秆等编制而成)旋转叠加而围在一起组成的"回"形结构。"啬"与"穑""塞"读音相通,代表将粮食回收到仓库。"廪"中的"回"表示储存粮食的粮仓,上面的广字头和下面的示字底分别表示粮仓的盖子和下面的支架(避免粮食受潮)。"亶"(dǎn)表示粮食比较充足,其中"旦"为太阳从地平面升起时金灿灿的形象。

"蛔"指蛔虫,是寄生在人或其他动物肠内的一种蠕形动物,像蚯蚓一

[1] 李圃. 古文字诂林(第6册)[M]. 上海: 上海教育出版社, 2004:132.

样弯弯曲曲,有蜷曲、环绕的特点。

"亘"中上下各一横代表河岸,中间的"日"为水流回旋的形状,表示旋转、萦绕。"宣"代表回转的走廊。

"旋"的甲骨文字形为 ⌘,左上部的"队"是古代的旗帜形状,其中"丨"是旗杆,上有旗饰和在风中飘动的旗帜;右下部的"止"即人足,指人;"止"上的"口"形符号表示回旋,即人的脚步跟着旗帜的方向变化、转动。"凯旋""旋踵"都代表往回走、返回。

"转"的金文字形为 車專,其中右边的"专"像一只手摇动纺锤将丝盘绕在纺锤上,是纺线时回转、环绕的形象,左边的车轮形状也代表旋转。类似地,抟、团、传等字都包含有盘旋、转动、转递的含义。

第四章

会意造字及其思维特征

三十八、疒——疾病之象

图 4-1 "疒"的甲骨文字形

从甲骨文字形可以看出,"疒"是一个人躺在一张床上("爿"),两点象征人感冒或发烧时身体出的汗淌在床上。这是一个生病之象。生活中,我们也有这样的经验,一个人感觉不太舒服时,一般都会到床上躺一会儿。

"疾"字的甲骨文形状为🏹,表示一个人被一支箭(矢)射中而受伤。疾一般指外伤、皮肉伤,即不太严重的疾病。飞箭射来,速度比较快,来不及躲闪,所以疾也表示急速。

"病"字中的"丙"即"柄",甲骨文假借"穴",字形为 🏠,由两个相对的"石"组成,表示有孔洞可以用来安装木手柄的石器。因为石器比较沉重,人在生病时也会有身体发困、发沉的感觉,所以"病"表示躯体感觉沉重。而人在身体康复时会感觉身体轻快、轻便("便"字中的"更"包含"丙",表示打更的梆子,质地坚实)。有病的人会因感觉痛苦而呻吟,身边照顾的人也能理解;而"无病呻吟"容易引起身边人的反感。古代医生认为,如果疾病发展到膏肓(膏肓二穴在肩胛骨内侧)这个地方,无论是汤药还是砭石都将无济于事,已成不治之症,即"病入膏肓"。

"症"(癥)字中的"正"表示脚(止)朝向目的地(一)走,这里用来形容疾病留下的迹象。比如,寒热(怕冷、怕热等)、饮食(口渴、腹胀

等）、二便（尿频、便秘等）、月事（月经提前或推迟等）等身体症状，可以据此来找到生病的源头。找到病因即医生问诊的目的，然后才可以对症下药。繁体的"徵"表示集合，无论是征召、征兵都要把人先集合在一起，有集结之象。中医在疾病分类中用癥指腹部集结的肿块。

"疼"字中的"冬"表示天寒地冻，有手脚麻痹之象。另外，冬天寒风凛冽，吹在脸上有刀割的感受，因此被刀子割伤或撕裂之伤也用"疼"来表示。

"痛"字中的"甬"为钟的形状，上面为钟钮，下面为钟体。钟中空，敲时声音可以传达到很远之外的地方（加"辶"为"通"），因此可以用于传达信号。古人认为，气血、经络通畅则身体健康，反之，不通则痛。换言之，"痛"表示身体内有阻滞之处。

"疫"字中的"役"为以手持棒（棍、鞭等）驱使、服劳役之意，引申为远行、远方。从远方传来的疾病，称为"疫"，具有传染性。

"瘟"字的篆体字形为 ，其中"昷"即"温"，最初指用热水洗澡。"瘟"属于热病，即人的体温急速上升，出现发烧状态，这种病传染性较强，古时也叫"温病"。毛泽东有一首《七律二首·送瘟神》："绿水青山枉自多，华佗无奈小虫何！千村薛荔人遗矢，万户萧疏鬼唱歌。坐地日行八万里，巡天遥看一千河。牛郎欲问瘟神事，一样悲欢逐逝波。"

"瘙"指由跳蚤等小虫（或寄生物）引起的皮肤疾病，由于皮肤发痒（瘙痒），人会忍不住用手反复去挠。

"痒"（癢）字中的"養"即喂养，这里指跳蚤、虱子、螨虫、恙虫等寄生虫以人的皮肤为食，导致皮肤发痒。"恙"字指恙虫，又称恙螨、沙虱，能传染恙虫病。《风俗通》记载："恙，毒虫也，喜伤人。古人草居露宿，故相劳问，必曰无恙。"恙虫卵孵化成幼虫后，爬行到草地或农作物上，一旦有人坐卧或接触，恙幼虫便爬到人体身上叮咬，病原体进入血液后，出现立克次体血症和毒血症症状，导致机体发生一系列病变。此病首先由我国晋朝科学家葛洪在公元313年发现并记载。直到今天，人们在相互问候时仍保留了"别来无恙"的说法。

"癌"字中的"嵒"是许多石头（"口"）叠加堆积在山上之形，形容山势险峻（与"严"音象相通）。癌症指临床症状表现为体内长出许多像石头一样肿块的恶性疾病，形容病情严峻。

"疗"（療）字中的"尞"为用火焚烧木材祭祀的情形，包含焚烧之象与祭祀之象。"火烧火燎"本身就是一种医疗方式，民间至今可见用酒精点着火之后双手在患者后背前胸等部位反复摩擦，用于祛除感冒、受寒的寒邪之症。

祭祀也是一种治病手段，类似于念咒之类，所以也有"医从巫"的说法。

"瘾"（癮）字中的"隐"表示潜藏、隐藏。虽然表面看起来不是病，但潜伏致病因素，到达一定程度（由量变引起质变）就会导致疾病，或者戒断之后会让人产生类似生病一样难受的感觉（戒断反应）。比如，生活中常见的有烟瘾、酒瘾、网瘾等。

"癖"字中的"辟"为开辟之象，在疾病方面指胃胁（两肋）胀满，积食不消化。通"痞"，指胸胁处的肿块。积食的外在重要原因是饮食无度，因此"癖"也用于形容对某种东西过度的热爱和执着，比如洁癖、恋物癖等。

"疯"字用像风一样到处乱刮的意象指人不受意识控制或无目的地乱跑乱走、手舞足蹈，用于表示精神失常的状态。《范进中举》中这样描写范进得知自己中了举人之后发疯的情形："范进不看便罢，看了一遍，又念一遍，自己把两手拍了一下，笑了一声，道：'噫！好了！我中了！'说着，往后一跤跌倒，牙关咬紧，不省人事。老太太慌了，慌将几口开水灌了过来。他爬将起来，又拍着手大笑道：'噫！好！我中了！'笑着，不由分说，就往门外飞跑，把报录人和邻居都吓了一跳。走出大门不多路，一脚踹在塘里，挣起来，头发都跌散了，两手黄泥，淋淋漓漓一身的水。众人拉他不住，拍着笑着，一直走到集上去了。众人大眼望小眼，一齐道：'原来新贵人欢喜疯了。'"

"癫"字通"颠"，其中两个"页"表示一正一反的人形，表示颠倒。"癫"表示行为跟正常人相反，即行为反常、精神错乱。

人们生病了就要求医问药。"医"（醫）字的篆体字形为 ，从图像上来看这是一幅医治箭伤的景象。医生手拿着外科工具，把取出来的箭头放在医疗工具箱（匚）里，而酒（酉）则用来消毒伤口。祭祀（祝由）也是一种治病手段，类似于念咒之类，所以也有"医从巫"的说法。"药"（藥）

字的篆体字形为🌸，其中"樂"为木架上的丝弦乐器之形，表示奏乐，引申为快乐、喜悦。用草药治疗疾病，身体得以康复，人自然喜悦，甚至奏乐庆祝。

三十九、争——抢夺之象

图4-2 "争"的甲骨文字形和篆体字形

"争"（爭）字的甲骨文表示上下两只手（两个人）在抢一个类似"缶"（∪）一样的中空容器，这可能是最早的"抢饭碗"了。原始先民最早出于生存需要，争夺最多的可能就是食物了。这是一幅因抢夺食物而较量或较力的场景。因为两只手抢夺时用力的方向不同，所以演化为方向、意见不一致的意思，比如"争辩"，或者"道不同，不相为谋"。《三国志·吴书·孙策传》记载，孙策临死将权力交给弟弟孙权时说："举江东之众，决机于两阵之间，与天下争衡，卿不如我；举贤任能，各尽其心，以保江东，我不如卿。""争衡"是说在势均力敌的形势下争夺优势，后世用来比喻争强斗胜。北周庾信在《竹杖赋》中也写道："楚汉争衡，袁曹竞逐。"

"挣"（掙）字中的"争"表示两只手相互争夺，再加一只手表示用力争取想要的东西。手还表示劳作，因此"挣"还与劳动力付出有关，比如"挣钱""挣工分"，"挣"的背后是劳动和汗水。

"睁"（睜）指眼睛睁开。早上醒来，上下眼皮朝着相反的方向用力，眼睛睁开。如果是面对自己想要的东西，只能眼巴巴地看着，心有余而力不足，那也只能"眼睁睁"地看着机会溜走或想要的东西被别人夺走。用"目"来争，只有"羡慕嫉妒恨"的份儿了。

"诤"（諍）指用言语来争取、说服别人，据理力争，表示直言规劝，通常说的话对方不喜欢听，但确实是苦口的良药、逆耳的忠言。大唐名相魏征经常用言语、道理与皇帝李世民据理力争，比如说出"水能载舟，亦能覆舟"的大胆之言,被誉为"千古诤臣"。

"净"(淨)字由"水"和"争"组成。用水洗手时,两只手要相互揉搓(较力),才能把灰尘污垢都洗干净。

"狰"(猙)字表示两只狗(犬字旁)在争夺食物时或激烈争斗过程中龇牙咧嘴、凶恶异常的样子。这副动物或猛兽的表情如果"似曾相识"地出现在人的脸上,那人一定是"面目狰狞"。

"筝"(箏)字中竹叶形状的竹字头表示竹制器具;"争"表示用手指弹拨丝弦(手指与丝弦争力)使发声;"筝"为拨弦的乐器。古代的风筝带有竹笛,飞翔过程中在气流的作用下(竹笛与风争力)发出响声。因此,能发出声音的才叫"风筝",而不能发出声音的叫"纸鸢"。

"峥"(崢)字中"争"有抢先、突出之义,"峥"表示山势高峻突出。"嵘"与"峥"意义相近,而"荣"(榮)中的"火"表示像火把一样明亮,形容植物的花朵鲜艳亮丽,比较抢眼。"峥嵘岁月"形容像高峻的山势那样不平凡、不寻常的年月;山势象征艰难险阻,表明生活不是一马平川的坦途,人们要经历和战胜困难。

"争"经常与"竟"连用。"竟"(競)字的甲骨文字形为䇂,其中"辛"表示枷锁,"競"表示两个戴着"辛"的"人"(奴隶或罪犯)在一起比赛。竟字金文字形䇂䇂中的一长横表示两个人扭打在一起,分开的两短横表示两个人分开的状态。"竟"指戴"辛"的"人"(罪犯)被关在监狱("口")里,表示审判的结束,有完成、终结之义。

"争"经常与"夺"连用。"夺"(奪)字中的"大"为罩子的形状,"隹"为小鸟的形状,"寸"为手的形状,合起来表示用手牢牢抓住罩子里振翅欲飞的小鸟,不使其逃脱。这里的抢夺之象是指夺取鸟的自由。"横刀夺爱"则指通过不恰当(不道德)的手段抢了别人喜欢的人或者物品。

"争"经常与"抢"连用。"抢"(搶)字中"仓"的甲骨文字形为𠆢,指储存粮食的粮仓;"抢"表示动手抢仓库时争先恐后、你争我夺的情景,引申出"抢先"等含义。

与"争"意象相反的有"让""共"等。"让"(讓)字中"襄"的金文字形为𠀎,描述的是农民"手"拿农具在地("土")里挖一个个小洞放进种子再盖上土的情形,本义为撒籽播种。一般由男人锄地、刨坑,女人播种、盖土，分工合作。"讓"表示在播种的过程中，合作的两个人之间要相互让出一定的空间。如果空间不够的话，就要说（言语）"让一让"，指退让、避让。词语"拱手相让"中拱手即两手于身前呈作揖状，表示谦卑相让。带有贬义，强调胆怯或不明就里地把东西让给别人。"当仁不让"指碰到应该做的好事就积极主动去做，不推托、不谦让。"孔融让梨"是当仁而让，让的是梨子；也是当仁不让，不让的是礼仪。"共"字的甲骨文字形是两手捧着器皿供奉的形状。双手捧物象征协同，代表一起从事、承担，比如"休戚与共""同甘共苦""愿车马，衣轻裘，与朋友共，敝之而无憾"等。

"静"（靜）字的金文字形为，其中"青"由"生"与"井"构成，表示矿井里生产的像小草一样颜色的颜料；"争"表示争抢、抢先；合起来为颜色抢眼之义，即颜色鲜明，容易辨别。颜色容易辨别，就不会混淆，争吵会很快平息，回归安静平和。因此，"静"有安静之义。在中国文化中，"静"是一种明辨、智慧的心理状态，没有"无明"，就会心如止水、气定神闲。《道德经》中也主张"静为躁君"。因此，"静"本身就包含了一对阴阳的概念，是不争之争。

四十、爰——援助之象

图4-3 "爰"的甲骨文字形和篆文字形

"爰"字的甲骨文字形像上面有一只手，拿着一根棍子或树枝（"支"表示树枝，联想到"支援"），伸给下面（陷阱里或低洼处）受困的另一只手，而下面的人抓住棍子就可以得救了。这种"施以援手"的"援引"动作与民间的说法"搭把手"不谋而合，与英语中的"Give me a hand"异曲同工。"土爰稼穑"指土地对农作物（庄稼）的种植与收割有所助益，即"春种一粒米，秋收万担谷"。

"援"字用提手旁再次强调"施以援手",表示援助之意。"援"经常与"救""助"等连用。"救"字中"求"的甲骨文字形为皮毛在外的皮衣("裘")形状;原始先民为了获得动物的毛皮,就要想方设法抓到野兽;在捕获野兽的过程中人们要相互帮助与合作,所以"求"表示求助。"攵"表示以手持棍,表示给求助的人递去棍子,以帮助其脱离危险(救命)。因此,"救"的含义就是给予援助,制止危险发生,比如"救火""救急"等。"助"字中的"且"通"祖",表示同宗同族;"力"为耕作的农具"耒"的形状;"助"表示同族的人们在农活中相互帮助。

与"爱""援"意象相通的还有"帮""友"等。"帮"(幫)字中"封"(与"邦"同源)的金文字形表示用手("寸")堆土植树,即植树过程中用土把树坑封填起来。下面的"帛"为布帛,同类取象,指把脚(种的树也是埋在"脚脖子"的地方)围裹起来的鞋帮部分。古人植树为界,所以"封"与"邦"指领地。鞋帮起到辅助固定脚的作用,引申为辅助、帮助。俗语有"一个篱笆三个桩,一个好汉三个帮"的说法。"友"是两只手(两个人的手)握在一起的形状,表示志同道合、守望相助。两只手的方向一致("争"字中两只手用力的方向相反),表示"心往一处想,力往一处使"的同心协力状态。

"陷"与"爱""援"的意象相反。"陷"字的甲骨文字形形象地描述了一个人掉进凹陷的坑洞中的情形。"阜"表示土山,从高处落到低洼的陷阱中,有陷落之象。引申为陷害、诬陷。"援"表示把人从被困的陷阱里救出来;"陷"表示设计陷阱来害人(或捕捉猎物)。

在"暖"字中,太阳成为施加援助的主体,表示使人由寒冷变得暖和,像太阳照在身上一样暖烘烘的,通"煖"。例如,"暖男"对于女生而言就像一个"小太阳"或"暖宝宝"一样温暖舒适。类似的表示温暖心理感受的俗语有"良言一句三冬暖"。

"缓"字中左边的"纟"为白色丝线。由丝线搓成绳子,再用绳子去援助被困的人,虽然最终也能使人得救,但这样的援助比较慢。

"媛"指让男人有一种"我见犹怜"的感觉,并想"用手拉过来"(引)成为贤内助的女子,一定是面容姣好、体态婀娜的美女,例如名媛淑女、婵媛。

四十一、金——收敛之象

图 4-4　"金"的金文字形和篆文字形

"金"字的金文字形左边像两块金属矿石，右边像带盖子（封闭）的坩埚形状（类似"釜"），表示冶炼金属。"金"可特指金子，象征货币（铜币也叫"金"）、财富（金银财宝）。"鑫"表示金多（"三"代表多），象征兴盛。"民以食为天"，秋天是收获的季节，金黄色的庄稼与黄金、金子产生了意义联结，"金"表示收获。另外，"金"也泛指金属，它们从矿石中提炼、浓缩而成。金属工具比原先的木头、石头工具更为坚固耐用，大大提高了生产力水平，在农耕中用于收割庄稼、收获果实，在战争（"金戈铁马"）中用于打败敌人获得（"收获"）胜利，有收获、收敛之象。"金"还是财富的象征。人们倾向于积累财富，即"敛金"，表现出收敛的特性。比如，民间故事中常见的"聚宝盆"就是这一原始意象的表达。

"镬"（鑊）字的甲骨文字形为 　，表示一口锅（鬲）里正在烹煮捕获的鸟（"隹"）。加"金"表示用于烹饪所捕获鸟兽的炊具。"镬"与"蒦""获"音象相通，表示收获、捕获。

"镯"（鐲）字中"蜀"的甲骨文字形 　像蛾蝶类动物的幼虫，突出弯曲的身体和大大的眼睛，后来又加"虫"字。"镯"指像幼虫一样弯曲成圆形的金属饰品，如手镯、脚镯等。"镯"有锁住之象，与"捉"音象相通。"锁"是像小贝壳一样中间有空隙的小块金属（通常是铜制品），指锁头。

"钏"（釧）字中的"川"既表音，也表示线绳柔软似水的形状。"钏"最初指把珠子或玉石等用线绳串起来做成的镯子，后来特指金属（包含玉石等矿石材料）镯子，如金钏子、银钏子、铜钏子和玉钏等。从考古出土的手镯实物来看，有的用动物的骨头、牙齿等制作而成，象征捕猎的收获。"钏"与"川""串""穿"音象相通。

"钓"（釣）字中的"勺"指"钩"（表示弯曲），指用金属钩具来捕获鱼虾等。鱼如果脱钩就叫"掉"，因此"掉"的发音是提醒钓鱼人不要功亏一篑。"钓"与"吊""掉"音象相通。在意象上，"吊"本身表示带绳子的箭，而"钓钩"也是带着丝线的尖头鱼钩（类似于箭头）。

"钞"（鈔）字本义为"抄"，即夺取。"少"表示变少、不足；"钞"本为用纸币（纸钞）代替金银等贵金属作为流通货币，纸币与金银相比"含金量"变少。例如，"钞票"本质上只是一种信用票据，本身不具备金银所固有的价值。宝钞（寶鈔）是中国元、明、清时代所发行纸币的统称。在音象上，"钞"通"抄"，有收获之象。

"钟"（鐘）字的篆体有两种字形，一种为鐘，从形象上看包含"東"，指收口的圆形背篓形状，中空可以敲击发声；在音象上通敲钟的声音"咚"；另一种为鐘，从质地上特指"重"（音象也相同），"金重"则有贵重之象，进而作为礼器（重器）。简化后的"中"则包含中空的意思。因为古代有撞钟报时的传统，所以"钟"也指计时工具。在音象上，"钟"与"盅"相通，后者指中空的盛酒的酒盅。

"锡"（錫）字中"易"的甲骨文字形表示把一个容器里的液体（酒、水等）倾注到另外一个容器中，表示给予。"锡"指给人钱财，表示"赐"（金银、贝壳都表示财富）。现在用来指熔点极低、容易发生形态变化的金属——锡。

"铜"（銅）指看起来与金子（"金"）相同（"同"）的金属。铜的颜色也是金黄色，与金子的颜色比较接近。从音像上看，"铜"与"同"相通。容器、器皿装了水（氵）之后能发现与之前完好时不"同"的地方，"洞"即漏水的地方。

"铁"（鐵）字的篆体字形为鐵，由"金""呈""十""戈"组成。其中，"十"表示作战时防身的武器——盾牌；"戈"表示攻击的武器，干戈连用泛指作战武器；"呈"的古文字形像一个人站在土堆上并且张大嘴巴（"口"）说话的样子，表示显现、呈现。"鐵"就是指被广泛用于制作兵器的金属材料。既然可以作为兵器，就表示"铁"非常坚硬、牢固。

"钢"（鋼）字中的"冈"由"网"与"山"组成，篆体字形为冈，表示山脊（就像山的脊梁骨），山有脊（"岗"）就像网有"纲"。"钢"有刚硬之象。在音象上，"钢"与"刚""罡"相通。

"银"（銀）字中的"艮"表示扭头看（扭曲）之义。"银"质地较软，富有延展性，容易弯曲。

"钻"（鑽）字中"先"的金文字形 由"止"（脚步）和"人"组成，表示前进。"贊"的金文字形为 ，表示携带礼物（"贝"）进见，有进入之象。"钻"（鑽）表示用坚硬的、尖的金属物进入其他物体，即打孔。"钻石"表示这种石头比较坚硬，可以用于打孔、切割物体。"钻研"表示"钻进去"深入研究，寓意有所收获。

"鉴"字的金文字形为 。"监"的金文字形 表示人在水盆（器皿符号）中通过水面（水平如镜）来看（眼睛符号）自己的影子，即"镜于水，见面之容"。"鉴"加"金"表示铜镜，即人在照镜子的样子。"镜"是"鉴"的后起分化字，表示用金属制作的照"景"（影）的工具。在心理意义上，"鉴"指人们的"镜中我"。"镜中我"由美国社会学家查尔斯·霍顿·库利在1902年出版的《人类本性与社会秩序》一书中提出。库利认为，我们通过想象别人如何感觉我们的行为和外貌来了解我们自己。这里的自我反映了别人的意见，即"镜中自我"。人的行为很大程度上取决于对自我的认识，而这种认识主要是通过与他人的社会互动形成的，他人对自己的评价、态度等等，是反映自我的一面"镜子"，个人通过这面"镜子"认识和把握自己。

"铨"（銓）字中的"全"表示纯玉（"王"）；"人"为"人"，表示放入仓库。"铨"表示鉴别金子是否完整无缺以及成色好坏、纯度高低，即衡量是否"足金"；由衡量进而指称重量的工具，通"称"。"铨衡"即品鉴衡量，引申为考核、选拔人才。"权衡"的对象为事，"铨衡"的对象为人。"铨"通"全""鉴"，指鉴人，即像照镜子一样真实、全面地照人、知人、察人，属于一种心理（人格）测量技术。

与"金"的收敛之象类似的有"革""敛"等。"革"字的金文字形为 ，表示一张完整的兽皮，包括动物的头部、身体和尾巴上的皮。皮是束缚、包裹在身体之外的，具有收敛的性质。在农村，有的人家会用生猪皮在砧板的周围包裹（拘束）一圈，因为猪皮干了之后收缩得非常紧，这样砧板就非常耐用，不易开裂。收敛就是变小、变紧。"勒"指络头，也叫"马笼头"，用于控制马头。一般用力拉时就是示意马停止前进，如"悬崖勒马"。骑马过程中缰绳要一直保持适当的紧度，以便控制行进的方向。类似的还有"靶"。"靶"指用一张兽皮紧紧包裹（参加"巴——附着之象"）在目标物上的靶子。"敛"（斂）字中的"僉"字形由"亼"与两个"兄"组成；"兄"即祝，指默念、祈祷；"僉"指众人聚在一起默祷，音同"虔"，有集合之意。"敛"表示收集、征收。"敛财"本指聚集钱财，因为有搜刮、掠夺之义，现在多指不择手段或以非正当方式积累财富。

"散"与"金"的收敛意象相反。"散"的金文字形中左边之"林"为一堆麻，右边为手持木棍，表示以手持棍（"支"）敲打麻，使麻的外皮和"肉"（月）分离的情形。古人纺麻的制作工艺是先把砍回的苎麻剥皮，刮麻后进行漂洗晾晒（有的会放到坛子里用硫黄水浸泡），然后用木棍把麻打成碎条状，撕扯成细长的缕（解散之象），最后拿出来绩绕，用以搓绳或编结成网状物。加"肉月"表示手持木棍一上一下地捶打，使肉松散（纤维断开），便于烹调加工，而且味道更为鲜嫩可口。无论是将麻打碎还是将肉打碎，都表示分离、松散之义。"散财"有两种含义：一种是指将钱财散布出去；另一种是指大手大脚、不懂珍惜财富和积累财富。二者皆有分散之象。

四十二、古——久远之象

图4-5 "古"的金文字形和篆文字形

"古"字的金文字形像一个长把葫芦的形状，后来简化为"十""口"。葫芦是取材于大自然的早期容器，与远古先民的生活息息相关。上古神话中有很多关于葫芦的描述，比如作为人类始祖的伏羲、女娲都曾被看作是葫芦的化身，"开天辟地"始祖盘古的原型为橐瓠，也就是葫芦。"自从盘古开天地，三皇五帝到如今。"人们用"盘古开天地"的神话来解释人类历史的开端。因此，"古"有古老、久远的意象。

"胡"字中的"古"表示"咕咕"响，"月"代表肉；"胡"表示动物从喉咙里发出咕咕响的、含混的声音。"胡"也指牛颌垂，即牛脖子下面垂的一块肉，一般而言牛越老那块下垂的肉就越明显。对于老年人来说，颈部的垂肉也会因为肌肉松弛而变得更为明显。"含糊"即"含胡"，指发音不清楚。"胡人"指长很多胡子的人，古代指尚未开化的游牧民族。"胡子"旧时指土匪，因为土匪为展现凶悍形象多留有胡子。"葫"指葫芦，大肚小口，有聚气之象。"湖"指被陆地所包围的相对封闭的水域（与主干的河流互通），像装在葫芦里的水一样。"糊"指用米浆做成的糨糊，用来糊窗户等，增加房子的密闭性，模仿葫芦的特性。"瑚"指珊瑚，"珊"指像树枝、栅栏一样的形状，"瑚"指分泌的石灰质不断"生长"聚合，形成美丽的外壳。"蝴"指蝴蝶，有类似胡子的东西；"蝶"指翅膀形态像树叶（"葉"）。"猢"指猢狲，一种长有胡子的猿猴。

"沽"字的金文字形为 ⿰氵古。酒易挥发，葫芦口小，古人打酒经常用葫芦做容器。"沽"表示买，成语有"待价而沽"。天津也称"沽"，除了沽水经天津入海之外，更因为渤海湾像一个葫芦的形状。"沽"与"贾"音象相通。

"固"字中的"囗"表示围起来的界限，"古"表示像葫芦一样密闭性好。"固"就是指围墙、围栏等密不透风，比较结实。"涸"指河道、池塘等没有水而干枯，露出了河床、河底等类似坚固"围墙"（囗）一样的河道。

"辜"字中的"辛"表示刑刀，是处罚罪犯的工具；"古"表示过去的古法、案例等。"辜"即按照过去的法度来治罪，表示罪责；"无辜"表示无罪。

"估"指对于过去的事情，因为时间久远、记忆模糊，只能说一个大概；延伸到对未来很久之后事情的模糊猜测，叫"预估"。古代商业活动要经常对买卖的物品进行估值，"估"也指商人。"估"与"贾"音象相通。

"姑"字的金文字形为 ⿰女古，其中"古"指古老的血脉，母系氏族社会的血脉都是从母体流传下来的。"姑"的意义渊源，一般是比自己年长且地位比较稳固的女人。在母系氏族社会，以女性为中心，家中辈分长于自己且地位稳固的女性中，丈夫的姊妹叫"姑"，父亲的姐妹也叫"姑"。对于小孩子而言，"姑"和"妈"是本家族内与自己关系最亲近的两位女性。与此相应，"舅舅"的"旧"，也是指母系家族旧有的血脉。

"故"字的金文字形为 ⿰古攴，其中"攴"指以手持棍，表示做事情；

"古"指古法，即过去的惯例、规则等。"故"表示过去的人和事。"做"表示现在一个人正在做过去一直重复做的事情，即日常生活中要经常做的事情，比如做饭、做工等。

"枯"指"过去式"的草木，一般是失去生命力的、没有水分的、干枯萎缩的树枝或枯草。"骷"指"作古"的、干枯的人的骨头，即骷髅。

"苦"字的篆体字形为，指一种苦菜，这种草本植物的味道比较苦，而且叶子越老苦味越大。

"怙"字中的"古"表示过去的人或经验，"怙"表示心中对于过去的人或经验的依赖，最早指依仗、凭借。父母是子女的依靠，正所谓"无父何怙，无母何恃"。从心理之象来看，"怙"象征一种心理图式，人们用这种图式来认识和解释世界。但如果形成了思维定式或者刻板效应，则容易导致认知偏差。

"瓜"字的金文字形像一根藤上吊着一个椭圆形瓜果的形状。早期音与"古"同。"呱"指婴儿的啼哭声。成语有"呱呱坠地"，形容孩子出生时啼哭的样子。小孩子出生时脐带与母体相连，像一根藤上结的瓜一样。"孤"指孩子像躺在地上的瓜一样没人管。孤儿即父母双亡的孩子。

古时也被称为旧时。"旧"（舊）字的金文字形为，其中"萑"为一只有毛角的猫头鹰形状，"臼"为洞穴之形。猫头鹰不擅长筑巢，经常用其他鸟类遗弃的巢穴、树洞或动物遗弃的洞穴直接作为自己的巢穴，因此有破旧之义。

"古"与"今"相对。"今"字的甲骨文字形像铃的形状，铃响表示即时听到，指现在、当下。"今"与"金"音象相通。

四十三、皮——外表之象

图 4-6　"皮"的金文字形[1]

---

[1] 谢光辉，李文红. 汉语字源字典（图解本）[M]. 北京：北京大学出版社，2000:416.

"皮"字的金文字形中，左边部分像是一个悬挂着的动物，右下角的手像是正在从动物头部往下扒皮的样子。剥皮时皮肉分离的声音就是pi。

皮是外表，人的衣服开口了就叫"破"了，皮被碰掉了或皮肤轻微出血就叫"破皮"。人们披在最外面的衣物就称作披风，人们睡觉时覆盖在最外面的床上用品就称为被子。

人轻微的劳累状态叫"疲"，说明只是外表的病态（劳累状态），身体本身并没有疾病，稍作休息身体就可以恢复。

"波"指的是水流（氵）最外表的波纹。玻璃在阳光的照射下流光溢彩，如同玉石（王）表面（皮）的光泽，称为"玻"；其晶莹剔透又类似水波般清澈灵动，与"波"有共通之象。

以前农村常用的簸箕主要的功用就是扬米去糠、扬麦去皮，即用"箕"把"皮"去掉，这一动作就叫做"簸"。其过程中簸箕上下左右的晃动与水波的起伏摇摆也有相似之处。上下起伏、凸凹不平的地（土）面（皮）叫"坡"，人行走在上面（上坡、下坡）就如同在水面起伏；如果在平整的路面人走路时也是上下起伏的，这通常表明此人的腿脚有残疾，即"跛"。

"婆"指老年女性，女性随着年龄的增长脸上（表皮）会产生皱纹，但是女子的这种皱纹像水的波纹一样清秀（婆），像沙子一样细微（婆）。

动物的皮被剥下来之后会制成"革"，革字的形状也像一张被撑开（十字）晾晒的皮。其中，有一道工序是用火（"火"有时写作"土"）烤皮使其收紧，即"堇"（与"紧"音象相通）。这种外在的紧张、收敛状态，体现在农活中就是"勤"（辛勤劳作导致男子体表出汗——"漢"，所以男人也叫汉子），体现在语言表达方面就是"谨"，即谨慎小心。

四十四、真——确定之象

图4-7 "真"的金文字形[1]

---

1 王本兴.金文字典[M].北京：北京工艺美术出版社，2016:242.

"真"字的金文字形与"贞"相同,由"卜"和"鼎"组成。对于不确定的事情,人们会通过占卜以问吉凶;而对于确定的事实或者占卜应验的内容,人们会记录在鼎。"真"表示确定的事实,即事情本来的样子(真事)。"贞"是占卜的操作过程,"真"是占卜的结果("真"与"贞"音象相通),有确定之象。

"慎"表示一个人对确定性比较看重,不论是思考或者做事都比较谨慎。

"镇"表示确定不移,或减少不确定性(通常指不好的事情)的发生。例如,"宝塔镇河妖"就点明人们建塔的作用就在于希望它能保护河道安宁,使不好的事情(河妖作祟)不要发生,保证风平浪静。日常生活中,镇纸是人们用来压住纸张或书籍的一种文房用具,在写作时镇纸能起到"休教风过乱文思"的作用。

"填"表示用土或石块来把道路、田间("填"与"田"音象相通)的坑给填满(即"填坑"),以防有人摔倒(不确定性)。例如,《资治通鉴》在描写曹操败走华容道时写道:"遇泥泞,道不通,天又大风,悉使羸兵负草填之,骑乃得过,羸兵为人马所蹈藉,陷泥中,死者甚众。"道路泥泞湿滑,人马容易摔倒,用草来铺路是为了减少人仰马翻的不确定性,所以称为"填"。文人们的填词,也是指按照一定的要求或格式填空补缺,使一首词变得意义完整。

"嗔"是指说话(口)时理直气壮,坚定不移地认为自己是正确的(真)、别人是错的,进而对他人产生不满或恼怒情绪,容易发怒、生气,说话时盛气凌人。《西游记》中,孙悟空的特点是"嗔",即容易着急(猴急)、怪罪他人;猪八戒的特点是"贪",即欲望太多、贪吃贪睡(如猪);沙和尚的特点是"痴",即后知后觉、反应迟钝("沙"与"傻"音象相通)。

四十五、乍——乍开之象

图 4-8 "乍"的甲骨文字形[1]和金文字形[2]

---

[1] 李圃.古文字诂林(第 9 册)[M].北京:上海教育出版社,2004:1006.
[2] 王本兴.金文字典[M].北京:北京工艺美术出版社,2016:238.

"乍"的甲骨文字形中下半部分的"匕"为刀,上半部分的"卜"为卜问,"乍"指用刀刻制作卜龟,再通过以火灼龟(骨)壳出现的裂纹(兆)来预测吉凶祸福。"乍"表示用刀具通过削刻制作器物。制作卜龟是占卜的开始,故"乍"指制作、创造。灼烧时龟(骨)壳在高温作用下会忽然裂开,"乍"也表示突然出现或剧烈反应,比如"炸"。

"作"表示制作,其中"人"强调人为创造的含义。例如,古人"日出而作,日落而息","作"为劳作,与表示休息的"息"相对;从事传统手工业的场所叫做"作坊",即劳作的地方。

"诈"指经过制作处理的语言,真实性存在疑问。

"怎"表示占卜前的心情,未知吉凶祸福,想确定是"怎样"。

"咋"是通过语言(口)来询问事情的结果。

"笮"最初为竹字头,指竹编时要把篾条朝一处挤压、编在一起。

"榨"指通过木头或木板的挤压来榨汁或榨油。

"怍"指心理上存在压迫感,感到窘迫不适。

"昨"指刚刚过去的一天(日),与现在(今天)区分开来。"昔"指很久之前的时间。

"蚱"指蚂蚱,会在草丛中突然跳跃,如同马受惊之后突然狂奔一样。

"舴"指像蚂蚱一样的小船,移动迅速。

"炸"指东西遇到高温或在热油里产生的剧烈变化,比如开裂等。

四十六、叚——赤玉之象

图4-9 "叚"的金文字形[1]

"叚"的金文字形左上方为"厂"状的，部件"厂"之下的空缺处有两短横(两短横表示石块;左上部分与"段"的左半部分相同,"叚"的

---

1 李圃. 古文字诂林(第3册)[M]. 上海:上海教育出版社,2004:449.

字形义即手持椎从岩石上捶击下的碎块状,"叚"的目的是取石料),左下方𠂇为"又"即方向朝上的手状,右上方彐为方向朝下的手状。林义光《文源》:"象两手相付……借人所有,为己之用,故谓之借。"朱芳圃《殷周文字释丛》:"林说非也。字象厂下取石,两手相付之形。"[1] 段玉裁在《说文解字》中说"凡叚声多有红义"。根据徐山的考证,"叚"表示一人把从岩石中捶击下的赤色玉石借给另一人。开采的红色玉石通过在集市上售卖可以产生价值,"叚"与"贾""嘉"音象相通。

"假"有两重含义。第一重含义是与"真"相对的"假",这里面有人为的因素。例如,《新唐书·柳浑传》中提到:"是夫炫玉而贾石者也,往必见擒,何贼之攘。"成语"炫玉贾石"说的是在玉石交易中卖方拿玉吸引人,卖出的却是石头(假玉)。第二重含义是"凭借"。由粗朴的石料到精美的玉器要经过开采、雕琢等环节,即成为美(嘉)玉之前要假借他人之手加工,"假"字里的"亻"指人工。

"瘕"指腹部结块的病,就好像肚子里有一块石头一样。

"遐"指远,玉石从深山中开采到集市上售卖要经过长久的运输和加工过程,"辶"表示遥远的距离,"叚"表示有想象和期待的空间(从石到玉)。

"瑕"中的"王"代表玉,而"叚"还是石料,说明要称为美玉还有很多粗粝的地方需要打磨掉。美玉通常是无"瑕"的,"瑕"是影响玉之为美玉的瑕疵、斑点等。

"暇"指空余的时间。"日"表示时间概念,"叚"是一种赤色的玉石籽料,里面包含了很多杂质、瑕疵,表示多余的东西。

"霞"指红色的云。"雨"代表天上的云,"叚"表示像赤玉一样的形状。

"虾"(蝦)与"叚"有相似之处,虾晶莹透明的身体像玉的质地,其灰色的斑点像玉石上的杂质和瑕疵。而且,虾加热或晒干之后通体会变成红色。

"葭"指芦苇。芦苇荡中小鱼虾比较多,"蒹葭"的直观意思就是在这

---

[1] 徐山. 释"叚"[J]. 安康师专学报,2005,17(2):50-51.

些"草丛"（艸）里可以用手摸"虾"（蝦）。而且，芦苇初生之时状若竹笋，带有红色的斑点，与赤色的玉石有相似之处。

"豭"指公猪，即豕之牡者。猪为肉畜，为了让公猪更好地长肉，通常要把小公猪进行阉割（去势）。这里的"叚"，指的是去掉影响猪长肉的因素，正如把玉石中粗粝的石头去除一样。公猪为"豭"，是为了更好地长肉，类似地，牛绝有力则为公牛，称作"㹀"。《尔雅·释畜》："绝有力，欣犌。"《玉篇·牛部》："牛有力。"《广韵·麻韵》："牛绝有力。""㹀"取义与"豭"同。

四十七、我——形影之象

图4-10　"我"的甲骨文字形和金文字形[1]

"我"的甲骨文字形由 ![] 和 ![] 组成，反映的是古代先民"立竿见影"的场景（当然，也有诸如"以手持戈"等解释）。先民们意识到，如果用一根规定长度的竿子，立在平坦的地面，竿子的影子就可以在地面上标示出来。如果在地面上垂直于竿子再安放一根带刻度的尺子，就能从尺子上直接读出影子的长度。一年中影子最短的一天为夏至，影子最长的一天为冬至。这根竿子就叫做"表"，地面上的尺子则是"圭"，"表"的影子为"景"或"暑"，即日影。"我"左半部分的锯齿形加上三个短横表示刻度，右半部分的竖画表示直立的竿子。"我"表示的是有形的竿子所对应的影像，正如人在光线照射下的影子一样。因此，古人用形影不离的意象来表示"我"与"人"（身体）的关系。"我"被用于人们的自称。

"俄"即"人"的影子，表示很短的时间。因为人的影子长短会随着身体的位置移动发生变化。

---

[1] 李圃.古文字诂林（第9册）[M].上海：上海教育出版社，2004:989-990.

"娥"即"女性"的身影。能够展现女性柔美身姿的通常是美女,例如"嫦娥"。

"峨"表示大山的影像,即给人以一种高耸的印象。

"蛾"指飞蛾。蛾的一生经过受精卵、幼虫、蛹、成虫四个时期,属于变态发育中的完全变态发育。蜕变后留下的茧就如同其曾经的影像。

"鹅"是以其叫声命名。类似地,鸡(鷄)的叫声与"奚"音象相通,鸭的叫声与"甲"音象相通,猫的叫声与"苗"音象相通,小狗的叫声与"勾"音象相通,牛的叫声与"哞"音象相通。在某种意义上,动物的叫声就如动物的影子一样,人们一听到叫声就知道是哪种动物。"哦"则是形容人应答或吟咏时口型的样子。

"饿"指饥饿。人在饥饿的时候会发出"哦哦"的声音,与小鸡发出"叽叽"的声音、鹅发出"嘎嘎"的声音相类似,都是一种本能的生理反应。

四十八、允——哺乳之象

图4-11 "允"的甲骨文字形[1]和金文字形[2]

"允"的甲骨文字形整体上是一个女性的形状;金文字形中上半部分为一只乳房的形状,下半部分是一个婴儿的形状,婴儿的头部紧挨着乳房,表示吃奶。"吮"表示吮吸乳汁的动作。吮吸的声音为"唆"。婴儿饿了之后哭喊,这时母亲给婴儿喂奶就是"应允"。婴儿的吮吸动作虽然看似连续,但实际上会有停顿和中断,如果一个人说话也是这样就叫做"啰唆"。来回反复地走为"逡"。

---

1 李圃. 古文字诂林(第7册)[M]. 上海:上海教育出版社,2004:735.
2 王本兴. 金文字典[M]. 北京:北京工艺美术出版社,2016:233.

"孔"与"乳"同源,甲骨文字形为 ⚘,表示一名母亲(两点表示乳房)搂着婴儿在喂奶;金文字形 ⚘ 更突出了婴儿吮吸奶头的样子。乳房能挤出奶汁,说明乳头上有小孔。

"乃"的甲骨文字形为 ⚘,是一个侧面的乳头的形状。"奶"表示喂奶。

"夋"由"允"和"夂"(脚)组成,指婴儿吃奶的样子;母亲哺乳时通常是把婴儿抱在怀中,婴儿身体蜷曲,像蹲着的样子。婴儿吃奶的同时,母亲用童谣等声音哄婴儿睡觉,也叫"唆"。有充足的奶水哺育下一代的女子为"俊",从进化心理学的角度来看,这是一种基于基因延续的审美——挺拔饱满的乳房代表着哺育后代的能力(生育力)。山高为"峻",像女子的乳房形状。"浚"指通奶,即疏通乳房这一特殊的水道。"梭"指梭子,通过疏通经线上的织口使纬线能够顺利通过。"酸"指乳汁不易存储,容易变质而发酸;酿酒(酉)过程中酒母发酵后也会变酸。

四十九、青——纯净之象

图 4-12 "青"的金文字形[1]

"青"的金文字形上半部分为"生",表示植物初生;下半部分为"丹"(甲骨文的"丹"像采掘朱砂的井的形状,中间的"一"像朱砂形),指丹青,像植物初生的颜色。"青"为植物初生之色,有纯净之象。"青衣"指黑色的衣服,即纯净的黑色;"素衣"指白色的衣服。

"情"指人自然的、本能的情绪情感反应。中国传统文化的一个重要特点是重"情",情理之中"情"是排在第一位的。

"晴"指在太阳(日)的照耀下天空显现的纯净的、湛蓝的颜色。

"睛"指眼球、眼珠。眼睛是心灵之窗,能够反映一个人的精神状态。

---

[1] 李圃. 古文字诂林(第 5 册)[M]. 上海:上海教育出版社,2004:260.

《孟子·离娄上》中提到："存乎人者，莫良于眸子，眸子不能掩其恶。胸中正，则眸子瞭焉；胸中不正，则眸子眊焉。"孟子认为，心胸端正的人眼睛（眸子）就明亮，心胸不正的人眼睛就昏暗。

"清"用于形容纯净的水（氵），纯净的河水通常呈青绿色。

"倩"指人的本性纯良，用于形容人的美好，能够保持本心、本性。倩女指美丽、善良（心性淳朴）的女子。

"请"指发自内心的请求，即诚挚的请求通过语言表达出来。

"猜"即猜疑。"犭"即犬，听觉、嗅觉敏感，有机警之象；"青"指自发的本能；"猜"即表示内心自动产生的、基于自我保护的预警判断或猜测。

"精"指纯净的米，即优质的好米。好米通常会色泽发亮，即"精华"。

"菁"指韭菜花。"韭"与"久"音象相通，有生生不息之意。"菁"即青青韭叶丛中的一簇白花（菁华）。其中，"艹"有丛生之意。

"箐"指竹子丛生。"竹"有丛生之意，"箐"指竹子丛生，郁郁葱葱。

"蜻"即蜻蜓，其中"虫"表示昆虫，"青"表示初生的植物，即植物的末梢。"蜓"有挺立之象，指蜻蜓有挺立在植物末梢的习性。例如，"小荷才露尖尖角，早有蜻蜓立上头"。

"静"（靜）的金文字形为，其中"青"由"生"与"井"构成，表示矿井里生产的像小草初生一样颜色的颜料，即丹青；"争"表示争抢、抢先；合起来为颜色抢眼之义，即颜色鲜明，容易辨别。颜色容易辨别，就不会混淆，争吵会很快平息，回归安静平和。"静"字本身也包含了一对阴阳，即争与不争的辩证关系。

"靛"指靛蓝色，即青色或黑色的染料固定在衣物之上形成的深蓝颜色。

五十、反——翻转之象

图 4-13 "反"的甲骨文字形和金文字形[1]

---

[1] 李圃. 古文字诂林（第 3 册）[M]. 上海：上海教育出版社，2004:423.

"反"的古文字形中"厂"像崖壁之形，表示以手攀崖，自下而上越过障碍，有翻转之象。

"返"表示行走方向（辶）的翻转，即返程。"舨"指往返于大船之间或大船与码头之间的小型交通船。

"贩"表示货物与金钱之间的形态转换，即先用钱（贝）来买货（贩运），然后出卖货物来盈利（贩卖）。

"饭"的古文字形为🉐，左边的"食"为盛放食物的食具，"反"表示要不断重复拿取食物进食。

"扳"代表用手用力地翻转，比如扳倒等。

"叛"中的"半"表示分离、分开，原来是内部的"自己人"现在反过来成为敌人，即通常所说的"反水"。

"板"表示圆木劈开一分为二，被分为两半的部分原来是一个整体，彼此相对，劈开后两个半片通过翻转彼此分离，呈现出一个平面的形状。"版"与"板"音象相通，指劈开的木片。"钣"指金属板。"粄"指用米制作而成的片状的糍粑。"瓪"指像板子一样、弯曲程度较小的片状瓦。

"坂"指斜的土坡。因为坡道倾斜，物体在坡道上会滚动翻转。

"畈"指通过翻土、整理后形成的成片的田地，像"板"一样平整。

"皈"与"归"音象相通，指返璞归真，"白"有朴素、本真之象。

第五章
形声造字及其思维特征

五十一、肖——消减之象

图 5-1 "肖"的篆体字形

"肖"从图像上看,上面是"小"或"少",下面是肉的形状。"小"指沙粒或尘土形状,表示细小。"少"同"沙",指像沙子一样分散的东西。一个东西分散得越多,就越小、越少。

"肖"从直观上来看,就是肉变小了或变少了。古人的生活经验中,肉块儿晾晒久了或者煮熟后都会缩水变小,看起来还是原来的形状,但确实比原来的小了一些。这就是"肖"。有意思的是,笔者发现很多有名的老字号卤肉店、肉夹馍店都是"肖记"。有可能"肖"姓与煮肉有关。西北少数民族属于游牧民族,以牛羊肉为主食,有很多肖姓的人起源于此。

肖主要有两种含义:一是像,比如肖像、惟妙惟肖。腊肉、卤肉与原来的肉块形状还是非常相像的。关于十二生肖,人们普遍认为人和对应的动物属相有相似之处,比如属老鼠的人比较机灵,属牛的人比较踏实。不肖指子女不成器,跟其父母一点都不像。虎父无犬子,就是指子肖其父。而"不肖子孙"就是形容家族中出了"败类",败坏家族门风,跟家族里的大多数人都不是一类人。二是变少、变小,有衰退之义。当然,"肖"的侧重点还是变小、变少。

关于"消"字,还是回到生活经验,古人发现雪、冰随着温度的升高都会慢慢变少，直至最后全部化成水，原来的东西就"消失"不见了。消灭指让东西消失或从有到无。类似地，"销"就是金属比如铁块儿在高温下融化成铁水。后来，因为金、银等贵金融作为货币使用，就有了货币结算的"销账"说法。"硝"指像石块一样的芒硝放在水里就会消融，而结晶后像石头一样。作为中药，它有消肿软坚即软化肿块的作用，所以与"消"同义。

"消"字与"解"字经常连用。"解"字的甲骨文字形是，指用手把牛角从牛身上取下来，为解牛之象。《庄子·庖丁解牛》中"动刀甚微，謋然已解，如土委地"描述的就是把牛"分解"开来的情形。通俗地说，"解"就是大卸八块。山西省运城市盐湖区西南有一个解州镇，传说这里就是蚩尤战败被杀、大卸八块的地方（"逐鹿"即"涿漉"，最初指的是抢夺盐湖资源）。"蟹"有八只脚，对应分解之象。解冻有冰块消融之象。溶解指在水里消融不见。

"梢"指树枝越到末端，就会越来越细，所以叫"树梢"。"稍"指禾苗的尖端比较细小，即"稍微"，甚至可以忽略不计。用作时间概念有"稍等""稍事休息"等。"屑"字中的"尸"代表人的身体，人体最末端皮肤的细小分泌物就叫皮屑。纸屑跟皮屑的形状有相似之处。

"削"指用"刀"来削皮，比如水果削完之后就会"小"了一圈。削弱指实力或财力渐渐变弱。剥削指被剥削的对象逐渐变得越来越贫穷、弱小。"峭"指山的顶部变尖变细，山势险峻如刀削一般，如"悬崖峭壁"。"峭"与"翘"音象相通。

"宵"指屋子里的亮度慢慢变小，光线越来越暗，这就是到晚上了。洞房花烛夜叫"春宵"。夜里吃的东西叫"宵夜"。"宵禁"就是夜晚禁止出门。"元宵节"是农历正月十五，即新年第一个月圆之夜。春节联欢晚会最后的音乐一般都是《难忘今宵》，即表示难忘这个美好的夜晚。

"霄"指高空中细小的雨珠。雨珠、雨滴越接近地面，因为重力作用就会越大，反之，越是在高空就会越细小。霄的位置就是高空。古代道家认为有九重天，九霄就到云层之外了，即"九霄云外"；"凌霄宝殿"就是指玉皇大帝的天宫在九霄云外更高的地方。凌霄花是一种藤本攀缘植物，善攀爬，名字取的就是高空之象。

"鞘"指用皮革做成的刀剑的外套。刀剑入鞘，原来的锋芒就收藏变小了。鞭鞘就是拴在鞭子末端的细小皮条，是鞭鞘的部分。

"悄"指动作和声音都变小，悄无声息、小心翼翼的样子。例如，在图书馆里，读者都安静地看书学习，不敢喧哗，因此整个环境就显得静悄悄的。

"俏"指人小巧精致，模样就像精心雕刻的形状（与"削"音象相通）。俏皮形容人小巧灵活又顽皮好动。

"哨"指吹口哨时口型要缩小，以增加气体的振动量。

"捎"指人顺便捎带的东西，一般体积不会很大，比较小，用手（手掌）就可以拿着了，即俗话说的"巴掌大"的东西。

"逍"中的"辶"表示走路、出发，人越走越远，从视觉效果上来看身形越来越小，给人一种置身事外的感觉。神仙"跳出三界外，不在五行中"，说不见就不见了，给人一种逍遥的感觉。

五十二、易——阳光之象

图 5-2　"易"的甲骨文字形和金文字形

万物生长靠太阳。上古神话"夸父追日"，象征着人们对光明、对世界本源（真理）、对生命永恒的不懈追求。"是"字上面为"日"（太阳），下面为"止"（脚步），即为夸父追日之象。太阳崇拜也是中华民族的原始崇拜。

"易"的甲骨文字形中日（太阳）在上，"下"指太阳从空中照耀大地。"阳"是生命的能量，是"热"，是"光"。篆体中加了三撇，表示太阳照射的光线。这是一幅"太阳当空照"的画面。有了太阳，万物自然容易生长（变化），因此"易"也表示容易和变化（还有一种通用的解释是"易"由"日"和"月"组成，表示日月交替变化）。"锡"指熔点低，容易融化的金属。蜥蜴俗称"变色龙"，身体皮肤会随周围环境而变化。

"阳"（陽）字中的"阜"为突起的山坡，阳光（易）照射在山坡上，表示明亮。山的南面是向阳坡（山的北面是背光坡），南面的日照比山北面充足，所以山南谓阳。例如，衡阳这座城市就是在南岳衡山的南边。

"场"（場）字表示阳光照射在空旷的土地上，没有遮挡。这块空地因为阳光充足，通常是多功能的，可以当扬麦、晒谷的农场，可以当演出、杂耍的"剧场"，等等。

"杨"（楊）指这样一种树，容易种植、生长快，枝繁叶茂。树木繁茂的枝叶接受阳光照射，在树荫下的人们则享受阴凉。这种遮蔽阳光的树就是"杨树"。

"汤"（湯）指热水，即像晒太阳一样让身体暖和的水，因为水在太阳照射下温度会逐渐升高、变热。"暖"（煖）字中的"爰"即"援"，太阳光或者火（火也是太阳能的一种转化形式）来"帮忙"，人自然会感觉到温暖、光明、明亮。"温"（溫）字的甲骨文字形显示的是一个人在器皿中洗澡的情景，四点水表示不断上升的水蒸气，人被水蒸气所笼罩（篆体写法看起来像一个"囚"字），表示水是加热过的温水。我们平时喝的"汤"一般都是指热汤，包括米汤、鸡汤等；浴室也叫"汤池"；中药也叫"汤药""汤剂"，常见的有桂枝汤、麻黄汤、大小青龙汤等，"汤者荡也，去大病用之"，寓意汤药有"扫荡"的功效，能把病痛一扫而光。《论语·季氏篇》中有一句"见不善如探汤"，意思就是见到不好的人或事，就像把手伸进开水里面一样难受。成语"赴汤蹈火"与"水深火热"相对应，也是用热水来象征困难的处境。

"烫"（燙）字中"汤"本身就是热水，这种热的程度人可以接受；但是如果再加火烤，就会变得炙热难忍而导致产生痛觉（灼烧感）了。

"荡"（蕩）字中的草字头表示水草茂盛。水面白天受阳光照射，水温适宜，人们通常会在这里洗澡，比如"芦苇荡"。因为地方隐蔽，有的情人会在这里幽会，所以衍生出"浪荡""淫荡"等说法。

"扬"（揚）字的甲骨文字形为。"万物生长靠太阳"，农业社会对太阳的崇拜非常普遍。太阳高高在上，下面跪坐着的人形举起双手面向太阳，这种向上举起双手的动作勾勒的是一幅赞颂太阳的场景。例如，在太阳光的照射下，可以看到微小的灰尘是向上飞的，叫"尘土飞扬"；"表扬"时对人的称赞通常是往"上"拔高的；"其貌不扬"说明长相实在太一般，别人找不到夸奖的地方（亮点）。

"畅"（暢）字中的"申"表示伸展。热胀冷缩是普遍的物理现象，以人为例，天寒地动时手脚会不由得想缩作一团，而春暖花开或者天气暖和（阳光照耀）时，气血通达四肢，身体会本能地舒展开来。例如，寒字从字象上来看，下面两点表示寒冰，"十"字符号为稻草。天寒地冻，人缩在屋子里面用稻草盖在身上以抵御寒冷。冬、冷皆为寒冰之象，表示缺少阳光，要等春暖花开、阳光普照时方能缓解。"煦"字通"昫"，其中"句"通"勾"，表示使相互连接的东西分开。太阳、火的热能可以使冻在一起的东西解冻之后变软分开，表示温润。另外，身体的舒畅、心情的舒畅、道路的畅通都表示能量的自由流动，没有郁结、瘀滞或堵塞。俗话说"人逢喜事精神爽"，喜字中"壴"为牛皮鼓的形状，"口"表示喜乐，敲鼓有振奋精神之象，可以使人心情舒畅、心态阳光。嘉字中的"加"表示用"力"敲鼓，精神状态更为积极，心情更为舒畅，与嘉宾、嘉奖等意象有关。

"肠"（腸）字中的"月"表示肉，指人的身体，肝、脾、肺、肾、胃等身体器官都带"月"字部首。食物（动植物等）中蕴含的能量的最终来源都是太阳，而食物能量的消化吸收主要是在弯弯曲曲的小肠内进行，也就是说太阳的热量在肠道内被转化为人体所需要的能量。从生活常识来看，消化吸收功能好的人气血比较充足，即使在寒冷的季节手脚也是比较暖和的，也就是说很好地"吸收"、转化了太阳的能量；反之，就会畏寒怕冷。另外，人体动能（也可以叫做"太阳能"）充足的话，肠道的蠕动是比较有力的，可以及时有效地从食物中"取其精华、去其糟粕"，排便也会比较通畅（参考"畅"）。从音象上看，"肠"与"场""长"相通。肠道是吸收营养的场所，通"场"；肠道弯弯曲曲，在所有脏腑器官中是最长的，通"长"。

五十三、夂（支）——打理之象

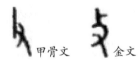

图 5-3　"夂"的甲骨文字形和金文字形[1]

---

[1] 谷衍奎. 汉字源流字典 [M]. 北京：语文出版社，2008:78.

"攵"（pū）与"攴"均为以手持棍的形象，表示敲打，与"扑"音象相通。"攵"由"攴"简化而来，其中一撇"丿"表示向下、向内、阴柔等，指轻轻敲打或做出敲打之势，主要目的不在于惩罚，更多的是通过威慑作用使人就范，进而达到目的，有打理、治理之象。

"鼓"的左边为一面立起来的鼓的形状，右边的"支"其实是"攴"，表示手拿鼓槌击鼓。鼓的作用在于鼓舞士气，即通过敲打来振奋人心。

"放"中"方"的甲骨文字形 ⿱ 在人的颈部位置加一个代表枷械的指事符号，表示披枷的罪人；"放"再用"攵"突出将罪犯驱赶、流放的含义。"牧"表示放牛、放羊，即用鞭子驱赶着牛羊吃草，后来逐渐也有了管理、治理的含义。

"敕"中的"束"表示用绳子把木柴捆起来，有约束之意；"攵"表示不遵守约束就要受到敲打等惩戒；"敕"指自上而下的命令、告诫等。白居易的《卖炭翁》中有一句诗，"手把文书口称敕，回车叱牛牵向北"，这里的"敕"就是指皇帝下的命令。"敕"与"饬"音象相通。"整"表示通过约束（束）、惩戒（攵）等手段使秩序恢复正常（正），比如整理物品、整饬军务等。类似地，"政"也是表示按照一定的秩序、规则来加以治理。

"教"的甲骨文字形为 ⿱，表示手持教鞭（攵）教小孩子（子）学习算筹（爻）。"孜"则表示小孩子手拿算筹（枝条）努力学习。"教"中的"孝"与"效"音象相通，指通过榜样示范（德高为师、身正为范）作用让学生有效仿的标准，即上行下效。"教"即手持教鞭施行教育、教化、教导等。"教"与"校"音象相通，指"校正"人不端的思想、行为，长其善、救其失，教导学生走正道。"改"的甲骨文字形为 ⿱，其中"己"为一个跪着的小孩子的形象，"改"表示手持棍棒来训诫犯错的小孩子。"教"主要是侧重不断强化、重复正确的行为；"改"则侧重通过惩戒使错误的思想或行为减少乃至消失。

"敬"的金文字形为 ⿱，其中"苟"的字形为 ⿱，是一个低眉端坐的人，表示恭敬、驯顺之义；"敬"表示手拿棍子教育或训诫人，而被教育的人诚心接受训诫。"警"表示用言语告诫，以起到警示的作用。

"娄"的繁体字为"婁"，其古文字形 ⿱ 像一个女子环抱双手将婴儿（囟）搂入怀中的样子，与"搂"音象相通。但"数"（數）中的"娄"与

"屡""缕"（千丝万缕）音象相通，表示很多的意思；"数"表示通过敲打木槌来计数，即点数。

"故"表示通过一定的手段（攵）使人做事，与"雇"音象相通，与"做"意象相通。

"敢"的金文字形为🔲，表示用手抓住野兽的尾巴。类似地，"毅"的金文字形为🔲，表示用手拿棍棒不断击打野猪（豕）的样子。

"散"的金文字形为🔲，其中"林"为麻，"散"表示用棍子敲打（攴）麻秆，使麻皮与麻秆（"月"表示"肉"）分离，便于剥下麻皮制作麻线。

"救"中"求"的甲骨文字形为🔲，为带毛的兽皮形状，用其做成的衣服为"裘"，这里指带毛的野兽。"救"的小篆字体为🔲，表示用手欲抓带毛之野兽而请求帮助或支援，即有求而救。

"收"的战国文字为🔲，其中"丩"像草相互缠绕纠结，指捆绑；"收"指手持器械（攵）将犯人拘捕（丩）。

"敵"（敌）的金文字形为🔲，其中"帝"为约束之象（参见"辛——束缚之象"），"敵"即通过武力威慑（攵）使对方不敢开口，"敌人"即被打击的对象。"寇"则指手持器械（攴）入侵到房子（宀）里的坏人。

"攻"中"工"的甲骨文字形为🔲，指土木建筑用的夯，这里表示城墙，"攻"即手持器械攻占城墙，攻城略地。

"赦"的金文字形为🔲，与"舍"音象相通。其中，"赤"是"火"古文字的变形，甲骨文字形为🔲，从"大"、从"火"。"赦"指免除罪犯应得的火刑，表示不再追究或停止迫害。

"声"（聲）的甲骨文字形为🔲，指手持鼓槌敲打（殳）悬磬（古代的一种打击乐器）所听到（耳）的声音。

"敝"的甲骨文字形为🔲，指用树枝敲打（攴）破旧的衣物（巾），零星的小点表示衣物上的破洞或者敲打时飞扬的灰尘。"敝"指破旧，比如"敝帚自珍"，有隐藏之象。"蔽"指把破旧的地方遮挡起来，就像小草能遮挡地面一样。与之相反，"敞"则表示把地方展平使其开阔或者把事情摊开使其显露出来，有敞亮之象。

"枚"的金文字形为 ![], 表示以手持斧砍树（干），指树干，与纸条相对。因为一棵树只有一个树干，所以"枚"也用来表示数量。比如，一枚果实就是说该果实只有一根果柄，这里的柄就类似于树干。清朝著名诗人袁枚字子才，这里的"枚"就是才干（树干）的意思。

"敛"的秦简字形为 ![], 其中"佥"（僉）表示把众人合拢在一起，"敛"就表示通过一定的手段聚拢钱物，有收敛之象。

"敷"中"甫"的甲骨文字形为 ![], 指田里新长出的禾苗；"方"指稻田四方；"敷"即在田里插秧，使禾苗均匀地分布在稻田里。这里的"攵"指手中拿的是弯弯的禾苗。例如，"敷药"就是把药均匀地涂抹在病患处。与"敛"相反，"敷"有平铺之象。

"敦"的金文字形为 ![], 其中"享"表示用牛羊等祭品祭祀。"敦"是春秋战国时期常见的一种盛粮食的器具，用以盛黍、稷、稻、粱等，形状一般为三短足、圆腹、有盖。这里的"殳"表示手拿盛粮食的器具。"墩"表示平地上的土堆，与"蹲"音象相通。

"敏"的甲骨文字形为 ![], 指成年女性（母）动作娴熟地以手持梳（殳）打理自己的头发。

"攸"的甲骨文字形为 ![], 金文字形为 ![], 表示人以手撑杆（卜）小心过河（氵）的样子。"悠"表示在河中行进时悠然的心理状态。

"启"（啓）中的"户"为一扇门的形状 ![]（"門"的一半），加"口"表示用言语启发、引导，就好像用手为人打开一扇门一样。

"致"的甲骨文字形为 ![], 其中"至"表示到达，"攵"为一人手捧物品，表示东西送达。

五十四、厶——隐私之象

图 5-4　"厶"的甲骨文字形和金文字形[1]

---

[1] 谷衍奎. 汉字源流字典 [M]. 北京：语文出版社，2008:16.

"厶"的甲骨文与"以"通用，像在胞衣中头朝下、尚未出生、不明性别不明模样的胎儿。而"了"是刚出生的、性别确然可辨的幼婴；"子"是挥动两臂、两腿包裹在褓褓中、尚不能独立活动的幼儿；"大"是顶天立地的成年人；"人"是双手采摘或在地里忙活的劳动者。古代没有B超，胎儿隐藏在母腹之中，人们用肉眼是无法直接看到、无法知晓其模样的，是一种绝对的隐私。与"私"音象相通。

"私"是指自有的粮食（禾）、土地和财产，与"公"相对。其中，"八"表示分开、分离。胎儿出生之后，样貌、性别等信息就公开可见、广为人知了。

"台"的金文字形为，其中"口"指胞衣。"台"指怀胎，与"胎"音象相通。"始"表示女子怀胎，这标志着新生命开始孕育，也代表着女子作为母亲身份的开始。

"去"的甲骨文字形为，"厶"指的是洞穴的出口（也是入口），表示"人"离开自己的洞穴（厶）。一般而言，要离开的地方是自己熟悉的地方，要去的地方是陌生的、未知的环境。"怯"表达的就是"去"的心情。"去世"就是离开人世。"出"的甲骨文字形为，与"去"都表示出去、离开。

"垒"中的三个"厶"指层层摞起来的石块，与"磊"音象相通。"垒"的作用在于通过用土石来构筑防御工事，保护自己人（私）。

"厷"的甲骨文字形为，其中"厶"像手臂上肌肉隆起的形状，即肱二头肌，这个类似孕妇肚中有胎儿的隆起形状。"肱"即大臂；"弘"表示大臂肌肉绷紧用力拉弓。"雄"指公鸟，即强壮有力的雄性。"宏"的金文字形为，像很深的洞穴，说话会有回声；"宏"指房屋（宀）深广，屋内说话发出的回音。"泓"指水从很深的地底冒出来，比如"一泓清泉"。

"能"的金文字形为，为一只熊的象形。其中，"厶"指熊的大耳，"月"指熊的长嘴。"熊"与"雄"音象相通，指强壮有力。

五十五、曾——叠加之象

图 5-5 "曾"的甲骨文字形[1]和金文字形[2]

"曾"的金文字形 为做饭用的蒸具——甑。这种炊具就像现在的蒸笼，中间有孔，水蒸气从上面冒出来。上面的"八"为水蒸气，中间的"田"为带孔的笼屉（箅），下面的"口"为蒸锅。就像蒸笼一样，甑中之箅将蒸锅隔为两重，"曾"就有叠加、多重的意思。

"层"（層）中的"尸"为人形，本来表示祖孙关系之外的又一重祖孙关系，比如表示隔代亲子关系的曾祖父、曾孙等。后来"层"指人住的房屋上下分层，房屋的叠加为"楼"。

"赠"（贈）从直观上看为象征钱财的贝壳一层一层叠放起来，表示贵重的礼物。

"增"指土块一层一层垒起来，即垒土为"增"。

"憎"指心中像有土块一层一层垒起来，这是一种防御的心理反应，以应对讨厌的或不想见的人或物。

"蹭"指走路的时候两只脚像叠加在一起一样，有困顿不前之象，例如"磨蹭"。

"僧"指出家人，即曾经的身份是普通的俗人，即过去与现在的双重身份。类似地，"仙"与"俗"是指高（山）下（谷）境界不同的人。

---

1 于省吾. 甲骨文字诂林（第 3 册）[M]. 北京：中华书局，2018:2123.
2 李圃. 古文字诂林（第 1 册）[M]. 上海：上海教育出版社，2004:626.

五十六、术——分叉之象

图 5-6　"术"的甲骨文字形和金文字形[1]

"⺄"是手的形状，"丶"表示手指中分叉的地方，"八"表示分开，因此"术"有分叉之象。"术"的繁体字为"術"，其中左右两边的"行"表示道路的分岔口；在分叉的路口要选择一条道路前行，这里的"术"表示选定的方向（门路、技艺、职业等）。

"述"指顺着一条道路前行（辶），即遵循之意。这里的"术"指从分叉道路中选取一个方向。

"秫"指高粱。"禾"表示高粱与水稻形状相似，一撇"丿"表示下垂的穗子。"术"表示高粱分叉的形状。

"怵"指内心有很多不同的想法（分叉），但不知何去何从，表现为害怕、畏缩，侧重外在行为表现。"忒"指心思细密，会考虑到很多种不同的可能，侧重内在心理活动。

"杀"中的"㐅"符号表示砍断、砍掉，"术"指四肢（手脚就像身体躯干的分叉），"杀"就指砍断手或脚。"刹"中"刂"表示用刀来砍掉四肢，以动作迅速来形容时间短暂。

"訹"（xù）指语言偏离正常的沟通交流的正道，走上歧途（分叉），或为威逼、恫吓，或为利诱、诱惑。

"沭"为水名，源于中国山东省，流经江苏省入新沂河，"术"表示河水的支流、分叉较多，沟渠纵横、湖荡众生。

"烑"（zhú）形容烟出的样子，指"烟"是"火"的一缕分叉。

"鉥"（shù）指用针从事精细复杂的动作，表示针刺的技艺。

---

[1] 谷衍奎. 汉字源流字典[M]. 北京：语文出版社，2008:140.

下篇

文化意象

第六章

中国文化中的心象思维

心象思维是指以"象"（自然形象、具体物象、表象、意象、想象等）作为思维符号或中介，通过比类、转化、体悟等心理加工程序来认知世界、寄托情感、表达意境的一种思维方式，其在中华文明的发展与传承中占据了至关重要的地位，在易学、哲学、天文学、堪舆学、农学、中医、武术、汉字、建筑、书法、绘画、篆刻、音乐、文学等各个领域均表现出了鲜明的心象思维特征。

（一）观物取象

作为中华群经之首，《易经》指出："古者包牺氏之王天下也，仰则观象于天，俯则观法于地，观鸟兽之文与地之宜，近取诸身，远取诸物，于是始作八卦，以通神明之德，以类万物之情……拟诸其形容，象其物宜，是故谓之象。"古代圣人通过取象自然来格物致知。八卦的"卦"通"挂"，意即卦象就像挂在墙上的一幅幅图画，一目了然。易象中最基本的符号是阳爻和阴爻，"—"象阳、象天、象君、象父、象君子、象男人（男根）、象刚、象健、象动等，"--"象阴、象地、象民、象母、象小人、象女人（女阴）、象柔、象静等。八卦则分别取自然物象、家人之象、身体之象、动物之象、天象、时间、方位、色味、病象等。

表6-1　八卦取象示意表

卦名	乾	坤	震	坎	艮	巽	离	兑
符号	☰	☷	☳	☵	☶	☴	☲	☱
自然象	天	地	雷	水	山	风	火	泽
家人象	父	母	长男	中男	少男	长女	中女	少女
身体象	首	腹	足	耳	手	股	目	口
动物象	马	牛	龙	猪	狗	鸡	雉	羊

以离卦（☲）取象为例：离为火，火苗外焰因与氧气充分接触温度最高，而内焰因氧气不足而温度相对较低，呈外实内虚之象；动物方面，鳖、蟹、蚌、龟等均外壳坚硬而内部柔软，属外刚内柔之象；以食物为例，蛋类、坚果外有硬壳，内为蛋汁、果肉，也属离卦之象，与桃子、樱桃等外柔（果肉）内刚（果核）的坎卦（☵）之象相对；再以交通为例，城市车行道两边为白色实线（与非机动车道隔开），中间为虚线，也是离卦之象，离者丽（光明）也，代表在明确规则下各行其道。八卦排列组合，六十四卦便可拟象世间万物。以鼎卦为例，卦象上离（☲）下巽（☴），木风生火，象征烹饪的金属器皿"鼎"。鼎卦之前是革卦，下离（☲）上兑（☱），离为火、兑为泽（有水），水在上而下浇，火在下而上升，火旺水干，水大火熄，水火相克，必然要变革。而有了"鼎"之后，鼎内盛水以火烹饪，则水火从冲突、搏杀到和谐、共生，故有"革故鼎新"之说，鼎也因其稳重之象成为国之重器以至衍变为权力的象征（如"问鼎中原"）。

图 6-1　鼎卦示意图

（二）取象比类

上古神话中，盘古劈开混沌创造世界。死后，他的双眼化作日月，血液变成江河，肌肉变成土地，筋脉变成道路，汗水变成雨露，毛发变成草木，头与四肢化作五岳山川。《黄帝内经》也把人与自然类比："天有风雨，人有喜怒；天有雷电，人有音声……天有冬夏，人有寒热……此人与天地相应者也。"显而易见，古人观的是天地，比类取象的是人身，体现了天人合一的心象思维。

中医藏象理论把人体功能分为心、肝、脾、肺、肾五个系统。心属火，主神明，像天上的太阳，为一身之君主，所以中医心理学认为心病可致身病，如典故"杯弓蛇影"；肺属金，所主之气周流全身，起营卫作用；脾属土，主运化；肝属木，草木喜欢柔顺与通达，所以经常压抑的人在脉象（弦脉）、面象上就会有明显的肝郁症状；肾属水，主生殖孕育，像自然界的水一样"水生万物"。在内经全息理论中，身体的部分可以象征整体，如脸部的两眉毛像肩，眼像乳房，鼻子像躯体，在一个人脸上可看到其全身之象（如疾病），这也是面诊和江湖上《应痣歌》的理论基础。

  在中医实践治疗中，也有许多取象疗法。比如，作为一种生活现象，水壶的壶盖上有个小气孔，如果小孔被塞住，壶内的水就倒不出来了，把壶盖打开，就可使水流如注。中医学认为，在人体内，肺的位置最高，就好像一个盖子（肺为"华盖"）。上面的盖子塞紧了，上下气机不调畅，下面的水液滞留体内，从而形成水肿、小便不利甚至大便闭塞之症。所以，只要宣通肺气，肺气肃降，气机通畅，就能使水液通利、二便通顺。这种"提壶揭盖"之法表现出了非常典型的心象特征，就是用打开壶盖放进空气，以利于壶中水从壶嘴畅快地流出的形象，来说明使用宣肺或升提方法通利小便的一种取象，故有"医者意也"的说法。另外，中医治疗理论中还有很多取象于行军打仗之兵法的治疗原则，感兴趣者可查阅《金匮要略》等典籍。

  在中药药性方面，比类取象的例子俯拾皆是。以根入药，其药性多升发上行，如升麻提升中气；以种子入药，其药性多下行收藏，如五味子收敛肾气；以花入药，其性多散发，如菊花可散头目风邪；藤类入药，其象人身之经络，药性多通络活血止痛，如鸡血藤。在象"形"方面，百合像"心"而养心安神，荔枝核、吴茱萸、橘核像男性睾丸而用于治疗疝气，人参像人形而补益五脏六腑形体百骸，等等，而且这些比类取象的药效在临床实践中得到了验证。以中药"陈皮"为例，广陈皮被誉为广东三宝之首，理气功效出众，但陈皮为什么越"陈"越好？按照取象比类，橘子之皮，形似毛孔，为人身玄府（身体毛孔、九窍等通道）之象。新鲜的橘皮多油，挤之射液，反而有玄府壅塞之象。橘皮陈干，待孔洞之油尽去，玄府尽开，毛孔尽透，方有理气之功效。陈皮愈陈，孔愈开尽，且佐以柴烟相熏，六年之上，方谓陈皮。"若宽胸理气，必六年之上陈皮，愈陈愈金，是以谓之陈也！"陈皮本来理气，但是若用鲜品橘皮，不仅不理气，反有闭气之作用，比如盗汗自汗者，可和营卫中，加新鲜橘皮以止汗出。

（三）景象寄情

王国维在《人间词话》中指出，"昔人论诗词，有景语、情语之别，不知一切景语皆情语也"，王夫之在《姜斋诗话》中也说过，"情景虽有在心在物之分，而景生情，情生景，哀乐之触，荣悴之迎，互藏其宅"，可见在古代文人心中，景象本身就是情景交融之象，情与景不可分离。所谓"诗情画意"，是指诗画在景象描摹中蕴藏着感情意象的表达，而读诗者或赏画者在观赏景象的同时会通过原型激发或者心理投射产生或体悟到与作者类似的情感体验。譬如，贺知章在《回乡偶书·其一》中写道："少小离家老大回，乡音无改鬓毛衰。儿童相见不相识，笑问客从何处来。"宋之问在《渡汉江》中也提到，"近乡情更怯，不敢问来人"。这里的返乡景象对游子而言最易激起情感共鸣。诗词中还常见"物是人非"的景象：《回乡偶书·其二》中的"离别家乡岁月多，近来人事半消磨。惟有门前镜湖水，春风不改旧时波"，崔护《题都城南庄》中的"去年今日此门中，人面桃花相映红。人面不知何处去，桃花依旧笑春风"，刘禹锡《乌衣巷》中的"朱雀桥边野草花，乌衣巷口夕阳斜。旧时王谢堂前燕，飞入寻常百姓家"等等，以景象描摹呈现了斗转星移的沧桑感。即使是无"人"出现的"无我之境"，景象中依然有"情"："千山鸟飞绝，万径人踪灭"有静寂情象，"采菊东篱下，悠然见南山"有隐逸情象，"寒波澹澹起，白鸟悠悠下"有闲暇情象，"明月松间照，清泉石上流"有清新情象……景象之中，已无主客之分、情景之别，而是情景合一、物我两忘。"象"成为融合自然之景与个体之情的媒介与载体，有象则有意境，有境界则自成高格。无论是以我观景的有我之象（"泪眼问花花不语，乱红飞过秋千去"），还是以物观物的无我之象（"木末芙蓉花，山中发红萼。涧户寂无人，纷纷开且落"），均像"寓言故事"一样"寓情"、寄情、传情。

（四）立象会意

《易经》指出，"圣人立象以尽意"，理因象明。"意"与"象"通常相互融合、整体混成，"象"起着中介、载体作用，通过"立象"是为了更好地表明"心意"，而"得意"之后可以"忘象"，可以"得意忘形""得鱼忘筌"。《易经》乾卦以龙为象，通过描述"潜""见""跃""飞""亢"

等状态来揭示事物发生、发展和衰亡的规律，这里的龙是虚拟之象，而对规律的感悟才是立象的目的。道家典籍《周易参同契》通篇运用婴儿、姹女、黄婆、铅汞、安炉立鼎等意象来阐释金丹大道。受道家思想浸润的太极拳在拳架和拳理上也多立象会意。《太极拳谱歌诀》中有句练拳总则"意气君来骨肉臣"，武禹襄解释为"心为令，气为旗，神为主帅，身为躯使"，用君臣之象来说明内家拳意气为先、"意气用事"的拳理。在拳架设计上，"白鹤亮翅""退步跨虎""倒撵猴"等招式也是用动物之象来阐释功夫之用。即便是外家拳，如螳螂拳、鹰爪拳、猴拳、醉拳等功夫也都体现了鲜明的象形特点。

佛教思想也经常设象喻理。《金刚经》指出，"汝等比丘，知我说法，如筏喻者；法尚应舍，何况非法"，说明佛法只是河中的船筏，渡河达到彼岸（梵文 paramita，音译作"波罗蜜多"）后就应舍弃船筏，否则便无法登岸。这里的"筏喻"之象，是为了表达"舍法"之意，教修行者不要执着于"空"等名相，因为"凡所有相，皆是虚妄"。禅宗故事中达摩祖师一苇渡江的典故其实也是用"一苇"之象来说明到达彼岸的般若智慧，即弃船登岸，莫要留恋或执着于苇、船、法等名相或表象，因为"一切有为法，如梦幻泡影"。

象以载道，中国文化中有大量"以象化人"的典故、谚语。比如，"一个巴掌拍不响"用击掌之象来表达争吵双方各有过失之意；童谣《两只羊》"东边一只羊，西边一只羊，一起来到小桥上，你也不肯让，我也不肯让，扑通掉进河中央"用二羊过桥之象来表达"退一步海阔天空"之意；而"千里送鹅毛"则用轻（鹅毛）重（千里）之象教人透过礼物表象领会真情实意。习近平总书记在讲话中也善于取象，比如用"益智补脑"来强调学习，用"缺钙""软骨病"来形容理想信念缺失，用"鞋子合不合脚，自己穿了才知道"的鞋子之象来诠释发展道路的抉择。习近平总书记在谈及价值观养成时说，"人生的扣子从一开始就要扣好""如果第一粒扣子扣错了，剩余的扣子都会扣错"，用"穿衣扣扣"之象喻做人之理。这些论述鲜活生动，既有感染力，又有穿透力，体现了高超的心象思维与语言艺术。

第七章
传统经典中的意象表征

一、周易卦象的心理意蕴

周易是中国传统文化的价值之源与精神瑰宝，其卦象也是古圣先贤思维模型的浓缩表达。从文化心理的视角来看，周易卦象也是集体意象的直观反映。以八卦而言，乾天象征进取心，坤地象征包容心，震雷象征动机，坎水象征情绪情感，艮山象征清净心，巽风象征兴趣，离火象征认知，兑泽象征需要。本文试从心理意象的视角来解读周易卦象的心理意蕴，为人们理解周易打开一扇生活化的窗口。

1. 乾与自我实现

乾卦由六个阳爻组成，上 ☰ 下 ☰，以龙为象，宛若六条强龙，意在刚健。《象传》云："时乘六龙以御天。"乾卦的心理意象就是自强不息，不断进取，追求卓越。在心理层面上，乾卦代表了自我实现的"意志"，正是因为有这种"意志"，人们才会不断成长，实现心理发展。

2. 坤与包容心

坤卦由六个阴爻组成，上 ☷ 下 ☷，以牝马为象，意在柔顺。《象传》云："万物资生，乃顺承天。"坤卦的心理意象就是厚德载物，尊重生命，关怀生命。在心理层面上，坤卦代表了"大德曰生"的"慈"性（母性），人们在成长、发展的过程中要适应环境、包容环境，表现为爱自己（自我悦纳）、包容他人（宜人性）、天人合一等包容之心。

3. 屯与动机初萌

屯卦上 ☵ 下 ☳，上坎为雨象，下震为一阳初生象，喻天地气交万物萌生，而万物萌生之初，意在囤积。在心理层面上，屯卦代表了动机（震）初萌而情绪（坎）未定，即"喜怒哀乐之未发"的状态。情绪情感会放大、增强内驱力提供的信号，即蓄势待发。卦中多言乘马徘徊之象，是谓不可贸然前行，告诫君子要加强自我修养，端正动机（初心）。

4. 蒙与启蒙

蒙卦上☶下☵，上艮为山为止，下坎为水为险，山前水后之象。大山阻隔，又闻湍流，前路不知，有蒙昧之意；山下出泉，又有开发蒙童之意。在心理层面上，蒙卦象征人初出于世，懵懂无知，其优点在于童真赤诚、心地清净（艮），但在社会中要接受教育来提升自我修养，使情绪情感（坎）以及相应的行为得当，即"发而皆中节，谓之和"。蒙卦的启示在于，启蒙绝不仅仅是认知的启蒙，更重要的是情绪情感的修养，并能时常保持一颗清净平和之心。

5. 需与情绪价值

需卦上☵下☰，云积于天，为天将下雨、待时而动之象。在心理层面上，需卦象征在心理发展与健康成长的道路上，积极的情绪情感具有重要的滋养作用，恰如饮食营养对于身体健康的作用。需卦提示了情商对于自我实现的重要价值。

6. 讼与情绪管理

讼卦上☰下☵，为天降大水之象，象征天水相违，上下相离，在人际层面表示外刚健而内阴险，好与人争讼。在心理层面上，如果说需卦提示了情绪对于自我发展的价值，那么讼卦则提示了情绪的破坏性作用，二者一体两面。情绪的背后是需要，但在追求自我实现的奋斗之路上个体不仅要照顾别人的情感需要，也要呵护自己的情感需求，要避免出现因为利益冲突导致情绪不当或失控的争讼现象，即要做好情绪管理。

7. 师与危机干预

师卦上☷下☵，为地下暗河、暗流涌动之象。在外交层面上，代表国家之间关系紧张，战争一触即发（出师）。在心理层面上，代表一个人外表平静、看似没事，但是内心的情绪情感冲突剧烈，甚至需要危机干预。这种内在的情绪情感冲突单靠个人难以解决，所以兴师动众难免生扰。

8. 比与相安无事

比卦上☵下☷，为水附大地之象，地纳江河，相容相比，亲近比邻。在心理层面上，比卦代表情绪恬淡，内心平和，没有冲突，与人交往中互惠互利，相安无事，犹如比邻。需要注意的是，这种和谐的状态不是自然而然形成的，主要的是心情的合理调节（"九五"的刚健有为、领导有方），维持了清净之心的动态平衡。

9. 小畜与兴趣驱动

小畜卦上☴下☰，为风行天上、和风满天之象，风来云积，草木得助，万物蓄积，故有小畜之意。在心理层面上，小畜卦代表兴趣驱动，可以积小成大、积少成多，其教育意义在于呵护学生的好奇心、求知欲，鼓励兴趣驱动的探索与发现。换言之，兴趣（巽风）是上进（乾天）的最佳助攻，经过蓄积，有望实现"大鹏一日同风起，扶摇直上九万里"。

10. 履与需要层次

履卦上☰下☱，天君而泽民，为天泽有序之象。在心理层面上，履卦对应由低到高的需要层次。心理学家马斯洛将人的需求层次理论由低到高分为生存需求、安全需求、归属与爱的需求、尊重需求、自我实现需求等类型，这些需要有轻重先后之分。卦辞中多用"履虎尾"的意象，提示对待需要、欲望要心存敬畏、有所节制，合乎伦理、规范、礼节，即"所履者礼也"。

11. 泰与意念通达

泰卦上☷下☰，阴上而沉、阳下而浮，阴阳交感，为通泰之象。在心理层面上，泰卦代表意念通达，内有进取之心，心理能量充足，外有和光同尘，能很好地适应环境，代表圆融和谐的心理状态。长期保持这样的状态，一个人会表现出通透、安泰的心理特质。

12. 否与自我封闭

否卦上☰下☷，阳上而浮、阴下而沉，两不相交，为闭塞之象。在心理层面上，否卦代表自我封闭，个人与社会环境脱节，自我中心、自以为是、我行我素，不考虑别人的感受，缺乏共情、同理心，行为表现与环境格格不入，平时孤僻冷漠，但物极必反，极端情况下反而会暴戾乖张甚至表现出过激行为或反社会性行为。

13. 同人与和合

同人卦上☰下☲，天君火臣，号令万众，同心共聚，有聚众之意。在心理层面上，同人卦代表能明辨是非，与人为善，在人际交往中能够求同存异，寻求最大公约数（明理），在团队合作中能够同心同德，与人和同，尽职尽责。简而言之，同人卦代表在明辨是非（离火）基础之上的尽心尽力（进取），这种人格魅力有团聚众人的功用（和合）。

14. 大有与智慧

大有卦上☲下☰，如日中天，阳光普照，如烛高举，光遍八方，有光照之意。在心理层面上，大有卦代表智慧（离火），人有智慧犹如明镜高悬，赤日当空，遍照四野。卦辞中多为丰收盛满之象，象征有智必有得，智慧是美德，德得相通，有智慧的人其内心一定是丰满充盈且精神充实的（大有）。

15. 谦与谦虚

谦卦上☷下☶，为大地含山、山在地下之象。地中含山，外卑内巍，藏而不露，有谦虚之意。在心理层面上，谦卦代表内心清净、性情柔顺，虚怀若谷，有而能谦，高而能卑，持有而不居，德高而不恃，功高而不争。这种谦德是中国传统文化的典型特质之一，早已内化为中华民族的集体潜意识。

16. 豫与犹豫不决

豫卦上☳下☷，雷出地上，有春天来临之象。在心理层面上，震雷代表动机已经出现，坤地代表还处于安静未动的状态，豫卦象征处于犹豫不决的状态，代表预先谋划，暂时不决是为了谋定而后动，这样才能达到"动而顺"的预期效果。

17. 随与内在动机

随卦上☱下☳，雷在泽中，有蛰伏之象，上悦而下动，相随而往，有跟随之意。在心理层面上，随卦代表需要是内在动机，行为的背后是需要，提示要根据需要随时而动，顺时而行。这一卦象对个体的启示在于遵循自己内心的真实想法、真实需要，通俗而言就是"坚持做自己"，而非随波逐流地被环境"异化"。

18. 蛊与迷失自我

蛊卦上☶下☴，为山下拂风之象。外静止而内微动，犹若腐败，看似平静，实际上是内蛊外坏。在心理层面上，蛊卦代表随波逐流，迷失自我（蛊惑），不由自主，看似若无其事，但因为没有自我、没有原则（看似柔顺），很容易同流合污、异化变质。迷失自我的人心理发展往往会出现固着或停滞的现象，这种"静止"其实是停滞，其行为也会表现出"妄作凶"的特点。

19. 临与自我反省

临卦上 ☷ 下 ☱，泽在地下，居上临下，为大地容泽之象。在心理层面上，临卦象征临水照镜，自我反省。这种反省不仅限于认知层面（反省认知），还包括整个心理动力系统，它实质上是个体以自身为对象的反思、体悟，是对自己认知、情感、需要等的自我觉察、自我体验、自我调节、自我修正。这种"临"是一种智慧地向内观照，个体获得的是内心的安宁平和。

20. 观与观察

观卦上 ☴ 下 ☷，为风吹大地之象，有观察之意。在心理层面上，观卦象征以开放包容的心态（坤德）来向外观察、探索。上卦巽风代表兴趣，下卦坤地代表无所不包、无所不容，结合在一起就是自由探索与发现。无论是宏观领域还是微观世界，无论是深海还是外太空，人类总是根据兴趣不断地探索观察，追求真理。

21. 噬嗑与思考

噬嗑卦上 ☲ 下 ☳，外阳中虚如口，下雷动如下齿，齿上一阳如物，为以口咀嚼之象。在心理层面上，与口中嚼物相对应，噬嗑卦象征用心思考。上卦离火代表理性的认知，是一种逻辑性思维活动，而下卦震雷代表直觉的顿悟，是一种创造性思维活动。在中国传统文化语境中，两种思考方式是并行不悖的，没有孰优孰劣之分。

22. 贲与文饰心理

贲卦上 ☶ 下 ☲，红花遍野，饰之于山，为山下火红之象。"贲"是指光亮素色的装饰，卦辞中也多次提到婚媾的文饰。在心理层面上，贲卦象征文饰的心理防御机制，指一个人为了掩饰自己不符合社会价值标准、明显不合理的行为或不能达到个人追求的目标时（艮为止），往往在自己身上或周围环境中找一些看似好听的理由（花言巧语）来为自己辩护，即通常所说的"文过饰非"。这种文饰心理出自个体维护自尊的需要，本无可厚非，但要注意的是文饰不宜掩盖事情的本质（贲之素色）。

23. 剥与心理退行

剥卦上☶下☷，为山体滑坡、山解于地之象，山欲止而不得止，形成危山耸立之势。在心理层面上，剥卦象征退行的心理防御机制，指人们在受到挫折或面临焦虑时，放弃已经学到的比较成熟的适应技巧或方式，而退行到早期生活阶段的某种行为方式，以原始、幼稚、孩子气、大哭大闹等方法来应对当前情景，降低自己的焦虑。这种"我是个孩子"的心理退行是为了博取同情或照顾，偶尔为之无可厚非，但逃避终究不是解决问题的方法。剥卦的启示在于生活应该是一种进步和成长，困难出现时要直面困难并想办法克服它，而不是逃避和压抑消极的情绪。

24. 复与心理弹性

复卦上☷下☳，雷蕴于地中，为阳气来复之象。在心理层面上，复卦象征心理弹性，其中"一阳来复"代表积极的心理能量，比如乐观、希望、幸福感、亲密关系等，这些心理能量是人们应对各种困难、挫折、冲突进而恢复心理健康状态的力量之源和心理资本。拥有较高心理弹性的人在坚韧性、力量性和乐观性等维度上表现较好，心理复原能力较强。

25. 无妄与正直

无妄卦上☰下☳，天健而雷动，为动而刚健之象。在心理层面上，无妄卦象征守正道、行正道，代表正直的心理品质。妄即乱，一个人若能守正而行，纯真坦诚，就不会有太多的心理困惑，行为也不会导致无妄之灾。

26. 大畜与知进退

大畜卦上☶下☰，天在山中，为健而知止之象。内刚健而外知止，物有积聚，其状甚大，故名为大畜。在心理层面上，大畜卦象征知进退，该进取时积极进取，该韬光养晦时低调内敛，进退有度，不断完善、充实自己，积蓄心理能量。

27. 颐与心理养生

颐卦上☶下☳，外阳中阴，形成中虚如口之象。卦辞多与劳作、食饮相关，譬喻养生之道。颐即养，在心理层面上，颐卦象征心理养生，即关注身心健康，注重身心和谐，动静相宜，在动态平衡（震雷）中保持内心的恬淡、安宁（艮山）。

28. 大过与心理疾病

大过卦上☱下☴，巽木为舟，木舟本来是行驶在水泽之上，而出现泽没木舟，代表大梁折损之象。卦象中间坚实而两端虚弱，有折损之势。在心理层面上，大过卦象征非正常的心理状态，比如对什么事情都没有兴趣（巽风），甚至无欲无求（兑泽），死气沉沉，缺乏生机与活力。

29. 坎与欲望

坎卦上☵下☵，重水相叠，以水喻险，为重重险阻之象。在心理层面上，坎卦象征欲望，但欲望太多会导致情感紊乱、精神压力大，有损身心健康，导致个体面临重重困难险阻。坎卦的启示在于一个人要合理调节自己的欲望，太过则不及，还会导致心理疾病（大过卦象）。

30. 离与明理

离卦上☲下☲，上下皆火（光），为光照四方之象。在心理层面上，离卦象征明辨是非，通达事理，有智慧之光。"离"通"罹"，是用罗网（罒）来捕雀（隹）的意象，表示遭遇。明理是一个理想的状态，实际上个体在追求明理的过程中会经历认知失调、情感冲突等熵增阶段，心理冲突犹如战火纷乱、火光通天，这是一种心理层面的"罹难"。

31. 咸与亲密感

咸卦上☱下☶，为山泽通感之象。咸即感，艮少男而兑少女，两情相悦。在心理层面上，咸卦象征亲密感。亲密感是爱情三要素（责任感、激情、亲密感）中"心部"的产物，拥有自然、温和、宽容、持久的感性力量，能够联结代表理性的责任感（脑部）与代表野性的激情（腹部），让两颗心相互依存。其中，兑泽代表本能的需要，即激情，激情加亲密感代表"浪漫的爱情"；艮山代表责任与担当，即行有所止，责任感加亲密感代表"同胞式的爱"。

32. 恒与恒心

恒卦上☳下☴，为雷风激荡之象。震为阳而上，代表雷厉（刚健），巽为阴而下，代表风行（和顺），上下相应，为守常之道。在心理层面上，恒卦象征恒心，指能够树立目标并付出坚毅的努力，内心安静顺和，外雷厉而内风行。

33. 遁与退隐心理

遁卦上☰下☶，为山高天远之象，退避深隐之地，择山林而幽居。在心理层面上，遁卦象征退隐。在适应环境的过程中，个体除了同化与顺应之外，还有第三种选择——退隐，即"跳出三界、不在五行"，置身事外。这种退隐的心理机制也是中国传统文化的典型特质之一。

34. 大壮与自我表现

大壮卦上☳下☰，天雷大作，阳气盛壮，为雷鸣于天之象。在心理层面上，大壮卦象征自我表现，即一个人通过努力展示自己的才华、成绩，通过"成功"、出人头地获得社会的认可。如果说遁卦代表独善其身的退隐，大壮卦则代表兼济天下的努力。

卦辞中多见羝羊触藩之象，表示进退两难，提示一个人自我表现要量力而行，知进退才能不断积累（大畜）。

35. 晋与转识成智

晋卦上☲下☷，为光照大地之象。晋即进，表示生长，光明在上，万物欣欣向荣。在心理层面上，晋卦象征转识成智。智慧建立在知识转化的基础之上，知识在人脑中通过"认识—实践—再认识"的螺旋式进阶方式长期积淀并转化为智慧。晋卦的启示在于，转识成智是一个循序渐进的自我完善过程，教育不能只传授知识，更要注重学生智慧方面的积累与进步。

36. 明夷与无明

明夷卦上☷下☲，为日没地中之象，日落地下，光明夷灭。在心理层面上，明夷卦象征无明，包括错误的认知、不明事理、偏见、固执等，甚至包括良心的蒙昧，这些无明导致了人们对外在世界产生了歪曲的解释，是焦虑、愤怒、贪婪等情绪产生的原因，是"伤身""伤心"的认知之源。

37. 家人与社会支持系统

家人卦上☴下☲，为风火相助之象。卦辞中多言家道与妇女，取妇人持家之意，故名家人。在心理层面上，家人卦象征一个人的社会支持系统。良好的社会支持系统是指个人在社会网络中所获得的来自他人物质和精神上的双重支持，而精神方面的支持最为重要。家人在支持系统中占据非常重要的位置，朋友、同学等在一定意义上也算是"家人"（好兄弟、好姐妹）。

38. 睽与知行脱节

睽卦上☲下☱,火腾然于上,泽流行于下,火泽相违之象。在心理层面上,睽卦象征知行脱节、言行不一,即认知与行为互相背离。知行背离的一个重要原因是个体内心的真实需要被压抑,而知行合一则是致力于把需要变为现实。

39. 蹇与心理挫折

蹇卦上☵下☶,山路崎岖,河水横阻,为山高水险、出行艰难之象,有遇险止步之意。蹇的本义是指足不能行,举步维艰,行且不利。在心理层面上,蹇卦象征挫折,包括压力、阻力、困难、应激事件及其带来的情绪反应。这时候就需要具备"九五"(卦象从下向上数,第五爻为阳爻的称为九五,是君主之位,代表刚健有为、领导有力)刚健有为的魄力,敢于横扫障碍,破除艰险。

40. 解与心理疏导

解卦上☳下☵,为雷鸣雨落之象,代表天地解而雷雨作。在心理层面上,解卦象征心理疏导,即从心理上帮助一个人解困,解除苦恼后身心舒畅,犹如雷雨滋润大地,百木欣欣向荣。卦辞中弓矢田猎(打猎)的意象可以理解为寻找心理症结所在。

41. 损与欲望侵蚀

损卦上☶下☱,为泽没山根、渐腐渐蚀之象。在心理层面上,损卦象征一个人被欲望侵蚀。哲学家叔本华说,人生有如欲望驱逐下的钟摆,摆动在痛苦和无聊之间,欲望得不到满足就痛苦,欲望被满足了就无聊。一个人盲目的欲望越多,得不到的痛苦也就越多,这会带来心理能量的损耗。

42. 益与玩兴

益卦上☴下☳,为风雷激荡之象。风雷相助,其势愈增,故名为益。在心理层面上,益卦象征由兴趣驱动、沉浸其中的玩兴。根据心流理论可知,当个体对某项创新活动感兴趣时,就会完全沉迷其中并享受乐趣。这种专注忘我而充满玩兴的精神有助于打破常规,挖掘新事物,拓展发散性思维和创造性思维,从而有助于实现突破性创新。这里的巽风代表心流,震雷代表创新与发现。

43. 夬与自控力

夬卦上☱下☰，泽满而溢，决堤而出，为大泽滔天之象。夬即决，有大水决堤、分离决裂等意象。在心理层面上，夬卦象征"治水"，即控制、调节、疏导内心的欲望、需要以及外在的行为，代表自控力。上六的阴爻象征"多巴胺陷阱"，就像小白鼠不断拉杠杆去寻求更大刺激，但其实刺激本身不会给它们带来快感，只是它们痴迷于这个过程。面对各种诱惑、欲望，个体必须明确对自己而言真正重要的东西、真正让自己内心喜悦的事物（兑泽），这样行为才有决断力。

44. 姤与即兴

姤卦上☰下☴，为风行天下之象。姤即媾，卦中一阴遇五阳，喻之婚媾。在心理层面上，姤卦象征兴（巽风）之所至，即兴而为（乾天）。与制订计划、权衡利弊、思前想后、犹豫不决、按部就班的预设式、剧本化思维逻辑不同，即兴是一种非逻辑、不期而遇、自由发挥、享受当下、相信自己、允许冒险的行为模式，它具有较大的包容性和容错性，是个体基于兴趣冲动的一种自由化的心理表达与行为探索。

45. 萃与领导力

萃卦上☱下☷，为地上有泽、水草丰茂之象。"苏"字的繁体字"蘇"从字形上，就可以看到"鱼米之乡"的意象（江苏、苏州）。萃表示聚集，在心理层面上，萃卦象征领导力。具体而言，一个人如果能够像大地一样包容、厚德载物（坤地），能够帮助他人满足需要、实现愿景和梦想（兑泽），就可以团聚人心。唐太宗李世民的"天下英雄尽入吾彀中矣"就是通过领导力实现精英荟萃、群贤毕至。

46. 升与学习

升卦上☷下☴，木植地中、地中生木之象，取意生长、上升。《象传》指出："君子以顺德，积小以高大。"在心理层面上，升卦象征学习，即在知识、技能、社会规范等方面进行不断的练习和积累，以更好地适应社会和环境。升卦的启示意义在于，教学过程中要重视"顺德"，即要鼓励个体顺着兴趣自主探究与学习，实现"自然生长"、自主成长。

47. 困与心理困境

困卦上☱下☵，泽水下渗、泽内干枯之象。在心理层面上，困卦象征心理困境，即一种被困住的心理感受，具体表现有自卑胆怯、紧张焦虑、自负浮躁、盲目攀比、抑郁偏执等。例如，中年危机就是一种困象。困卦提示的处困之道是"险以悦，困而不失其所亨"，即在受困时要看到事物的光明面，提升心理能量，让内心充满喜悦，虽然处于困境但不失泰然之心，坚持正道，通过有目标的行动来实现亨通。在这一过程中，个体要能看到、悦纳自己内心被忽视的真正需要。

48. 井与心理能量

井卦上☵下☴，水在木中之象，代表木桶（巽木）取水于井中，意为吃水之井。井水养育万民，在心理层面上，井卦象征心理能量，即一种流动的生命力。精神分析心理学认为人的生命力主要体现为"性的本能"或"生的本能"。人本主义心理学所说的高峰体验，就是个体心理能量自由释放、完全没有受到阻碍时的心理体验。心理能量在日常生活压力中每天被消耗，让人产生"心累"或"疲惫"的感觉。心理能量转化的外在表现是情绪的转化。

49. 革与变革心理

革卦上☱下☲，泽水离火，为水火交争之象。在取象上，革卦卦形像羊皮（兑）置于火上加工，除去其毛，形成皮革。革卦之意为革除陈腐，改变现状。在心理层面上，革卦象征变革心理。"变革免疫"理论认为，人们通常认为变革会带来危险，而当我们面对这种危险毫无防御时就会产生焦虑，为了拯救自己，控制焦虑，大脑里的"变革免疫"系统会发出虚假的警报，抵御变革。而革卦的启示在于我们应当"革而当"，拥抱变化，顺时而变，通所不通，去淤生新。

50. 鼎与创新心理

鼎卦上☲下☴，架木生火，为燃木取火之象，立鼎以烹饪食，取意于鼎。鼎是古代的烹饪用具，各类食材通过"变革"由生到熟、生成新的美味。革者去旧，鼎者立新，在心理层面上，鼎卦象征创新心理。上卦为离，象征日新月异，鲜明亮丽。创新过程是一个体现创造性思维的过程。卦辞中多言鼎之倾覆，象征在创造性思维中要先破而后立，打破各种思维定式，照亮各类思维盲区。

51. 震与心理动力

震卦上 ☳ 下 ☳，上下皆雷，震天彻地，为惊雷阵阵之象。在心理层面上，震卦象征心理动力，即心理活动的内在力量或内在驱力。行为主义心理学认为心理活动的动力主要是自我强化和外部强化。人本主义心理学认为需要是心理活动的动力。精神分析学派中弗洛伊德认为心理动力是"力比多"，即个体生存、寻求快乐和逃避痛苦的本能欲望；荣格认为"原型"是人类心理活动的动力；阿德勒则认为自卑与超越是人行为的原始决定力量。

52. 艮与清净心

艮卦上 ☶ 下 ☶，为重山叠嶂之象。重峦叠嶂，望而难行，故有止之意。心能止则静，在心理层面上，艮卦象征清净心。清净心是东方文化独有的一个心理概念，与个体的自我修养密切相关。一个人内心清明是获得清净的本源，个体拥有清透的灵悟、豁达的包容、淡定的智慧，精神世界丰满而不贪图物质的享受，"知足不辱，知止不殆"，内心淡泊宁静、安定从容，不为外界环境所牵绊。

53. 渐与谨慎心理

渐卦上 ☴ 下 ☶，艮内止而巽外动，如风渐止于木，为鸿鸟栖居之象。鸟之落地，徐徐下降，故有渐渐之意。鸟儿落地之前，先要观察地形，谨慎选择落脚之地。在心理层面上，渐卦象征谨慎。在积极心理学中，谨慎属于"节制的力量"，指做事不冲动、不莽撞，不被眼前的诱惑所迷惑，瞄准长远的目标循序渐进，按部就班，稳扎稳打，这样"渐进"有助于个体实现长期的目标。

54. 归妹与婚姻心理

归妹卦上 ☳ 下 ☱，男动而女悦之象。卦辞中多言婚配嫁娶之事，归妹即嫁女之意。在心理层面上，归妹卦象征婚姻心理。婚姻生活意味着情侣们从感情冲动的激情期跨入夫妻生活的冷静期，由虚拟的理想生活进入现实的家庭生活，这会带来相应的心理变化。例如，婚姻生活的稳定感会使年轻夫妻（尤其是丈夫）不像在恋爱阶段那样细心体察、及时满足对方的情感需要，甚至会产生怠慢之心。归妹卦提示了进入现实家庭生活后新婚夫妻可能面临的生活和感情考验。

55. 丰与自信

丰卦上 ☲ 下 ☳，雷鸣电闪之象。丰之意为盛大，雷电大作，天威盛大，卦辞中多言丰富盛满之意。在心理层面上，丰卦象征自信，即相信自己的一种心理状态，它使人们在面对挑战和困难时更加镇定自若，更有勇气和决心去迎接挑战。丰卦的启示在于，一个人的自信心来自明晰的自我认知（离火）和果敢的行动力（震雷），有自信心的人能经常保持"如日中天"（离火）的精神状态。

56. 旅与不安

旅卦上 ☶ 下 ☲，为山中燃火之象。露宿山中，燃起篝火，是一幅营旅的景象。卦辞中多言行旅之事，人在旅途，风尘仆仆，居无定所，不得安定。在心理层面上，旅卦象征不安，即处于自我怀疑、自我否定、焦灼不安的心理状态，从认知层面知道应该怎么做（离火），但是内心却难以清净安定（艮山），犹如"树欲静而风不止"。

57. 巽与柔顺心态

巽卦上 ☴ 下 ☴，两风相依，为长风相随之象。巽即逊，有柔顺随和之意。在心理层面上，巽卦象征柔顺的心态，即保持一种安静、平和、恬淡、适意的心态。柔顺的心态有助于个体悦纳自我、理解他人、适应环境，对人谦逊、遇事宽容、随遇而安，有助于个体实现心灵的安顿。

58. 兑与和悦心态

兑卦上 ☱ 下 ☱，为两泽相通之象。兑即悦，有喜悦之意。二泽相连，互通有无，和谐互补，在心理层面上，兑卦象征和悦心态，即在人际交往中求同存异、和谐相处，既能照顾他人的需要和情感，使别人心悦诚服，又能团结朋友（志同道合，犹如水泽相通）为实现共同的理想而勤勉奋发。兑卦提示的是人际交往中的和悦之道。

59. 涣与涣散心态

涣卦上 ☴ 下 ☵，风行水上、风吹浪动，为水流荡漾散开之象。在心理层面上，涣卦象征涣散心态，表现为思维不集中、注意力容易分散、精神状态不稳定，无法长时间专注于某个任务或活动。这里的"风"象征各种心理压力，如工作压力、学业压力、家庭压力等，导致个体的心理疲劳和焦虑，影响到注意力的集中和思维的清晰；这里的"水"象征各种潜在的风险（坎水），提示处于涣散状态的个体要适当控制自己的欲望（坎水），通过自律预先防范因本能冲动导致的危险。

60. 节与节制

节卦上☵下☱，为水溢泽外之象。水满则溢，须有节制。在心理层面上，节卦象征节制，即个体对自身欲望、情感、行为的控制与约束，使自身心理与行为表现得体又不过分，通过"有所节制"实现"随心所欲不逾矩"。这种节制需要意志力与智慧的综合作用。节卦的启示在于，个体不宜放纵自己的欲望，须有所收敛，但同时"苦节，不可贞"，个体也不能过分地压抑自我，在适度中寻找平衡，否则这种节制并不能长久。

61. 中孚与诚信

中孚卦上☴下☱，卦形中空，为木舟（巽木）行河泽（兑泽）之象。孚通"孵"，如鸟类孵卵，期限有常，不会失信。在心理层面上，中孚卦象征诚信，即个体对待别人和周围事物诚实守信的态度与行为，包括真诚、诚实和守信三种品质。真诚是指能真心从对方的利益出发，诚实是指自己的言行能与内心保持一致，守信是指尽自己最大努力去兑现承诺。坚持诚信，人生犹如乘坐木舟，"利涉大川"，即可以顺利渡越江河。

62. 小过与心理偏差

小过卦上☳下☶，中间的两个阳爻犹如鸟之身躯，上下两边的四个阴爻犹如展翅飞翔的双翼，有飞鸟之象。卦辞中多言飞鸟，飞鸟遇高山（艮山），当止则止，"不宜上宜下"，若逆向飞升则为妄动（震雷）。在心理层面上，小过卦象征心理偏差，即个体存在偏离大多数正常人所具有的心理特征与行为表现的某些现象，泛指各种程度较轻的心理不健康现象。小过卦的启示在于，"上逆而下顺"，对于一些小事行为上稍有偏差无伤大雅，在顺应人心的事情上，应当根据实际情况灵活把握，做到适当包容接纳，避免因逆势操作而招致灾祸。

63. 既济与忧患意识

既济卦上☵下☲，水上而火下，但因为水性润下而火性炎上，实为水火相济之象。济有渡水过河之意，既济表示已经成功渡河抵达彼岸。在心理层面上，既济卦象征居安思危的忧患意识。水火相济象征阴阳、成败、安危等矛盾的对立统一，既济卦提示成事立业过程中既要保持心理的淡定（坎水），但同时要保持清醒的忧患意识（离火），能够看到潜在的危险（坎险），防患于未然，这看似矛盾的两种心态犹如水火相济一样相辅相成，恰恰都是成事所不可或缺的。

64. 未济与憧憬

未济卦上 ☲ 下 ☵，火上而水下，水火不相济，为水火相离之象。在心理层面上，未济卦象征指向未来的憧憬。憧憬伴随着人们渴望实现光明前景（离火）的美好心愿和积极目标，指向对未来美好事物、美好生活的追求，意味着对过去或当下现实生活的超越。然而，未济表示渡河还没有完成，美好的理想（离火）与现实的挑战（坎险）之间还有比较大的差距，需要个体审时度势、审慎进取。未济卦的启示在于，成功永远在路上，我们既要充满希望，用希望照亮前进之路，又要对可能出现的困难、挑战做好充足的应对准备。

二、《易经》谦卦的心理内涵

谦卦是《易经》六十四卦中唯一一个六爻皆吉的卦象。从文化心理学的视角来看，卦象全吉说明"谦"是一种备受推崇的积极心理品质（德性），在民族心理结构中占据重要地位。事实上，谦德是中国传统文化的典型特质之一，早已内化为中华民族的集体潜意识。卦者，挂也，表示卦象像挂在墙上的图画一样直观可见。谦卦则直观反映了中国文化中谦德的多重含义，包括地山谦、谦谦、鸣谦、劳谦、挥谦、谦尊等。

1. 地山谦：自卑与超越

奥地利心理学家阿尔弗雷德·阿德勒在其著作《自卑与超越》中指出，一个人的成长就是摆脱自卑、追求卓越的过程。谦卦坤上（☷）艮下（☶），坤卦象征地，艮卦象征山。谦卦的象辞中指出，"地道卑而上行"。大地本身是卑下的，但在卦象中处于上卦，说明它不自满，积极上进，追求卓越和自我实现。因此，这种"追求卓越"也是谦德的题中应有之义。谦卦中的地道同时蕴含了"自卑"与"超越"的双重含义，强调由自卑而超越。

另一方面，谦卦为大地含山、山在地下之象。地中含山，外卑内巍，藏而不露，有谦虚之意。但是，谦卦的含义远远不止于"谦虚"这么简单。下卦的艮为山，象征高山、高峰、卓越。"谦"必须借助高山来显示，这里的高山代表学识、品德、才能等方面的积累，有了这个象征卓越的高山，才能显示出一个人的"谦"，否则平平无奇就不是谦虚，而是心虚。因此，谦卦中用山的"卓越"和山下于地的"自卑"（与缺乏自信的自卑不同，这里指有自信的卑下姿态）表达了二者相辅相成、阴阳相济的双重含义，强调"谦卑"要有"卓越"的才干、实力作为后盾，指一个人有充足的自信才能做到真正的"谦"，有高尚的节操才能做到发自内心的"卑"，即由卓越而卑下。

2. 谦谦：本我与超我

谦卦初六的象辞是"谦谦君子，卑以自牧"。这里的"自牧"是指像牧牛一样来管理自己。第一个谦为内卦艮（☶），象征山的静止与幽深，第二个谦为外卦坤（☷），象征地的柔顺与承载。"自牧"指自我能很好地处理好本我与超我的关系，像牧牛一样自然而然。

精神分析大师弗洛伊德将人格结构分为三个层次：本我、自我、超我。本我是先天的本能、欲望所组成的能量系统，包括各种生理需要，遵循快乐原则。自我位于人格结构的中间层，它一方面调节着本我，一方面又受制于超我，遵循现实原则。超我是由社会规范、伦理道德、价值观念内化而来，遵循至善原则。当然，在西方心理学体系中，本我与自我、超我有很多冲突，弗洛伊德甚至用控制野马的比喻来形容本我的艰辛。然而，在中国文化心理学语境中，自我可以被看成牧牛的牧童，本我如同牛内在的野性，超我如同穿牛鼻子的绳子、牧鞭，"自牧"就是牧童（自我）通过"照看"（修身养性）让牛的野性、欲望（本我）慢慢地收敛，甚至连穿牛鼻子的绳子、牧鞭等（超我）都不需要了，牛不仅悠然自得，而且也不会去侵害禾苗与庄稼。"谦谦君子"指一个人不仅能通过涵养品德知足知止（艮卦），合理调节本我的欲望，还能在社会规范的约束下为人处世厚德载物（坤卦），做到从心所欲不逾矩。在心境上，谦代表内心清净（合理调节本能欲望）、性情柔顺（与人相处表现为柔顺和悦），自我与本我、超我是和谐统一的圆融状态。

3. 鸣谦：外鸣（名）与内明

谦卦既然具备卓越的含义，那么卓越的个体自然是稳步高升、前程远大的，容易获得社会的认可，声名远播，如同鸟儿鸣叫的声音被人们听到。这是一个自然而然的过程，如果名实相符、实至名归的话，这种名声（荣誉）是个体应当获得的，一切顺其自然，并无半点强求，过程令人愉悦，没有什么不好。但"鸣谦"告诉我们，名声是由外而来，谦是由内而发，个体始终要保持明智的头脑，切忌因外在的名声而生出骄傲自满之心。这种有名而谦的鸣谦是一种非常坦诚、非常透明的谦虚，是真正的谦虚，而不是做作或虚伪，更不是把谦虚作为一种手段、谋略或工具。这种发自内心、由内而外、至诚坦荡、表里如一的"谦"，中得于心而外得于人，容易引发人们的情感共鸣，进而为个体积累更多的名声。鸣谦的重点在于内在之明，一方面是个体有自知之明，持有而不居，德高而不恃，功高而不争；另一方面是智慧之光，外在之名不会影响个体内心，这种"谦"始终如一，不会因为是否有外在的名声、赞誉而改变"谦"的初心。

4. 劳谦：承载（当仁不让）与谦让

九三是谦卦中唯一一个阳爻，处于下卦的最上位，类似于大臣的位置，责任较大。最有代表性的人物是周公，周公辅政，"一沐三捉发，一饭三吐哺"，平叛乱，制周礼，把所有的功劳归功于成王，劳而不伐，奠定了周朝800年基业，所以才有"周公吐哺，天下归心"的成语。劳谦分为两个阶段：第一个阶段是劳苦之谦，即像大地（坤卦）一样厚德载物，承载劳苦而任劳任怨，表现为当仁不让的仁厚；但个体内心是勤勤恳恳劳作、自强不息奋斗的，因为九三的阳爻具备自强不息的特质。第二个阶段是功劳之谦，个体经历了第一阶段的辛劳有了建树（艮卦高山之象），虽然有功劳却不归功于自身，而把功劳归让于别人，表现为谦让，符合"山下于地"的谦卦之象。劳谦的启示意义在于，谦虚也是要有"资本"的，这些资本包括心理资本——吃苦的精神、责任心、担当精神、利他精神等和物质资本——功劳、业绩、成果、贡献等，正是有了这些资本，才会如《象辞》说的那样"万民服也"，让大众心服口服。

5. 挥谦：谦虚与虚伪

"挥"与"辉"意义相通，"挥谦"指将谦德发扬光大，让其广泛传播开来。人际关系心理学研究表明，当一个人表现出"谦虚"时，更容易受到他人的欢迎和接纳（在中国文化中这一点尤为明显），与谦虚之人打交道可以增强人们之间的信任和友谊。因为"谦受益"，所以很多人会

"利用谦虚"来进行印象整饰（印象管理），从而建立和维护良好的人际关系。但事实上，一个人如果不是真的谦虚（虚伪），那么"谦虚"的印象整饰效果会像水的挥发一样逐渐消失殆尽。只有做到真正的虚怀若谷，才会逐渐受到人们的尊重与爱戴。前文说过，"谦"是具有超越特性的，谦虚的人不会自满（空杯心态），会不断学习和进步，与时俱进，不断超越自我，这样其品德、才能、智慧都在不断积累，最终会取得高山一样的成就，获得人们的赞誉（鸣谦）和尊重。因此，"谦"是自带光辉的积极心理品质，一个人可以借助"谦"来提升自我，达到"卑而不可逾"的精神境界，但不能利用"谦"来逢场作戏、沽名钓誉或欺世盗名，否则只会适得其反，落下一个虚伪的名声。

6.谦尊：自尊与自谦

很多人把"谦"简单理解为谦卑、谦虚、谦恭、谦让、不惹事、凡事忍让，这样"谦"就容易被贬低为软弱可欺，被异化为与世无争。实际上，"谦"是方圆并济的，"方"代表维护个体（或集体、国家等）的自尊，即谦让也是有原则、有底线、是非分明的（比如外交领域），不是一味地退让、忍辱，该坚持的原则要坚持，这种坚持恰恰是对"谦"的维护，因为"谦"绝对不是贬低自己，更不是放弃自己的独立人格；"圆"代表圆融的心理弹性，即个体可以为了他人（或集体、国家等）的自尊而自谦或做出一定的让步（尊人自卑），但与此同时个人的自尊、抱负水平并未受到影响。"谦尊"说明谦德是需要涵养和维护的，一个人要在自尊和自谦（谦卑）的辩证统一中游刃有余，是需要不断学习和实践才能驾轻就熟的。

《易经》中的谦卦可以为现代人带来一些有益的启示："地山谦"告诉我们要正确看待自卑与超越，"谦谦"告诉我们要像牧牛一样妥善处理欲望与伦理规范的关系，"鸣谦"告诉我们"谦"需要有实力、才干作为后盾才能彰显，"劳谦"告诉我们"谦"需要有苦劳、功劳作为基础才可以让人心服口服，"挥谦"告诉我们真正的"谦"才能赢得人们的尊重与爱戴（以德服人），"谦尊"告诉我们修养"谦"是需要维护自我尊严、坚持原则且不断学习和实践的……这些古人的智慧时至今日仍然值得我们细细品味、传承发扬。

三、中国文化中的南山意象

作为中华民族集体无意识中一种典型的原始意象,"南山"承载着中国人生命意识、情感寄托、精神道德的文化记忆和象征。温暖、坚实、充满生命气息的"南山"意象,在远古先民生存、生产、生活的经验基础上生成,并作为一种精神象征和审美体验得到不断的承传,逐渐建构起一个民族共有的精神家园和心灵诗意的栖息空间。对"南山"的情感认知早已深深地融入了民族文化的血液中,与儒家"无入而不自得"、道家"逍遥游"、释家"林下风流"等精神互相交汇,形成了中国人独特的情感记忆,具有强烈的精神感召力与吸引力。时至今日,我们再来品味"南山",可从"南山"意象入手去追寻中华民族共有的文化记忆源流,从"南山"精神中汲取文化营养、实现情感回归。

1. 洞穴的情感记忆:从具象到意象的"南山"

自然山水作为客观存在物,是人类早期赖以生存和朝夕共处的"生命共同体"。从完形心理视角来看,崇尚山水文化心理结构(山水情结)的中华文明分为山文化和水文化。其中,水文化中以"南水"(江南)文化为杰出代表,山文化中以"南山"文化为突出典型。"南山"意象的初始具象为生存地点和生活空间(泛指南边的山或山的南面),即最远古、最早的"家"。洞穴是人类最远古的家园,从食物需要来讲,无论是狩猎、采摘,山林可以提供丰富的资源;从安全需要来看,山洞是天然的"庇护所",可以有效地抵御洪水、猛兽的侵袭与威胁;另外,山的南面属于"避风港",日照充足,在寒冷的冬天相对比较暖和,适宜居住。对于远古先民来说,山与人的生命、生活息息相关,渐渐地具有了孕育人类的母体意义(山洞在某种意义上可以看作一种心理层面的"子宫"),这种"家"的依赖感、依恋感也是产生山岳崇拜的心理基础。即使后来人们的生活场所渐渐转移到平原地带,但在人们心中"祖先"都是生于山或长于山的,对祖先的崇拜更强化了这种与山岳的心理联结,使得山(以终南山、昆仑山等为代表)在古人的心中具有一种神秘的崇高地位(神仙居所)。在古人朴素的感性思维中,已经逝去(仙逝)的祖先只是"驾鹤西归"("归"即"鬼")或者"羽化成仙"(祖先即祖"仙"),依然会庇佑子孙,这样南山作为一种情感寄托被赋予了长生（"仙"）的美好意蕴，例如神话人物老寿星即"南极仙翁"（原型为"南山老人"）便是这种情感寄托的心理产物。

根据历史演化与心理演化相统一的原则可以推断，"南山"从最初远古先民温暖、安全的生活栖息地的具象逐渐演化为后人心灵栖息地或精神家园的意象表达。中国古典文学《诗经》中有大量关于"南山"（狭义层面的地理空间指终南山一带）的诗意表达，包含了人们思考生命的朴素观念，先民在心里感激山、崇敬山，将精神信仰寄托在山上，将生命的最终指向（比如"墓葬"）安放于山上，使"南山"成为人们情感投射的载体。渐渐地，南山演化成为一种精神层面的存在，在漫长的时代变迁中，进而固化为深厚的情感记忆积淀在中国人的潜意识中，凝结为人们内心深处对精神家园的情感认同。

2. 旅途的生命体验：从意象到象征的"南山"

正如人类终将要走出"洞穴"一样，个体随着逐渐长大也要离开家乡远行。这种独立的成长会带来一种分离性的创伤，进而使得个体更为怀念温暖的、舒适的母体象征。受易经思维影响，时间、方位在传统文化中均有特定的象征意义。南方对应离卦，卦象是火、日，特性是明亮和依赖；山本身作为卦象对应艮卦，特性是被动和阻止。南山作为"山之南"，对应《易经》中的山火"贲"卦，可以理解为一幅"日在山下"的美丽场景（还可以理解为"山脚下的篝火晚会"这一场景），无论是"日出朝霞红似火"还是"日落西山红霞飞"，山体景色都十分美丽怡人，给人以视觉和心理上一种岁月静好的美好享受，象征着心理层面的依恋关系。

然而，正如孔子在河边所感叹的，时光流逝像河水一样昼夜不停，时光匆匆，加入时间变量之后，个体的成长就成为一场"渐行渐远"的旅行。李白在《春夜宴桃李园序》中写道："夫天地者，万物之逆旅也；光阴者，百代之过客也。"天地是万事万物的旅社，光阴是百代的过客，人的一生就如同一次旅行。《易经》中的火山"旅"卦上离（南方、火）下艮（山）相叠，为"山上有火"之象，象征山上燃火，烧而不止，代表火势不停地向前蔓延，如同途中行人，匆匆赶路，"天时人事日相催"，不得停歇。人在旅途，身处他乡，是一种漂泊不定、孤独无依的生命体验。正如存在主义哲学家萨特所说，人是被孤零零地抛弃在这个世界上的，法国哲学家卢梭在《社会契约论》中说,"人生而自由,却无往不在枷锁之中",在这场生命旅途中人注定无法回避存在的焦虑。从存在心理学的角度来看,排遣孤独等存在焦虑最重要的选择是建立关系,在关系当中得到满足。在中国文化语境下,人们在生命旅途中除了建立社会关系之外还会无意识地寻求与"母体"的关系联结。然而,人生不如意十之八九,在遇到困难、挫折、困顿或漂泊、远行之时(山有困难、阻止的象征意蕴),如果社会支持系统中断或者不起作用,那么这种寻求"母体"联结的心理驱力会凸显出来,表现为"君言不得意,归卧南山陲"的隐逸心理。

"人生天地间,忽如远行客",相对于无限的宇(上下四方)宙(古往今来)空间,人类永远会感到自然对人的压力以及由精神压力引发的精神创伤,人类心理上的补偿需求也始终难以得到满足,在人生旅途中建立在典型情境、典型经验基础上的那些原始意象也就会不断反复地重现,类似一种情感的"反刍"。从《诗经》开始起,古代诗人笔下的"南山"意象层出不穷,反映了诗人在特定生活情境下集体无意识被"南山"意象激活扩散的过程。例如,唐代王建在《东征行》诗中写道"瞳瞳白日当南山,不立功名终不还",表达了建功立业的豪情壮志;唐代孟浩然在《京还赠张》中写道"拂衣何处去,高枕南山南",表达了隐逸的向往;宋代黄庭坚在《次韵答张文潜惠寄》中写道"南山有君子,握兰怀令姿",表达了独立不改的操守;此外,还有失意人嗟老伤悲、壮志难酬的忧伤怀抱,逃离者弃绝尘嚣、耽于世外的隐居幽情,等等。人在旅途,是一种经历存在焦虑和分离创伤体验的过程,"南山"意象则不断给予古代文人一种"母体"式的情感慰藉和心灵支持,造就了中国人独特的旅途式生命体验。

3. 诗意的栖居:从舒适到审美的"南山"

南之方位在中国文化中代表"阳",山之南、水之北因日照充足属于阳面,具有温暖、向往的心理意义。与此相反,寒山(北方的山)、北风等则有苦寒、回避的意蕴。例如,神话传说《愚公移山》中写到"北山愚公者,年且九十,面山而居",愚公(愚即余,指我们的祖先)对"北山"是持厌恶和排斥态度的。与此相反,"南山"则表征光明、温暖、尊贵、昌寿、舒适等积极心理场域。民间俗语"刀枪入库,马放南山"中用战马放归山林的意象表示不再征战用兵,天下太平,这种安定平和的环境场域也逐渐内化为

"南山"作为心理场域所象征的宁静、平和、舒适的心理空间。在文化象征体系中,南方对应"火"(离卦,表示明亮、光明),而"火"是文明的象征。从农业文明开始,在文明发展的进程中人曾为了"战胜自然"而与自然(另一种心理层面的"母体")渐行渐远,甚至在财富、名利的追求中导致了自我异化。到了现代工业社会,这种弊病更为凸显,工具理性膨胀,人文价值丧失,道德意识遭遇危机,人日益沦为"物化"(工具化)的存在,人们内心反而极度渴望重返精神家园,在心灵层面找到温暖舒适的安身立命之所。

德国存在主义哲学家海德格尔曾引用荷尔德林的著名诗句"人生充满劳绩,然而却诗意地,栖居在这片大地上"来表达其对人的存在本质的理解。在海德格尔看来,人的存在就是通过诗化、艺术化的人生来摆脱工业文明对人的本性的异化,从而获得心灵的自由和解放,所谓诗意的栖居就是在诗意生活中寻找人类的精神家园。对于中国人而言,"南山""桃花源"等意象恰恰是这种诗意栖息的精神家园,人的心灵复归自然,与物(山、水、花、鸟、松、竹等)同化,进而产生了一种怡然自得、非功利的审美体验。在这种诗意的精神栖息中,中国历代诗人将自己的情感寄托、审美体验升华为怡情养性的诗句。以"不为五斗米折腰"的陶渊明为例,"种豆南山下,草盛豆苗稀。晨兴理荒秽,带月荷锄归"(《归园田居·其三》)和"采菊东篱下,悠然见南山。山气日夕佳,飞鸟相与还"(饮酒·其五))等诗句表达了"结庐在人境,而无车马喧"的超越世俗、超越理性的自由精神,在这种生命体验中,"南山"从物质化对象转化为富有审美情感的审美对象,人在"南山"的物理空间和心理场域中实现了直觉与情感的有机统一、意与象的相互融合,人的主观审美体验参与其中,进而进入山人合一("仙"的意境)、超然物外、物我两忘的审美境界,即无我之境。

四、江南意象的心理分析

江南文化植根于中华文化主脉,是在长江河系滋润中孕育、受吴越文明熏陶、与中原文化有机融合而形成的具有强烈认同感的区域文化共同体,是江南地区重要的精神纽带和中坚力量。自南宋以来,文化中心南迁,江南文化逐渐从地域文化上升为继先秦文化、汉唐中原文化之后的全国性文化高地。时至今日，"江南"作为一种文化符号，其所代表的融合、创新、崇文、雅致等精神特质仍然具有极强的时代价值和文化影响力。在长三角一体化提升为国家战略的时代背景下，从心理学角度尤其是精神分析视角来解析水乡、园林、春色等"江南意象"的深层精神内涵，有助于我们在新的历史时期弘扬和发展江南文化，进一步增强其从"地域之江南"到"中国之江南"的文化向心力与文化认同感。

（一）江南水韵：文化创伤与疗愈

在中国传统文化的原型意象中，水是生命的象征。太一生水，水生万物，十天干中"癸水生甲木"就代表着天地万物的生生不息、循环无穷。以水文化为典型特征的江南文化，在历史上曾多次扮演了涵养"文化生命"的角色：以中原文化为代表的中华传统文化与北方游牧狩猎文化对抗时，一旦遭遇重大失利，经常会退守至南方尤其是江南一带。在中原文化沦陷的危急关头，凭借长江之水的防护，中华传统文化得以在江南保存并延续文化根基。因此，中华文明数千年来一脉相承、绵延不绝。在此过程中，江南文化存续了中华文化的根基与主干，汇聚了中华文化的精髓，进一步丰富了中华文化的内涵，逐渐成为中华传统文化的一个典范。

然而，根据精神分析学说，任何一段历史都带有文化创伤，中国传统文化也是如此。在群体层面上，各种伤害巨大的社会历史事件都可能造成一个民族或国家的文化创伤。耶鲁大学教授杰弗里·C.亚历山大（Jeffrey C. Alexander）指出："当个人和群体觉得他们经历了可怕的事件，在群体意识上留下难以磨灭的痕迹，成为永久的记忆，根本且无可逆转地改变了他们的未来，文化创伤就发生了。"对群体和民族而言，创伤性历史事件以象征而非史实存在，结晶成"文化创伤"；这种"精神创伤"通过代际传承以文化积淀的形式储存于集体记忆之中。在古代历史进程中，饥荒、瘟疫、战乱、分离等创伤经历融入民族集体记忆，导致了国人注重"吃"（口腹化倾向）、注重养生（防未病）、崇尚"和"（回避冲突、息事宁人）、喜好"团聚"（圆满、大团圆）等补偿性的防御机制。

根据象征理论，文化创伤是一种象征式的"死亡"，是传承价值和意义的"死亡",乃至任何依附其上的文化存在都显得不再真实。文化创伤可以打碎一个群体的价值、信任,甚至这个群体及其中每一个人存在的意义。因为,创伤会令群体意识到国家、民族、文化乃至我们自身及周围的每一个人都是可以"死亡"的。这种文化创伤带来的典型情绪症状就是集体无意识层面的惊恐,因为文化所塑造的价值和意义已无法再在人们对于死亡的原初恐惧之间作调和。在集体记忆中,人们会因极度的震惊和恐惧而将创伤经验压抑下来,将之打入无意识领域,成为心理情结,造成文化创伤事件在民族记忆里被压抑、扭曲和移置,进而导致理性认识和责任意识的消解。汉末以降,北方的持续战乱在历史上多次引发了"北人南徙"的浪潮,与之紧密相连的是作为无形记忆的"精神创伤"——象征性的死亡恐惧。

遭受创伤的中原文化在江南与地域文明全面融合,逐渐形成了以"水"作为基本原型的江南文化。"水"作为生命之象征的文化意义在集体意识中用于修补业已破碎的创伤事件记忆,并赋予文化延续以新的意义和价值。这种"重生"的新的意义和价值有助于群体重新建构文化创伤,"洗刷"或"淡化"象征性的死亡恐惧,借以减轻创伤带来的痛苦。庆幸的是,江南文化成功地用小桥流水、杏花春雨(下雨象征紧张状态的释放)、烟雨蒙蒙的意境滋养、浸润了遭受创伤的中华文化,并为之增添了温润蕴藉、精致典雅的阴柔之美,实现了对文化创伤的修复性建构。水性文化特质将"过去"的恐惧裹挟起来,渐行渐远,稀释消解,并指导着群体身份向着"柔情似水"的方向演化,千百年来塑造了以柔为美、以淡为真的民族心理特质。

(二)江南园林:心灵花园与自性

弗洛伊德指出,如果人们的欲望在真实生活中受了压抑,那么他就会在幻想中去创造一个属于他自己的世界,或者用一种新的方法重新安排那个世界的事物来使自己得到满足。文化本身作为一种被创造出来的"容器",能够为文化中的人民提供心灵的整合和滋养。江南园林甲天下,园林文化更是集中呈现了一种生活审美的艺术"世界",以"心灵花园"的形式为人们自性的整合提供了"容器"。

在精神分析理论体系中,象征是无意识的语言或无意识的主要表达方式。江南私家园林具有多重的象征意义:它象征着一种自然(山林、原始、本能等自然意象）与人为（家、文明、克制本能等社会意象）之间的桥梁、无意识与意识之间的桥梁，沉浸于园林文化之中，人们更容易进入无意识来化解各种因为压抑创伤经验而形成的情结，通过无意识来增加与扩充意识自我的容量和承受，进而对人的精神生活产生良性作用。园林也象征着母亲的"子宫"——安全的容器，一个"格式塔"式的自由与保护的安全空间，人在困顿时可以"退行"到小天地中逃避痛苦。另外，江南园林如同一个"心灵花园"，一个生活化的箱庭或沙盘游戏，它通过自然物象把人们无形的心理内容以日常生活审美的方式象征性地呈现出来，使人们不断获得整合性体验与自性化意义，进而在人格发展以及心性成长中发挥积极的作用。因此，园林还象征着一种天人合一的心灵秩序，这种秩序有助于人们"整顿"自我的内在力量。

（三）江南春色：哀伤体验与升华

精神分析学说认为，人一生的成长过程中伴随着各种"丧失"，而处理丧失及其失落的痛苦情绪体验的重要途径就是要通过哀伤。哀伤过程通过固定的或象征性的仪式，提供了一个特定的时间和空间，使丧失者完成与丧失的客体分离，通过现实检验面对真实的丧失，并通过移情与新的客体建立联系。因此，哀伤也是一种成长。

俗语说，"上有天堂，下有苏杭"。江南之美，美不胜收。白居易在《忆江南》中写道："江南好，风景旧曾谙。日出江花红胜火，春来江水绿如蓝。能不忆江南？"江南作为一种文化符号，可以看作一种"春天"的隐喻，通常会激活扩散春水、杨柳、烟雨、佳人、爱情等一系列的文化意象。然而，在时间意识与生命意识的观照下，春天般的美好恰恰又是短暂的、易逝的、惋惜的，这种美好的丧失不可避免，因此人们对于丧失的哀伤体验反而更加深刻。反过来，这又会强化反向形成（reactionformation）的防御机制，即人们倾向于把无意识之中因担心美好事物丧失所带来的哀伤、恐惧与焦虑等生命冲动转化为相反的对江南美景不遗余力的赞美与细致描摹，并以此为镜像形成一种"自恋"的自我价值感。

如果这种哀伤体验是以诗词歌赋、诗情画意的艺术化形式进行表达，便实现了一种艺术化的升华。《红楼梦·第二十八回》中借贾宝玉之口唱出一曲"红豆曲"："滴不尽相思血泪抛红豆，开不完春柳春花满画楼。睡不稳纱窗风雨黄昏后，忘不了新愁与旧愁。咽不下玉粒金莼噎满喉，照不见菱花镜里形容瘦。展不开的眉头，捱不明的更漏。呀！恰便似遮不住的青山隐隐，流不断的绿水悠悠。"在春柳摇曳、春花盛开的美好春光里（春来迎春，象征美好的当下），林黛玉感受的却是"花谢花飞花满天，红消香断有谁怜"的叹春、惜春的哀伤体验（隐喻"原应叹息"的生命体验）。正所谓"三分春色一分愁"，这种缠绵悱恻、婉转动人的关于哀伤的艺术表达升华形式在吟咏江南春色的诗词中非常普遍，以至于人们逐渐形成了"伤春"的思维定式。

素有"孤篇盖全唐"之誉的《春江花月夜》中，张若虚用春江、江流、江天、江畔、江水、江潭、江树等水的意象（象征流逝）与明月、孤月、江月、初月、落月、月楼、月华、月明等月的意象（象征圆缺），以月为主体，以江为场景，描绘了一幅幽美邈远、惝恍迷离的春江月夜图，创造了一个深沉、寥廓、宁静的江南春境。夜晚代表着无意识、梦境，诗句中描摹的是清幽的江南春夜景色，字里行间有意无意流露的却是淡淡的哀伤，有孤寂之情、思念之情、寞寞之情等，这些情感无着无落又相互交织，在月光照射下投射、洒落到江树之上，可谓"落月摇情满江树"。因此，细细品味就不难发现，江水流春，流去的不仅是自然的春天，也是诗人的青春和憧憬。花落幽潭，春光将老，诗人用艺术升华的形式抒发了对美丽江南、美好青春、宝贵生命的感伤体验。这是一种艺术化的、美丽的哀悼，而其之所以能引起国人的情感共鸣，乃是因为我们的集体无意识中早已经积淀了无数的同类经验。

五、仁与自我——仁的文化心理学释义

仁是整个儒家思想的核心与中枢，也是中国传统文化中的精髓和灵魂。孔子创立了仁学，并将仁的最基本含义确定为"爱人"。然而，长期以来，我们对仁的理解存在两个明显的偏向：一是将仁人际化，认为仁是一个人际关系的概念，主要是指爱他人；二是仁的社会性、交往性无形中抹杀了人作为个体的自我和个性，所以儒家经常受到的一个挑战就是"什么是儒家的自

我"这一问题。这样一来，仁便被局限为一种人际关系法则或一种人际互动符号，演变成一种外求的德性，这与中国传统文化注重内求的特点是相矛盾的。中国文化是内省文化，作为中国文化核心的仁理应是注重内省和内修的导向，它应该是关注人内心的自我意识。郭店竹简（年代约为战国中期偏晚）中"仁生于人，义生于道，或生于内，或生于外"非常概括地说出了"仁内义外"的核心内容，即仁是内在的，它与人的心理有关。儒家讲"仁义内在，性由心显"，从心理的角度发现了仁，所以"我欲仁，斯仁至矣"。由此看来，仁代表人心，它是一个心理学意蕴浓厚的概念。

（一）仁字的心理学释义

"究竟是什么使个体与他人、万物分离的呢？正是人的自我意识！"而仁字本身就是表达了个体对自身所为"人"的思考和体悟。

1. 仁字考辩

"仁"与"人"字乃一字分化，这在古文字学界已成为共识。《说文》中"仁"的两个古文字分别是由：（1）"尸"（或"人"）与"＝"构成；（2）"身"（或"千"）与"心"所构成（如图6-2所示）。"尸""人""千""身"，都代表人形，这基本上已成学界定论。两种仁字的古文写法有着完全相同的含义，传达着同样的信息，是古文字中典型的同字异构现象。

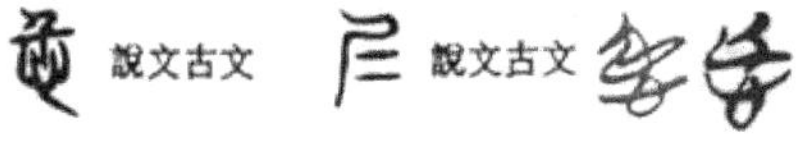

图6-2 说文古文（左）与郭店楚简（右）中的"仁"字字形

对于第一种写法，因为"仁"字除去或从"尸"或从"人"以外，还有个共同点是都从"＝"，所以后世很多人曾在这个"＝"上大作文章。郑玄注《中庸》"仁者人也"注曰："人也，读如相人偶之人，以人意相存问之言。"所谓"相人偶"，即互相人偶之，亦即两人之间相亲、相敬的意思。因此他们认定，仁是一种行为，而不甚注意仁也是一种心态。《说文解字》中也沿用了这种"相人偶"的说法，认定"二"是仁字的核心部件，是仁之所以为仁的关键。事实上，很多学者经过考证指出，"＝"不是数字"二"，而是一种分化符号。这两短横是表示区别于"人"字而仍因"人"字以为声的标记,后来两短横讹作"二",遂成为现在的"仁"。如果当年造字者真想要在字形上注以"相人偶"之大义的话,也不大可能会用一个抽象的数字二来充数,而会像创造"从""比""北""化"诸字那样,用两个具体的"人"形来表示,譬如使两个人形相向便足以表示互相人之、偶之(与"北"字之二人相背的乖意相反)的意思了。因此,"仁"字的关键部件在"人","人"就是仁。但既然有了分化符号,"仁"与"人"就有了内涵上的区别,否则就没有必要再造出一个字来。而这个区别,恰恰是"仁"的核心内涵所在。

林桂榛在《经词小考:破解"忎"到"仁"的演变》一文中通过分析简帛文字影像中"仁"的字形图(见图6-2)指出仁字中的"="字符就是从"忎"身上演变过来的,它就是"千、心"中两笔长长的横笔,"千"去"一"为"亻",且"亻"的竖笔拉长往下延伸,"一"和"心"则简化为了"=",这是古人速写和简化的结果,也就是说"仁"是由"忎"演变而来的。郭店竹简出土后,人们意识到"千"为"身"的简化,所谓"忎"其实即是"身心"的变形,因此,"仁"的古文源于"㤚",其字形存在"㤚"—"忎"—"千二"—"仁"的演变轨迹。在郭店楚简中的13 000多个汉字中,仅"仁"字就达70多处。这些"仁"字皆为上下结构,从身、从心,无一例外。在古代汉语中,"身"是指己身,"人"是指他人。《尔雅·释诂下》也指出:"身,我也。"这样一来,"从身从心"实际上表达的是"己身己心"。

2. 仁字与心理

仁字从身从心,从心表明该字与心理、思考或情感有关,从身表明此种思考活动的对象是人的身体,即以自身为思考对象。从心理过程的角度来讲,这里就包含三个层面的内容:(1)认知层面,即对自身的感知觉、注意、思考等等。比如,麻木不仁最初指肢体麻痹、失去知觉,这里的"仁"就是对自身的感知。(2)情绪情感层面,即对自身情绪、情感的觉察,包括欲望、动机等。"饮食男女,人之大欲存焉""富与贵,是人之所欲也……贫与贱,是人之所恶也"。这里的"欲"是以自身情绪体验为出发点的。人同此心心同此理,"己所不欲勿施于人",自身厌恶、害怕的东西，就不要强加给别人。"以爱己之心爱人，则尽仁"，"爱人"是"仁"的向外推广。即使是爱人，也并没有失去爱己的本质，因为"爱人不外己，己在所爱之中"。（3）意志与行为层面，表现为自强不息、克己复礼等。"士不可以不弘毅，任重而道远。仁以为己任，不亦重乎？死而后已，不亦远乎？""仁"本身对"己"就是一种意志力的要求和考验。总之，仁字从心，表明"仁"与"人"的区别就在于它开始关注人的内部、内心，这也是为什么"仁"至今仍用来表示果核的原因。"仁"从人从二，二为分化符号，既然有分化，其内涵必然有区分。如果说"人"是指作为物质实体的存在，那么"仁"更侧重人的精神实体属性，可以看作人的自我意识。通过从"心"这种构字方式，造字者们似乎在向世人强调："仁"并非外在的，它本是人类（凡有"心"者）所特有和所必修的美德，是人之所以异于禽兽的天命之性。

（二）仁与中国人的自我

从己身与己心的角度来理解仁，可以看出其至少具备三层内涵：第一，仁包含身与心，契合了身心合一的和谐理念。"仁，义礼所由生也，四行之所和也"（郭店竹简《五行》），仁是义礼产生的源泉，是仁义礼智四种德行和谐的最佳状态。第二，仁关注的重点在人身内部，强调克己、修己，追求一种自我实现，子思的"成己，仁也"可谓是对此含义的最好注解。早期儒家典籍对"身"和"己"非常关注，在《论语》中仅"己"与"我"的概念就分别出现过29次和46次之多。"君子求诸己，小人求诸人。"（《论语·卫灵公》）求诸己还是求诸人，甚至成为区分君子与小人的根本所在。第三，仁是双向的，"成己"（自我实现）与"爱人"并不矛盾。"己"和"我"的意义只有在与他人的共存、互动中，才能得到理解和说明。与此相应，仁这一概念也包含了生理自我、心理自我和社会自我三个层面。

费孝通曾说过，中国人是自我主义的，一切价值是以"己"为中心的主义。但长期以来，由于占主导地位的儒家思想一直倡导和宣扬仁的"爱人"层面即人际层面，以至于仁的"在己"层面被有意或无意地忽略了。事实上，仁本身就存在"己—人"的张力，中国人的自我是在"己—人"之间相互转换的。两千多年来，仁已成为中国传统文化的核心理念，对中国人的心理与行为产生了极为重要的影响，必然会影响到中国人的自我。

1. 弹性自我

仁字本身并不具备道德属性，由于儒家思想对仁的改造使得仁变成一种德性。仁的控制点在"己—人"之间转换，便导致了中国人的弹性自我，具体表现有两种：（1）小我与大我。中国人的自我概念是非常具有弹性的，"我"代表自身，但是"我"还可以扩大到包括与我有特别关系的他人，包括父母、子女、爱人等，将这些人也看作是个我的延伸，变成"我们"或者"自己人"。延伸的范围越大，"我"就越大，小我与大我是相对而言的。古代中国人的一切行为都是以"我"为中心的，只不过这个"我"是有弹性的，有时候表现为小我，有的时候表现为大我。相应地，仁也表现出小仁和大仁，比如"妇人之仁"就属于小仁。（2）私我与公我。私我与公我反映了代表谁的利益，实际上仍是小我与大我的一种表现形式。仁起源于私，"仁者，亲也"，最亲的莫过于夫妇，所以《中庸》说"君子之道，造端乎夫妇"。"仁者爱人"，这里"人"的外延也是可大可小。从《论语》中的"孝悌也者，其为仁之本""父为子隐，子为父隐"到张载的"民吾同胞"、林则徐的"苟利国家生死以"，体现出不同的公私属性。

2. 权变自我

《孟子·尽心上》中的"穷则独善其身，达则兼善天下"明确指出"仁"是权变的，根据个体自身的能力和所处环境的不同可以有变化。在仁的实践问题上，孔子提出"天下有道则见，无道则隐"，"从心所欲，不逾矩"，孟子提出"天下有道，以道殉身；天下无道，以身殉道"和"嫂溺，援之以手"等等，都体现了权变思想。在《论语·宪问》中，子路等人认为管仲不忠不仁，而孔子却从仁的更高角度出发，许管仲以仁，体现了孔子对仁的权变态度。此外，《论语》中提到的"无可无不可""毋意、毋必、毋固、毋我"以及《中庸》中提到的"无入而不自得焉"等都表达了通过权变所达到的自由境界。这种权变性与"仁爱"的绝对性又构成一对张力，导致中国人的自我也是有经有权，"经"符合自我的稳定性，而"权"则体现出变化特点，因时制宜、因事制宜、因地制宜，权变是为了恰到好处，无过无不及。"义者，宜也"，"仁"权变的目的是"宜"。中国人的自我表现可以表里不一，外圆内方便是典型的处世之道。对于不同的时间、地点、对象、形势，自我的表现千变万化，比如"此一时彼一时""到什么山唱什么歌""见人说人话，见鬼说鬼话""出门看天色，进门看脸色""人在屋檐下，不得不低头""上有政策，下有对策"。

3. 和谐自我

自我的概念早已蕴藏在"仁"字里面，但是自我不是一个孤立的原子式概念，自我必须放在社会性中理解。中国文化历来倡导"和"，孔子提出"君子和而不同"，孟子提倡"天时不如地利，地利不如人和"，中国历代的和亲政策、和平共处五项原则等，都表现出和谐取向。和谐自我在人际层面主要表现为：注重人情、面子和"报"，通过礼尚往来、投桃报李来维持人际的和谐；说话含蓄，点到为止，免伤和气；迎合与从众；大事化小小事化了。在个体层面，和谐自我主要表现为严于律己，宽以待人，折中调和，这也体现出自我的权变性特点。

（三）仁对当代中国人的启示

1. 理解中国人的行为表现

文化心理学研究表明，中国人的自我表现具有偏爱自谦、提倡自制、重礼节、随大流、表里不一、内外有别等特点。以权变为例，《周易》中说"穷则变，变则通，通则达"，权变是为了通达，但变化也容易给人造成虚伪、圆滑、势利的印象。正因为权变自我，中国人表现出一种"双重人格"，集各种矛盾特点于一身，譬如：既喜欢深藏不露、谦逊礼让，又经常当仁不让、舍我其谁；既讲"礼多人不怪"，又讲"熟不拘礼"；既讲"知足常乐"，又讲"吃得苦中苦，方为人上人"；既实践"明哲保身"，又提倡"见义勇为"；既宣称"不以成败论英雄"，又非常看重"成王败寇"；既强调以和为贵、一团和气，又经常尔虞我诈、窝里斗等。如果我们能够认识到自身所处的文化与自我的关系，理解中国人自我的弹性、权变性与和谐取向，也就有助于理解中国人性格特质的复杂性、行为方式的矛盾性与语言的模糊性，进而采取合理的应对策略。

2. 处理好欲与理的关系

通过考察仁字的本义，揭示其心理学内涵，可以看出仁其实代表的就是自我。"人则为仁"，人之生则可以为仁。"仁，性之方也，性或生之"，仁是人的内在属性，仁属于人，发自于内心，恻隐之心、羞恶之心、辞让之心、是非之心都属于仁的反映。因此，仁不是高高在上、遥不可及的，而是人人可为的，是人性自然天成的。既然是人性，就不可避免地要牵涉"欲"的问题。儒家虽然在理论上致力于阐述仁爱等道德行为是顺乎人性自然的，在主观上也以自然主义作为道德行为的价值取向，但是儒家在客观上根本无法协调人性自然欲望与道德要求的矛盾。因此，仁学本身存在着欲与理的矛盾。欲主要是指人的欲望或需要，而理主要是指各种道德规范或要求。对于当代中国人来讲，无论是只顾一己私欲还是对"理"过于执着，都很难获得社会认同。

处理好欲与理的关系，其实涉及如何做人的问题。中国传统文化既提倡做真诚人，又要求做成熟人，而成熟人至少应具备两方面的素质：较强的处事能力与待人处世的技巧。反映在欲与理的层面就是既能满足自身合理需要，又能符合社会礼仪和道德规范要求，合情合理、恰到好处，既不圆滑也不幼稚，既不自私又不虚伪，世事洞明，人情练达。

3. 合理自制与尊重自我

仁字本来表达个体对自身的关注和体验，但在后来的演变中分化成两个方向：一种是追求内在的精神自由，修身养性，"不怨天，不尤人"，"可以仕则仕，可以止则止，可以久则久，可以速则速"，洒脱自然，甚至逍遥忘我。第二种是则自我克制和自我压抑。儒家文化带有强烈的"抑我"色彩，提倡克己、自律和自省，"克己"就是以大我克制小我，牺牲小我成全大我，把"仁"引向了自我克制的道路。虽然中国人的自我是有弹性的，可以在界限模糊的小我与大我之间转换，但是这种自我克制的取向必然会压抑自我的真实欲望，导致个体出现心理失衡，滋生出依附性人格和"双重人格"。因此，自制一定要有度，适可而止。自制的目的是符合规范，制约的是自身不符合道德的需要，但并不意味着要压抑整个自我。以人际交往为例，合理的原则是"求同存异"，求同是为了大我或集体，存异则是为了小我或个我，尊重个性。

第八章

中国文化中的意象表征

一、中国文化中的"淡"味

淡本是一种味觉，但几千年来其在中国文化的传承与流变中被赋予了丰富的含义：淡然、平淡、淡远、简淡、清淡、恬淡、疏淡、淡雅、幽淡、淡泊、淡逸……中国人对"淡"情有独钟，崇尚淡味养生，以淡潜情，淡泊名利，淡以明德，淡雅之美，淡定智慧，等等。在如今社会日趋急功近利及豪奢浮华的当下，"淡"字犹如暮鼓晨钟，提醒我们静心品味生活的本真，寻求心灵的安宁与自在。

（一）淡味养生

在味觉上，淡与咸相对。淡味以水为代表，咸味以盐为代表。在古人看来，水生万物，淡水孕育陆地生命，而海水（咸水）人无法饮用，因此认为"淡"能养生，"咸"可杀生。古人腌制食物用盐杀菌防腐，对于微生物而言即是"杀"；《黄帝内经》中记载"多食咸，则脉凝泣而变色"，现代医学也证明高盐饮食对人体健康危害极大。"咸"是一个会意字（如图8-1所示），甲骨文字形左边是一个人的"口"，右边是一件形似长柄斧的兵器"戌"，表示用斧砍人头、不留活口。另外，表示咸味的古字体"鹹"从"卤"，而"卤"的本义为盐碱地，卤莽本义即盐碱地的野草。《说文解字》载："卤：西方咸地也……西方谓之卤。"可见卤同义。而西方在传统五行理论中对应杀伐、秋季，因此古代的死囚一般都是"秋后问斩"。按照中国文化的阴阳思维，咸对应"杀"，则淡对应"生"。

图 8-1 咸字字形演变

在传统养生文化中,淡蕴含水火相济之意,其中火与水分别象征人体之温与润:水性寒,以火暖之,不至于过寒;火性热,以水凉之,不至于过热;温润代表人体平衡、平和的状态。《老子》中指出要"味无味",即食淡味;《内经》中说"恬淡之味最能益肾",认为淡味的谷蔬之食对人体有滋阴生津功效;唐代名医孙思邈认为"淡有滋养气血、通利血脉之功,淡食总以素多荤少,滋味淡薄为主";金元名家宋丹溪在《食色绅言》中称"淡有醒脾开胃、清虚肠腑之功",根据中医"淡可渗湿"的理论指出淡食可以健脾;明代洪应明在《菜根谭》中强调"浓肥辛甘非真味,真味只是淡";清代美食家李渔在《闲情偶寄》中说:"馔之美,在于清淡,清则近醇,淡则存真。味浓则真味常为他物所夺,失其本性。五味清淡,可使人神爽、气清、胃畅、少病。"与厚味相对,淡为薄味,所谓"厚味伤人无所知,能甘淡薄是吾师",传统文化倡导人多食甘淡之味,以养生修性。

(二)以淡潜情

中国人的情感世界丰富多彩,而情感表达含蓄内敛,这种心理张力促使中国人更多地表现出淡的风格,推崇淡的境界。因此,一个淡字寄托着中国人丰富的内心世界、复杂的思想情感与无尽的意味指向。淡不是无味,而是"大味",需慢慢咀嚼。徐志摩在《再别康桥》中写道,"悄悄的我走了,正如我悄悄的来;我挥一挥衣袖,不带走一片云彩",看似情感平淡,然而细细品味就会发现诗人内心是何等不舍。"在康河的柔波里,我甘心做一条水草!"这正是:乍尝淡无味,细嚼潜有情。之所以如此,乃是因为中国人根深蒂固地相信物极必反,当感情浓到极致时,反而看起来若无其事、了无痕迹。苏轼在给侄儿的信《与侄书》中写道:"凡文字,少小时须令气象峥嵘，彩色绚烂。渐老渐熟，乃造平淡。其实不是平淡，绚烂之极也。汝只见爷伯而今平淡，一向只是此样，何不取旧时应举时文字看，高下抑扬，如龙蛇捉不住，当且学此。"苏东坡尝遍人间五味、看尽红尘百态，最后品出一个淡字，顿悟"回首向来萧瑟处，归去，也无风雨也无晴"。中国人相信"绚烂之极归于平淡"，淡的背后潜藏的往往是跌宕起伏的经历、真挚热烈的情感。歌曲《女人花》中"我有花一朵，种在我心中，含苞待放意幽幽"的平淡，其实是经历了"爱过知情重，醉过知酒浓"之后"花开花谢终是空"的情感表达，恰如《再回首》歌词所说"曾经在幽幽暗暗反反复复中追问，才知道平平淡淡从从容容才是真"。美食家们所说的"大羹必淡""大味至淡"也是这个道理，"看似极淡却极有味"，其中蕴含丰富的人生哲理。

（三）淡泊名利

在英语中，salary（薪水）一词正是源于 salt(盐)；德国哲学家叔本华曾说："财富就像海水，饮得越多，渴得越厉害；名望实际上也是如此。"在中国文化中，示盐之味也表示刺激性、欲望、名利。而淡，则象征着淡名利、回归本真。明代名士郑瑄在《昨非庵日纂》中说："万病之毒，皆生于浓。浓于声色，生虚怯病；浓于货利，生贪饕病；浓于功业，生造作病；浓于名誉，生矫激病。"为名利所累，利欲熏心、摧眉折腰、患得患失、提心吊胆，这样的人生毫无乐趣可言。其解药就是淡，能淡则"云白山青，川行石立，花迎鸟笑，谷答樵讴，万境自闲，人心自闲"，才能领略人生的真滋味。在处世之道上，"君子之交淡若水"，这里的淡不是指冷淡、淡薄或不近人情，而是指友谊不尚虚华、清澈透明，既为朋友，就当至真、至纯、真性情，随缘、惜缘、不攀缘，高雅纯净、清淡如水。淡泊名利，并非看破红尘，而是顺应己心，为所当为，积极进取。诸葛亮在《诫子书》中就教导诸葛瞻"淡泊以明志，宁静而致远"，希望儿子通过淡泊宁静来明确人生志向、实现远大理想，心无旁骛。

（四）淡以明德

老子在《道德经》中说："咎莫憯于欲得，祸莫大于不知足。"贪图物质享受的人，生活容易陷于糜烂，精神生活空虚，也难有高尚的品德，而且他们为了能获得更高一层的享受，往往会不惜代价，机关算尽、不择手段去钻营，甚至于卑躬屈膝，人格丧失殆尽。淡是一种生活态度，陶渊明的"采菊东篱下，悠然见南山"是一种淡然的惬意，慧开禅师的"春有百花秋有月，夏有凉风冬有雪，若无闲事挂心头，便是人间好时节"也是一种恬淡的境界。道家提倡"上善若水"，不仅指水的柔与弱，还包括水的淡与静。人效法于水，应用水的清澈透明洗涤心灵上的污浊，在现实生活中多些心静、少些欲念、多些淡泊、少些喧嚣，自我反省、修身养性。人能看淡外在名利得失，不管出世、入世，都会眼界开阔、心胸平和、荣辱不惊，不屑于蝇营狗苟、钩心斗角、尔虞我诈，待人自能满腔和气、随地春风。有淡则自有重，在儒家文化中，"不义而富且贵，于我如浮云"，淡名利而重仁义。深受儒学浸润的文天祥在其"衣带赞"中表明心迹："孔曰成仁，孟曰取义，惟其义尽，所以仁至。读圣贤书，所学何事？而今而后，庶几无愧！"舍生取义，流芳千古，德昭后人。

（五）淡雅之美

清水出芙蓉，天然去雕饰。自古以来，"淡"始终是中国诗、画等艺术领域所孜孜追求的一种审美境界，"大雅平淡"的淡美观念已作为一种集体无意识积淀在中国知识分子的心灵深处。以诗为例，王维的"明月松间照，清泉石上流"充盈着淡淡的禅意，王安石的"茅檐长扫静无苔，花木成畦手自栽。一水护田将绿绕，两山排闼送青来"用语平淡而情韵灵动。对于中国绘画崇尚平淡天真、清远淡美、虚静空灵的特点，徐复观总结道："淡由玄而出，淡是由有限通向无限的连接点；顺乎万物自然之性，而不加以人工矫饰之力，此之谓淡。"传统文化审美观将淡视为天巧胜人工的艺术，认为这种简淡幽雅的美可以直入心灵，帮助人梳理纷繁复杂的人生。

（六）淡定智慧

淡定，是一种内心明静的强大力量。儒道释三家都认为静生智慧：佛家说"灵台清静，静能生慧，慧能生智"；道家说"静能生定，定能生慧"；儒家也说"水静极则形象明，心静极则智慧生"。淡定，是一种心灵的磨砺与修炼，须能耐得住寂寞、经得起诱惑，成就人生的洒脱境界。《荀子》说："君子役物，小人役于物。"不会淡定的人，容易在形形色色的诱惑中迷失自我，因功名而骄奢，因利禄而跋扈，欲望无限膨胀，最终招致失败；淡定的人，因为有"天生我材必有用"的抱负，有"真金不怕火炼"的从容，有"任尔东西南北风"的坚韧，有"长风破浪会有时"的憧憬，就不会为一时得失所困扰，不为眼前利益所迷失，不因不良风气而悲观，不因道路之修远而放弃上下求索，专注当下，生活与内心有条不紊，可以勘破、放下、自在，淡定自若，云淡风轻。这样的淡定，如空谷幽兰，如"出淤泥而不染、濯清涟而不妖"之莲，如"俏也不争春,只把春来报"之梅，淡出荣辱之外、名利之外、诱惑之外；这样的淡定，能够让我们在滚滚红尘中，击破纷扰、洞察世事，谢绝繁华、回归简朴，淡泊明志、活出真我，赋情感以本真，予生活以原味。

总而言之，人若长食腥荤油腻、咸辣味重之物，间或杂以清淡之果蔬粥品，反而感觉滋味十足、鲜美无比。对于焦躁莫名的现代人来讲，或许应从传统文化中汲取智慧，细细品啜中国文化之"淡"，用澄澈如水的恬淡洗涤心灵的污垢，用平静达观的淡然赶走心灵深处的浮躁，用清纯淡雅的心境品味美好生活，超然物外、返璞归真，还原平淡而质朴的幸福人生。

二、中国文化中的养正观

养正，主要是指培养端正的心性、行为与人格。中国文化是一种注重"养正"的文化，"正道"是其核心范畴与根本价值追求。儒家强调"诚意、正心"等八条目，释家强调"正见、正念"等八正道，道家强调"心斋、坐忘"与"修真"（真即"正"道，与旁门左道、歪门邪道不同），中医理论强调扶正祛邪、"正气存内，邪不可干"，武学理论强调"中正安舒"，等等。传统文化倡导国人恪守正道、弘扬正气、捍卫正义，通过正身、正心、正行等人格修养路径养浩然正气，做正派之人。

（一）正其身：敬人自重的礼仪

中医著作《黄帝内经》提出，"骨正筋柔，气血以流，腠理以密"，认为人保持骨架端正有利于经络气血的流畅和身体的健康。俗语"站如松、坐如钟、行如风"就是强调人在各种活动姿态下要保持骨架正直、四平八稳的端正和放松的状态，若身体有歪斜扭曲，则气机不圆满、气血容易淤阻。为了优生优育，使胎儿能禀受母体正气、生而端正，古代胎教学说还要求孕期妇女举止文雅，"立而不跛，坐而不差"，即避免长时间斜身而坐或跛脚而立，以免引起胎儿偏位或造成难产。古人的修身实践从端正身姿开始，逐渐发展出一套体态礼仪规范。

古代童蒙教育中强调"蒙以养正"，而养正首先从端正身姿开始，比如"六艺"的锻炼中都会要求身体端正，《弟子规》中要求"步从容，立端正"，《曲礼》中提出"立必正方"的规范，认为修身可以养性。古代女性身上佩戴的玉佩等装饰以及步摇（一步一摇，旨在"不摇"）等头饰就是提醒女子要随时保持身形以及头部的端正，以显端庄文雅。中式家具尤其是椅凳的设计风格也是为了辅助人们通过"正襟危坐"修正身体，做到形端神正。传统礼仪观认为，体态端正，既是自重，也是敬人。《乐记》指出："致礼以治躬则庄敬，庄敬则严威。"如果一个人平时待人接物端端正正、彬彬有礼，会被认为有修养，自然能得到大家的尊敬，而这种尊敬正是靠自身端正稳重的威仪获得的。

（二）正其心：浩然之气的养护

"正心"作为名词，可以看作一种积极健康的心态，包括善心、正念、心理弹性等，用积极心理学的眼光来看属于积极心理品质。传统文化尤其是儒家文化认为积极心理品质是人的本性所内在固有的，《三字经》说："人之初，性本善。"《孟子·告子上》也说："恻隐之心，人皆有之；羞恶之心，人皆有之；恭敬之心，人皆有之；是非之心，人皆有之……仁义礼智，非由外铄我也，我固有之也。"仁义礼智四大善端是人所固有的，但是这种善心在成长或社会化的过程中可能会因为种种原因比如诱惑而被蒙蔽或迷失、沉睡。因此，孟子指出，"学问之道无他，求其放心而已矣"，倡导人们将自己那颗放纵散漫的本心（善心）找回来。这一寻找本心、唤醒本心的过程就是动词意义上的"正心"。

"欲修其身者，先正其心。""正心"作为动词，既包括对善良本心的呵护，也包括对各种情绪中介因素的调节，还包括自我对照标准的校正。首先，古人的养生观就包含养心思想。古人认为，人善良的本性就像一棵小树一样，要精心呵护其成长，而不要每天去砍伐它，这样小树才可以长成参天大树，才能养"浩然之气"。其次，本能冲动与各种不良的刺激、情绪、欲望、嗜好等会诱导人心向邪偏离正道，自我需要坚持不懈地"拨乱反正"。精神分析学说将原始本能比喻为一头不受控制、横冲直撞的马儿，比如《西游记》中的白龙马（龙与蛇同源，隐喻原始本能；马隐喻冲动）本是龙王三太子，因犯错被罚，后来驮着唐僧走上取经之路（正道），才取得真经（正经），修成正果。这一取经的过程其实就是降妖伏魔（降服内心的贪嗔痴）、不断正心的修心养性之旅。《大学》中指出，"所谓修身在正其心者，身有所忿懥，则不得其正；有所恐惧，则不得其正；有所好乐，则不得其正；有所忧患，则不得其正"，就是说人们如果被愤怒、恐惧、迷恋、忧虑的情感所控制，心灵就会被扭曲，就不能很好地修身养性。因此，"正心"就是要人们合理调节利欲好恶等欲望、喜怒忧恐等情感。另外，"正心"还是一个不断自我矫正、自我反省的过程。《大戴礼记》强调环境对端正内心的影响，提倡观察学习："见正事、闻正言、行正道，左右、前后皆正人也。夫习与正人居之，不能毋……犹生长于楚之地不能不楚言也。"曾子则强调自我反思："吾日三省吾身：为人谋而不忠乎？与朋友交而不信乎？传不习乎？"即提倡每天多次反省自己是否做到正言正行。

（三）正其知：格物致知的智慧

《大学》中说："大学之道……在止于至善。知止而后有定，定而后能静，静而后能安，安而后能虑，虑而后能得。"甲骨文中"止"的字形就像人的一只脚，"止"字上面加个"一"即止于"一"，就是"正"。古人将宇宙运行之道（规律）称之为"一"，这个"一"是人们永恒追求（联系"止""之"的含义，象征永不停歇的脚步）的目标，即真理（真知）。词语实事求是中"是"的本字就是"日＋正"，而太阳（日）本身又象征光明、真理、真知，"正"就是永不止步追求这一目标的过程和努力，所以"夸父逐日"的神话其实隐喻了人们不断追求真理的过程。《庄子》中指出："吾生也有涯，而知也无涯。以有涯随无涯，殆已！"通俗地讲，人生有限而知识无限，人穷极一生也追不完知识与真理。"夸父逐日"的神话中，夸父与太阳赛跑，其实就象征与时间竞走、"以有涯随无涯"的求知过程。为了避免一味求知可能陷入的困境，老子提出"知止不殆，可以长久"，即止于"一"（规律）。因此，正知的关键在于知道目标、规律、本源、境界所在，知道该止于哪里，这样才能使自己志向坚定（定）、不急不躁（静）、心安理得（安）、思虑周详（虑），进而增长智慧（得）。

儒家学说提倡格物致知的精神。心学宗师王阳明认为"格"就是"正"："格者，正也，正其不正以归于正之谓也。正其不正者，去恶之谓也。归于正者，为善之谓也。夫是之谓格。"格物就是为善去恶以达至内心的良知，"随时就事上致其良知，便是'格物'"。王阳明曾说："良知学是千古圣贤相传的一点真骨血，譬之如行舟得舵，平澜浅滩无不如意，虽遇巅风逆浪，舵柄在手，可免没溺之患。"在其看来，良知就是人生之舟的舵柄，致良知就是不断校正前行航向的过程。从认知的角度来看，致良知可以使人们避免成见、偏见、邪见、妄见等认知偏差或心理偏好，实事求是；从情感的角度来看，致良知可以使人们避免"一念嗔心起，百万障门开"的情绪干扰；从意志的角度来看，致良知有助于人们明理止欲、重道轻物、保持心境的纯明，避免逐物而弃道、随欲而失德、陷入无明而迷失；从行为的角度来看，致良知有助于人们知行合一，"知之真切笃实处即是行，行之明觉精察处即是知"，止于当止，行于可行，表里如一，值得信赖；从社会道德的角度来看，致良知有助于人们明辨是非，以正直之心做人，以善良之心待人，端正向上，保持"天真无邪"。

（四）正其人：坦坦荡荡的君子

《庄子·德充符》中说："唯尧舜独也正，在万物之首。幸能正生，以正众生。"一个人只有自正，才能够正他人、正众生。类似地，儒家提倡己立立人，佛家倡导自度度人，儒释道三家在正己正人的理念上不约而同——正人，首先要正己。

君子人格的根源特质就是"正"。孟子指出："（君子）立天下之正位，行天下之大道……富贵不能淫，贫贱不能移，威武不能屈，此之谓大丈夫。"君子因为其品行之正而成就其人格之大，可谓"正大光明"。君子坦坦荡荡，内正其心，外正其容，没有邪心邪行，没有巧言令色，可谓"一身正气"。《文子·符言》中指出："君子行正气，小人行邪气。内便于性，外合于义,循理而动,不系于物者,正气也;推于滋味,淫于声色,发于喜怒,不顾后患者,邪气也。"君子爱财,取之有道(正道),不取不义之财;君子为政(政者,正也),清正廉明,"清风两袖朝天去,免得闾阎话短长",自然能够服众,因为"其身正,不令而行";君子传道授业,"德高为师,身正为范",能够以身作则;君子著书立说,志在"为天地立心,为生民立命,为往圣继绝学,为万世开太平"。简而言之,君子律己,正身以俟;君子处世,堂堂正正。

不难看出,传统文化中的养正思想非常注重自我的努力与道德自律,强调个体通过正心诚意、端正身心、致良知等实践路径进而由内而外、由己及人地扩大正道、正气的影响。毫无疑问,这种养正观对于帮助现代人克服现代性和后现代主义的精神危机、树立正确的道德价值取向至关重要,对于营造风清气正的社会环境与舆论氛围具有积极意义,对于我们国家增强文化软实力、重建文化自信也大有裨益,其影响惠泽至今、弥足珍贵,我们在虔心继承的同时更应将其发扬光大。

三、中国文化中的化变心理

中华文明的思想源自伏羲氏,而《易经》主要阐述了变易的规律;中华民族以龙为图腾,而龙在古人看来变化莫测;受此化变文化影响,深信"穷则变、变则通、通则久"的中国人时常表现出灵活善变的人格特质。时至今日,传统文化中蕴含的化变心理思想,仍具有重要的借鉴价值。

(一)千变万化:通权达变的智慧心理

认知神经科学最新研究表明,人的智慧是应对变化时大脑结构网络间灵活转换脑区连接能力的反映,换言之,人类智慧的关键在于"应变灵活性"。中国传统智慧观也非常崇尚"权变",即权宜机变。神话传说中,女娲一天当中能够变化七十次,抟土造人,神通广大。神仙本领的大小可以通过其真身变化乃至随身器物变化的数量和质量来进行判断,例如《西游记》中观音菩萨用甘露水就使人参果树起死回生,法力无边。因此,神话心理中变化象征着法力,对应于人则是智慧、能力。兵法谋略中,《孙子兵法》强调"兵无常势,水无常形,能因敌变化而取胜者,谓之神",将军领兵打仗甚至可以"君命有所不受",以利于"度形势,施权变";陈寿在《三国志》中曾点评"荀攸、贾诩,庶乎算无遗策,经达权变,其良、平之亚欤",将二人与智慧权变的张良、陈平相比。因此,在军事心理层面,权变是出奇制胜的关键。

日常生活中,能够化干戈为玉帛,是一种人际交往智慧;能够化繁为简、举重若轻,是一种管理智慧;能够化险为夷、化危为安,是一种"急中生智"的应激智慧;能够化腐朽为神奇、变废为宝,是一种创造性智慧。《庄子》中记载了两个故事:惠施种了一个葫芦,但结出的葫芦太大了,用它装水不够坚固;把它剖开当水瓢,又大得没有水缸容得下。惠施认为其大而无用,庄子却说:"你为什么不把它系在腰上,那样不就可以浮游于江湖了吗?"庄子化无用为有用,体现了解决问题的智慧。还有一个故事,宋国一家族祖传有不龟手之药,他们世代以漂洗丝絮为业,一年收入不过数金。一个商人以一百金买下了这个药方,把它进献给吴王。吴越两国发生战争时,吴王任命商人为大将军,在冬天进攻越国,水战中吴国军队因为有不龟手之药,大败越国水师。吴王大喜,分封了一块国土作为商人的奖赏。同是一个药方,漂洗家族只用来漂洗丝絮,而商人用它来拜将封侯,这是化小用为大用的智慧。

(二)进退自如:留有余地的处世心理

黄河流域是中华文明的发祥地。因为黄河经常改道,民间渐渐形成了"三十年河东、三十年河西"的谚语。在盛衰兴替、变化无常的世事变迁中,国人形成了一套灵活应对变化的处世哲学。林语堂曾说,中国人成功时都是儒家,失败时则是道家,即根据不同的人生际遇选择相应的处世策略。中国人说话常常模棱两可,"随便""看着办"都是高频口头禅。人们既相信"逢人只说三分话"或"话留三分不点透",又希望"知无不言,言无不尽",二者看似矛盾,其实前者是对交情不深、关系不够的人而言,因为人心隔肚皮,所以应小心试探,而后者是对交情深厚、关系密切的人而言,既然亲如一家,自然不用互相隐瞒。这种区隔话的策略也是为了在人际交往中能够左右逢源、灵活自如。

世事变化往往以时间为轴。民间有"人情留一线,日后好相见"的说法,中国人做人情或拓展人脉通常不是为了当下的利益交换,而是为了以后的回报或人际互惠，其中暗含的思维逻辑是对方的综合实力、社会地位和社会价值等可能会有更好的提升与变化，这是一种进取型的处世策略。还有一句俗语"宁欺白头翁，莫欺少年穷"，主要是讲在对待年轻人时要注意尺度，因为年轻人具备可塑性和发展潜力，如果现在打压他可能会给自身未来增添不必要的麻烦，这其实是一种防御性的处世策略。

（三）潜移默化：春风化雨的教育心理

西方传统教育观通常把教育区分为内化和外化两个转化过程，内化是外化的前提和基础，外化是内化的目的和升华，因而着力于内化问题的研究，而忽视外化问题研究，更缺乏将内化和外化贯通起来的研究，其结果就是导致知而不行的脱节。而中国古代教育观强调化育，"教"与"化"同义。化育的心理机制主要是模仿和暗示，即让学习者在较长时间内不知不觉地发生心理与行为方式知行合一的转变。化育的方法主要有身正为范、言传身教的感化，移风易俗、环境陶冶的染化，文艺熏陶、以情感人的美化，等等。化育时机也很重要，"好雨知时节"，春风化雨、润物无声就是形容对学习者因时因势、恰到好处地进行启发诱导的"点化"。

朱熹认为学习能改变气质。所谓"君子豹变"，就是用小豹子从丑陋到慢慢长成美丽花纹的例子来比喻人通过学习潜移默化地从无知到有知、渐渐蜕变为有理有节的君子。对于学习者而言，这是一个循序渐进、持之以恒的过程。修心是"自化"，情育是"感化"，实践是"默化"，觉悟是"点化"。其中，觉悟又可以分为解悟、证悟、彻悟三个阶段：解悟是在认知层面了解道理，有助于化识成智；证悟是各种实践情景中来验证所学的道理，进一步领悟，避免学而不化；而彻悟则是在世事磨炼中做出正确的选择和行动，以实际践行证明学习效果的"大彻大悟"。彻悟是渐进量变达到飞跃质变的顿悟，其变化气质的成效最为显著，如"士别三日，便当刮目相待"，"百炼钢化为绕指柔"等。

（四）一念之间：善恶转换的品德心理

根据传统道德观念，每个人都有良心正性，倘若能够做到不失本心，仁义立身，与人为善，便是君子；倘若蒙蔽了良心善性（昧良心），不仁不义,成人之恶,便是小人。但实际上,儒家文化认为君子与小人二者之间并不存在什么不可逾越的鸿沟,逻辑上都可以通过主观努力向着对方转化。也就是说,在道德发展方面人人机会均等,每个人都面临着两种选择,用宋儒欧阳修的话来说,一个人不论社会地位如何,如果注重自身修养(检点)的话,就能成为君子,如果不注重自身修养(不检点),就会沦为小人。换句话说,一个人身上既有君子的特质,又有小人的特质,既有转化为君子的可能,又有转变成小人的可能;他们在遇到君子时更像个君子,行君子之道,而遇到小人时则更像个小人,行小人之道(你不仁,我不义)。曾国藩也说:"同一日也,朝而公正,则为君子;夕而私利,则为小人。同一事也,初念公正,则为君子;转念私利,则为小人。"即在同一天、同一件事情上,一个人可能就会经历君子与小人之间的转化。弘一法师李叔同说得更为直接:"我不知何为君子,凡事肯吃亏者便是,我不知何谓小人,凡事好便宜者便是。"对于常人来讲,做君子还是做小人,总在一念之间变化,"一念收敛,则万善来同;一念放恣,则百邪乘衅",所以儒家提倡"三省吾身",要人们做"检点"的功夫,不断反省自身的善念和恶念。

(五)与物同化:臻于化境的审美心理

中国传统艺术的最高境界是"化境"。所谓出神入化,就是超出神似境界而登堂入室臻于化境。以诗歌创作为例,"但见情性,不睹文字","不著一字,尽得风流",能使人得意忘言,便属化境。在绘画艺术中,"外师造化,中得心源"是一种天人合一、得心应手的"物化"境界,这种艺术创造状态与庄周梦蝶、人蝶合一的心理状态相似。在画竹时,胸有成竹、身与竹化,"竹如我,我如竹";在画山川时,"身即山川而取之";在画草虫时,"不知我为草虫耶,草虫之为我耶"。在物化状态下,艺术家达到一种物我两忘的心灵自由,作品便会呈现一种通感的灵性。观赏者在欣赏这类"化境"作品时也能获得物我相通的艺术感受,以及化古通今、触类旁通、有无相通乃至"天地与我并生,而万物与我为一"等审美体验。

林清玄在《生命的化妆》一文中,借助化妆师之口指出:"化妆的最高境界可以用两个字形容,就是'自然',最高明的化妆术,是经过非常考究的化妆,让人家看起来好像没有化过妆一样,并且这化出来的妆与主人的身份匹配,能自然表现那个人的个性与气质。"化妆的最高境界是无妆,是妆(物)与人的匹配。"三流的化妆是脸上的化妆,二流的化妆是精神的化妆,一流的化妆是生命的化妆。"人妆合一、与妆同化也是化境,能给人最自然的审美享受。

(六)比翼双飞:向往自由的爱情心理

中国传统文化中,并蒂莲、鸳鸯等被视作爱情的典型象征,"对月形单望相护,只羡鸳鸯不羡仙"形容了双宿双飞的爱情之美好。"在天愿为比翼鸟,在地愿为连理枝"是一种对美好爱情的向往,然而,从民间四大爱情故事——牛郎织女、孟姜女哭长城、白蛇传、梁山伯与祝英台可以看出,在封建社会中自由的爱情往往会遇到重重阻隔。作为对现实困境的补偿性满足,人们便通过"化变"方式来实现对自由爱情的追求。根据心理分析理论,翅膀代表着飞翔,象征自由、冲破束缚,于是便有了化身为鸟或蝶的爱情意象。

牛郎织女之间的爱情阻隔是王母娘娘用银簪变化的"天河",于是便有了喜鹊化桥,一人一仙鹊桥相会;《白蛇传》中人妖之恋遭到雷峰塔镇压,最后一人一蛇双双飞升成仙修成正果;梁祝二人楼台相会、一见倾心,但被拆散,最后英台入坟、一人一鬼化蝶双飞。古乐府爱情诗《古诗为焦仲卿妻作》中有"孔雀东南飞,五里一徘徊",孔雀就是刘兰芝的化身,而东南方位为巽卦,代表风,乘风而飞象征自由,正如《庄子》中的鱼化鲲鹏、扶摇直上。沈园中至今仍刻有陆游与唐婉的《钗头凤》,二人被陆母棒打鸳鸯,心中各有无尽怀念与悔恨;《钗头凤》的词牌名原称《撷芳词》,后来陆游根据《撷芳词》中的"可怜孤似钗头凤"之句改为此名;其中的"凤凰"(凤凰的前身是青鸟,为王母娘娘的信使,被视为爱情信使,如"蓬山此去无多路,青鸟殷勤为探看")意象就蕴含了自由爱情的渴望和与现实的巨大心理反差。"身无彩凤双飞翼,心有灵犀一点通",民间爱情传说故事不约而同地运用化生双翼、比翼双飞的想象来表达生死离别也不能阻隔对美好爱情之向往的决心。

四、中国人的"静"气

中国文化有"静"的底蕴,"静"的境界也是儒、释、道、医等各家崇尚与追求的目标。从道家的"致虚极,守静笃"到医家的"闭目养神",从儒家的"知止而后有定,定而后能静"到释家的"静定生慧",数千年来,"静"作为一种修行方式、一种精神信仰渗透在中华民族文化精神的各个方面,在民族心理结构上留下了深刻的烙印。

众所周知,中华民族的农耕文化源远流长,华夏先民对土地有着一种与生俱来的依恋与渴望,这种土地情结使与土地密切相关的"静"性特质渐渐融入集体潜意识,进而塑造出中国人独特的"坤德"(与"乾德"相对应)气质,如安静、柔顺、祥和、含蓄、包容、负重、谦退、踏实("接地气")等。地主静,先贤在修身养性时自然倡导"静心"之道,推崇"每临大事有静气",并留下诸多精妙之论。鉴于现代人在丰富物质背后却有着无处安放的灵魂,静心品味传统文化的"静气",或许能为心浮气躁、戚戚不安的现代人带来些许精神的安顿。

(一)虚静:本真心

道家鼻祖老子认为,虚静是生命的本源,但人容易受到外界的种种干扰与诱惑而丧失本心。他在《道德经》中指出:"五色令人目盲,五音令人耳聋,五味令人口爽,驰骋畋猎令人心发狂,难得之货令人行妨。"用今天的话来说,就是缤纷的色彩使人眼睛昏花,变幻的音响使人听觉失灵,丰腴的美食使人口不辨味,纵情于欢娱作乐令人心意狂荡,追求稀有之物(如奇珍异宝、权力等稀缺资源)令人行为不轨。以味觉为例,当今人们普遍追求味觉刺激,"重口味"已经不分南北、无论老幼,在嗜辣、嗜香、嗜咸、嗜味的流行趋势下,"舌尖"日渐麻木与老化,现代人吃东西反而觉得没有味道。有鉴于此,老子教导世人"为腹不为目",摒弃物欲的诱惑,重视内在的满足。在这里,"目"对应外在的红尘万丈、花花世界,而"腹"对应内在的心灵净土、精神家园,指向一种"逍遥"的自由境界。

老子提出"致虚极,守静笃""虚其心"的修真之道,即是教人们不为外在物质世界所惑、所迷,从外求转向内求,从物欲的满足转向心性的修养提升,返璞归真。事实上,中国文化本身就是一种内求文化,"修心"是中国文化的灵魂:儒家认为人人皆可为尧舜,释家认为众生皆是佛,道家也倡导修真成仙,而圣、佛、神、仙其实都是一种心性修炼的境界;《黄帝内经》也讲"精神内守,病安从来",强调养生不要外求,而要往里求、往内求。反观失去文化根基的现代人,缺乏内在信仰,不重内修而一味外求,奔命于名利权势,沉湎于吃喝玩乐,纷纷热衷攀比与虚荣,微博、微信上各种"晒""秀"大行其道。西方谚语说,一个人幸不幸福、快不快乐,不取决于自己取得了多大的成就,而是来自邻居看自己的眼神。在高度信息化的今天,"网络邻居"无处不在,为了赢得"邻居"的青睐、吸引别人的眼球,很多人都在"做"给别人看(从心理分析的角度看,是以此来证明自我的存在),甚至吃个冰激凌都要先拍张照片传到网上给人看。长此以往,人为他人而活、为生活所累,迷失了本真、忘却了本心。身处"眼球经济"时代,人们的眼球不断被外物吸引、心动不已,怎能不头晕目眩、气散神耗?俗话说,"广厦千间,夜眠仅需六尺;家财万贯,日食不过三餐"。或许,我们可以从虚静之道中撷取人生智慧,在面对纷繁复杂、物欲横流的社会时,让心灵虚空、宁静澄明,守持内心深处的一份恬淡与纯洁、自然与本真。

(二)清静:不动心

现实生活中欲念横流、烦恼迭起,人们普遍心为物役、身为名累,古语"目眩神迷"用来描摹现代人颇为传神,也揭示出当前人们眼花缭乱的"目眩",乃是源自心神不定的"神迷"。道家《养真》诗也提出"心动神疲""逐物意移",人若一心追逐外物,心念动了,精神就困倦、疲乏。因此,眼动的背后是心动,眼累的背后是心累,拿开障目的一叶,我们会发现后面潜藏的是现代人无处安放的心灵。而清静之法,就是能保持一颗"不动心"。

在中国传统文化中,不动心是一种智慧的境界。不动心并非与世隔绝的逃避,而是在日常待人接物中修炼用心如镜。俗话说,"小隐隐于山,中隐隐于市,大隐隐于朝",即使身在朝廷,仍然能做到无执无求,这才是真正的大隐。不动心也并非一个静态的结果,而是一个动态的过程。儒家先贤孔子自述"吾十有五而志于学,三十而立,四十而不惑,五十而知天命,六十而耳顺,七十而从心所欲,不踰矩",从十五岁起修养到七十岁才有把握;孟子也讲自己"四十而不动心",到了四十岁才达到"不动心"的境界;庄子说"圣人之用心若镜,不将不迎,应而不藏",用心若明镜来比喻不动心；禅宗六祖惠能悟道后说"何期自性，本自清净；何期自性，本不生灭；何期自性，本自具足；何期自性，本无动摇；何期自性，能生万法"，用"本来无一物，何处惹尘埃"来诠释不动心。无论是道家的效法自然，还是佛家的追本溯源，抑或儒家的君子坦荡、花开花落、云卷云舒，都是教导我们以一心不乱的不动心静观世间万物流变。

不动心是为了养心。庄子说，"平易恬淡，则忧患不能入，邪气不能袭，故其德全而神不亏"，认为排除私心杂念可以清心养神；孟子也提出寡欲收心以"养浩然之气"，做到"不以物喜，不以己悲""猝然临之而不惊，无故加之而不怒"；佛家更是主张六根清净，认为"名利杀人，甚于戈矛"，教导世人放下功名心、利害心、苦乐心、得失心、人我心、爱憎心、是非心、成败心、寿夭心，生死心等，从根本上免除"心火无烟日日烧"的痛苦，获得"一念清净，烈焰成池"的无上清凉。能保持一颗"不动心"，人就不会轻易受到环境的牵引、动摇而徒生烦恼、怨天尤人，失却内心的平静与安详。有了这种定力，自然境随心转，气定神闲，正所谓"静生定，定生慧，慧至从容"。

（三）仁静：生生心

《淮南子》中说："清静者，德之至也。"以孔子为代表的儒家认为，并非人人都具有"静"的本性，只有仁者之性才是"静"的，即《论语》中所说的"仁者静"。有学者考证，"静"字从生从井从来，像以手秉耒耕井田中而禾黍草生之形，当为"耕"之本字，其中"青字头"表示小草（农作物）初生，而"仁"最初表示果实的种子，因此，仁与静最初都与"生"有关，代表着一种生生不息的力量。《道德经》中老子的三宝之首为"慈"，"上善若水，水善利万物而不争"；古代信佛的人"扫地恐伤蝼蚁命，为惜飞蛾纱罩灯"，甚至"为鼠常留饭，怜蛾不点灯"；儒家提倡"恻隐之心""君子成人之美""老吾老，以及人之老；幼吾幼，以及人之幼"。这些都体现了"慈悲之心，生生之机"。《论语》中还说"仁者乐山"，而山在卦象为艮为止，故仁者知止。人心不足蛇吞象，《道德经》对此指出，"咎莫憯于欲得，祸莫大于不知足""知足不辱，知止不殆"，劝勉世人适可而止，不为贪欲所迷，这样就不会招致危险。"正则静"，有这种仁静之德的人，不戚戚于贫贱，不汲汲于富贵，心中常怀平正、不忧不惧、坦坦荡荡、俯仰无愧。

孔子之所以说"仁者寿"，乃是指由仁而静、由静而寿，其中介为"静"。养生即是处世，《太上老君养生诀》中说，人首先要去除六种损害仁德的品性，然后才可以益寿延年：一是要淡泊名利，二要禁犯声色之乐，三是对物质钱财不可贪恋，四是对膏粱厚味要尽量少贪嗜，五是根除巧言奸诈、阿谀奉承和狂妄自大的品性，六是要除去一切嫉妒记恨他人的心思。能够做到上述修身养性之仁心仁行，心神自然就会清静。《黄帝内经》中说"静则神藏，躁则消亡"，贪欲不止则必生烦恼，血脉紊乱，饮食乏味，终致多病体衰；庄子也认为静为"养神之道"，"静然可以补病"。因此，"一念心清静，莲花处处开"，仁静之德可以养生，对仁静之人而言也是"生生之机"。美国耶鲁大学、密歇根大学的病理研究人员曾对数千人的健康状况进行跟踪调研，结果也表明，善良正派、与他人融洽相处者预期寿命显著增加。由此可见，古人说"德"即是"得"，此言诚不虚也。

（四）静美：诗意禅心

德国诗人荷尔德林在《轻柔的湛蓝》这首诗中曾说："如果生活是全然的劳累，那么人将仰望而问，我们仍然愿意存在吗？是的，充满劳绩，但人，诗意地栖居在此大地上"。古人将静的境界提升到审美高度，用许多诗意化的描述来表达静之美。《诗经·静女》中"静女其姝，俟我于城隅"描摹了温雅女子的娴静之美；柳宗元的《江雪》"千山鸟飞绝，万径人踪灭。孤舟蓑笠翁，独钓寒江雪"有寒静之美；王维的《鸟鸣涧》"人闲桂花落，夜静春山空。月出惊山鸟，时鸣春涧中"有宁静之美；《鹿柴》"空山不见人，但闻人语响。反景入深林，复照青苔上"有幽静之美；《使至塞上》中"大漠孤烟直，长河落日圆"有静穆之美；《山居秋暝》中"空山新雨后，天气晚来秋。明月松间照，清泉石上流"有灵静之美；辛弃疾《清平乐·村居》"茅檐低小，溪上青青草。醉里吴音相媚好，白发谁家翁媪？大儿锄豆溪东，中儿正织鸡笼，最喜小儿亡赖，溪头卧剥莲蓬"有恬静之美；周敦颐的《爱莲说》中"出淤泥而不染，濯清涟而不妖"有贞静之美；无门慧开禅师的禅偈"春有百花秋有月，夏有凉风冬有雪。若无闲事挂心头，便是人间好时节"

有闲静之美……在古人眼中,静是一种诗意的景色:天高云淡,清风徐徐,柳絮摇曳,流水潺潺;"境惟幽绝尘,心以静堪寄",静也是一种人生的境遇:烟林寒树,雪夜归舟,深山萧寺,夜半钟声;"采菊东篱下,悠然见南山",静更是一种禅意的心境:择一处宁静,沏一壶清茶,闻一曲江南,携一缕清风,于清浅岁月,看落叶轻舞,享静怡安然。"贤者所怀虚若谷,圣人之气静于兰",能在烟雨红尘中守持一份淡雅本真的情怀,能在细水流年中追寻一种从容洒脱的境界,以静养生、以静生慧、以静明道,对现代人的心灵生活而言,或许是一种最好的陪伴、最暖的慰藉与最美的奢侈。

五、解读中国人的"笑"

笑,本是一种表情符号,是开心喜悦情感的表达。但细细品味,中国人的"笑"绝非英文的 smile 那么简单,而是耐人寻味、韵味无穷。在中国文化中,"笑"已不仅仅是一种情绪符号,更承载了社交符号、冷暖体验、甘苦人生、角色期待等丰富意蕴。

(一)真假之间

1. 眉开眼笑:由衷之笑

跨文化心理学研究表明,人对面部表情的识别存在文化差异。在面部情绪表达方面,东方人比西方人更多用眼睛、更少用嘴巴来表达情绪。以网络空间的表情符号为例,西方的表情符号主要使用嘴巴来表达情绪状态,如:)表示高兴,:(表示难过,而东方的表情符号主要使用眼睛,如^-^代表高兴,而 ;_; 代表伤心。中国文化中有许多诸如眉飞色舞、眉目传情、暗送秋波等用眉眼来表达、传递情绪的成语,《诗经》中的"手如柔荑,肤如凝脂……巧笑倩兮,美目盼兮"也渲染了"眼笑"之美。在文化的浸润下,中国人更认同"眉开眼笑",认为它是发自内心的、真诚的情感表达。

2. 皮笑肉不笑:虚假之笑

相反,"皮笑肉不笑"则代表表里不一。具体到表情研究领域,心理学家保罗·艾克曼(Paul Ekman)指出,在笑脸识别中一定要看眼睛周围的细纹,如果眼角有鱼尾纹一样的皱纹,那么这种笑容是真正幸福或愉悦的微笑，如果只有嘴角的笑却没有眼角的微笑，这种就是"皮笑肉不笑"的假笑。因为这一现象最初由法国医生迪香（Duchenne）提出，经由艾克曼提议，后人便将这种带有眼角皱纹的真心微笑统称为"迪香式微笑"。尽管"皮笑肉不笑"有多种原因，比如在电视剧《编辑部的故事》中所说的做人烦恼："好了遭人嫉妒，差了让人瞧不起；忠厚了人家说你傻，精明了人家说你奸；冷淡了大伙说你傲，热情了群众说你浪；走在前头挨闷棍，走到后头全没份。"出于社会性交往需要，许多人在无奈之下会"挤"出笑容或强颜欢笑，但殊不知，在中国文化语境下，"皮笑肉不笑"与表里不一、诡诈奸猾、小人、虚伪做作等负性意义有着极敏感而又坚韧的心理联结，因此中国人对于"皮笑肉不笑"是本能地排斥甚至厌恶回避的。许多公司刻板遵循西方礼仪要求，强制要求员工"微笑服务"，但因为员工内心缺乏真情实感，只是出于礼节便造就了种种"伪笑"。这类职业性笑容通常不能给客户带来愉悦的感觉，反而让人感觉到"假"与不适。

（二）冷暖之间

1. 暖笑：一笑暖人心

在中国文化中，笑和语言是有温度的。《增广贤文》中说，"良言一句三冬暖，恶语伤人六月寒"，形象地表达了体贴与恶毒两种不同性质的话给人带来的截然相反的心理感受乃至温度感觉。笑容同样如此，作为情感载体，如果个体能从对方笑容中感受到尊重、接纳、关怀、友善、体贴、鼓励等正向支持的情感或能量，自然会敞开心扉、消除隔膜，降低心理防御水平，拉近双方的心理距离。个体通过对方的笑容获取情感支持，如充电般感受到心理能量的增强。另一方面，通过笑的媒介，个体无意识中潜藏、压抑的愤怒、悲伤、焦虑等情绪得到了释放宣泄，如释重负，宛若重生。在由笑引发的放松状态下，副交感神经相对活跃，进而通过末梢毛细血管扩张使个体在不知不觉中变得暖和起来。也正因如此，中国人喜欢通过笑来传递温暖。《射雕英雄传》中，一灯大师为救黄蓉不惜散去一身内功修为，而且其音容笑貌让黄蓉感觉"一生之中从未有人如此慈祥相待"，"这时听了一灯这几句温暖之极的话，就像忽然遇到了她从未见过面的亲娘"，把一灯大师的笑之暖、言之柔表达得极为传神。

2. 冷笑：脊背发凉

与温暖感觉相对，有一种"冷笑"却让人不寒而栗。冷笑背后潜藏着敌视的、威胁的信息，这种信息被个体认知加工之后会产生恐惧、害怕的情绪。在紧张情绪的刺激作用下，防御反应使得交感神经活动增强，机体进行适应性调节，手脚部位血管收缩、血流量减少，从而使手脚变得冰冷。交感神经由中枢部、交感干、神经节、神经和神经丛组成，而中枢部位于脊髓胸段全长及腰髓一至三节段的灰质侧角，交感干位于脊柱两侧。如果"冷笑"背后的威胁性信息过分强烈或者被个体过分夸大，这种强烈的危险信号会刺激机体通过肾上腺激素和交感神经进行防御性调节，减少对脊背部肌肉的血液供给（以便在受到创伤后减少血液流失），所以个体会迅速产生脊背发凉的感觉。金庸小说《连城诀》中，万震山把戚长发杀害后埋到墙里，此后常在半夜梦游中重复砌墙动作。其儿媳戚芳有一次看到了这一幕："只见万震山将空无所有的重物塞入空无所有的墙洞之后，凌空用力堆了几下，然后拾起地下空无所有的砖头砌起墙来。不错，他果真是在砌墙！脸上微笑，得意洋洋地砌墙！"这里，梦游中的万震山虽是得意洋洋地微笑，但戚芳却感到毛骨悚然、脊背发凉。

（三）甘苦之间

1. 甜笑：笑与味觉

文化集体无意识里的饮食情结使得中国人常将味觉进行迁移，产生如"秀色可餐""话酸溜溜的""性格泼辣"等通感，"甜甜的笑"也属于此类。当笑容与"甜"联结在一起时，通常表达三种含义：一是笑的人（年轻女子居多）本身的笑容很甜美，比如"人面桃花相映红"的盈盈一笑；二是看到笑容的人产生了甜蜜的心理体验，比如"看在眼里甜在心里"；三是这笑容能够唤醒人们内心对甜美过往或生活经历的回忆，比如甜蜜的爱情、青春的记忆等。当然，也有一类刻意逢迎的谄媚之笑，这种取悦伴随着"甜头"、好处或利益等，可能也会让被取悦者产生"甜"的错觉，此处不予赘述。一般言之，笑之"甜"往往与青春、少女、可爱等意象紧密相连，多指契合男性审美心理体验的如花般女子的"嫣然一笑"。

2. 苦笑：苦与人生

与甜的通感相对，"苦笑"通常表达以下含义：一是笑容表情本身不协调，属于心中悲苦而强颜欢笑的反向表达；二是看到苦笑表情的人产生了痛苦的心理共振；三是苦笑唤醒了人们内心对痛苦过往的回忆。小说《天龙八部》中，耶律洪基见萧峰（乔峰）郁郁寡欢，了解到是因为误杀阿朱之事，便安慰说："你既喜欢南蛮的美貌女子，我挑一千个、二千个来服侍你，却又何难？"这时的萧峰，脸上露出一丝苦笑，心道："我既误杀阿朱，此生终不再娶。阿朱就是阿朱，四海列国，千秋万载，就只一个阿朱。岂是一千个、一万个汉人美女所能代替得了的？皇上看惯了后宫千百名宫娥妃子，哪懂得'情'之一字？"这里，萧峰的苦笑既有对误伤阿朱的悔恨，勾起了过往的痛苦记忆，又有对皇帝不理解自己对阿朱之"情"的无奈。因此，苦笑多是中国人对过往苦难的伤逝与当下无奈情愫的外化表现。

（四）俯仰之间

1. 仰天大笑：男子气概

公元742年，诗仙李白受到唐玄宗的召请，他在《南陵别儿童入京》中抒发了兴奋之情："呼童烹鸡酌白酒，儿女嬉笑牵人衣。高歌取醉欲自慰，起舞落日争光辉。……仰天大笑出门去，我辈岂是蓬蒿人！"此处，扬眉吐气的李白坚信"天生我材必有用"，用仰天大笑表达了得偿所愿的欢快。1898年，谭嗣同在戊戌变法失败后被捕入狱，其就义前的《狱中题壁》写道："我自横刀向天笑，去留肝胆两昆仑。"这里的仰天大笑，与文天祥《过零丁洋》中的"人生自古谁无死，留取丹心照汗青"一样充满浩然之气。谭嗣同决心一死，愿以身殉法来唤醒国人："各国变法，无不从流血而成，今中国未闻有因变法而流血者，此国之所以不昌也。有之，请自嗣同始。"在中国历史上，许多英雄豪杰用仰笑苍天、凛然赴刑场的豪气撑起了民族精神的脊梁。无论得意失意抑或捐躯赴难，仰天大笑都凸显了男性的精神特质与英雄气概。无论是"才"还是"勇"，都体现了进化心理学中雄性的竞争力。

2. 低头一笑：女子娇羞

在传统审美观念中，娇羞的女子更为可爱。徐志摩在《沙扬娜拉》中描摹了一位日本女郎的娇羞之美,"最是那一低头的温柔/像一朵水莲花不胜凉风的娇羞",用水莲花的比喻传神地表现了少女纯洁无瑕又楚楚动人的娇羞之态。而且,女子"低头的温柔"与"水莲花不胜凉风的娇羞"两个意象相互重叠,在朦胧意境中给人一种亦花亦人、莲人合一的美感。诗人虽写的是日本女郎,但用的却是"中国审美",表达的是传统女性的典雅气质。类似以莲花喻女子"低头之美"的文学表达还有南朝乐府《西洲曲》:"采莲南塘秋,莲花过人头。低头弄莲子,莲子清如水。"白居易在《采莲曲》中也写道:"菱叶萦波荷飐风,荷花深处小船通。逢郎欲语低头笑,碧玉搔头落水中。"采莲少女在碧叶荷花深处忽遇少年郎君,欲语但又娇羞万状,无语低头一笑,碧玉搔头落入水中。如果"脑补"当时的情景,可以想象少年郎必是被女子"低头一笑"所征服,奋不顾身下水捞寻碧玉搔头去了。在男人心中,少女仅是娇羞的"低头一笑",便有千种风情。

从进化心理学的跨文化研究来看,男性偏好娶年轻的女子,因为年轻意味着旺盛的生命力和较高的繁殖价值。心理学家迈克尔·康宁汉(Michael Cunningham)通过研究发现,吸引成年男子的美女面孔有两种类型:一种是成熟女性特征明显的面孔,如丰满的嘴唇、凸出的颧骨等;而另一种则是孩子般的可爱面孔(娃娃脸),即大大的眼睛、小巧的鼻子和小下巴。毫无疑问,成熟女性特征暗示了旺盛的生命力,而娃娃脸则意味着更低的年龄和更高的繁殖价值。因此,中国文化语境中女子"低头一笑"的娇羞其实是检验女性繁殖价值的一个重要线索,以至于在文化基因的延续中逐渐演变为"美女之所以动人"的一个重要标准。另外,结合"处女情结"来看,男性无法保证配偶所生的后代一定是自己的,所以为了避免对其他男性的孩子投入巨大资源,男人非常在意配偶是否忠贞,而是否为处女则成为重要检验标准。如在中国、印度等东方文化中,男性非常在意女性婚前是否忠贞即是否为处女。如此就不难理解,无论是"低头一笑"还是"莲花般的娇羞",实际上仍是男性无意识中检验女性忠贞度的一条线索。

中国文化中"笑"千变万化,还有相视一笑的默契,回眸一笑的娇媚,相逢一笑泯恩仇的豁达,拈花微笑的心意相通,赔笑脸的小心翼翼,一笑了之的处世智慧……限于篇幅,本书难免挂一漏万,留待以后另行著文详述。

第九章

角色形象中的意象表征

一、"观音"的心理象征与人格魅力

在中国,无论是精英阶层的雅文化圈抑或一般民众的俗文化圈,若论影响最大、信众最多、最受欢迎的神祇,当首推观音。作为家喻户晓、妇孺皆知的佛菩萨,大慈大悲的观世音与中国人感情最深、心理联结也最为紧密,民间对观音菩萨的崇信也远在其他诸佛之上。观音崇拜在大众的精神世界中显示出强大的生命力,甚至已经超越宗教本身成为民间的一种独立信仰。而观音形象之所以如此深入人心,则要归功于其在中国人心目中的心理象征及其所蕴含的"人格魅力":生的希望、美的能量与善的感召。

(一)生的希望

1. 生生不息

在所有菩萨像中,观音菩萨的形象变化最为丰富。由于受中国传统文化中形象思维的影响,中国民间塑造了许多具体的观音形象。例如,观音菩萨最初传入中国时本为男身,后来才逐渐演变为民众心中慈悲祥和的女性形象。在诸多观音法相中,由本土文化塑造的生育之神"送子观音"最受国人欢迎、流传最广,这源于传统文化中沿袭已久的生殖崇拜。崇拜生殖的观念是中国文化最深层的结构之一,在漫长的封建社会里,"不孝有三、无后为大"的传统孝道观念和"早生贵子""多子多福""母凭子贵"的吉祥文化在中国人的集体无意识中根深蒂固。事实上,从精神分析的角度来看,观音形象的艺术创造恰恰是本能冲动的一种升华与净化,是生命原动力的一种宣泄与表达。结合民间广为流传的"杨柳观音"来看,杨柳本身就代表着一种强大的生命力和生生不息的能量。《西游记》中观音就用杨柳枝沾着甘露救活了镇元大仙的人参果树。

而且,观音自述昔年与太上老君打赌:"他把我的杨柳枝拔了去,放在炼丹炉里,炙得焦干,送来还我。是我拿了插在瓶中,一昼夜,复得青枝绿叶,与旧相同。"精神分析认为,瓶子代表子宫,净瓶、玉露、柳叶等一系列意象构成了生命繁衍的象征。在各种观音法相中,柳(杨柳观音)、莲花(卧莲观音、持莲观音)、鱼(鱼篮观音、骑鲤观音)、甘露(水月观音、滴水观音)、树叶(一叶观音、叶衣观音)、洞穴(岩户观音)、贝类(蛤蜊观音)等女性象征和鳌头(龙头观音、骑鳌观音)、金刚杵(千手观音)、如意(如意观音)等男性象征在中国人心目中所投射出来的生殖意象契合了中国人的生殖崇拜,满足了人们潜意识中延续基因的生存本能。

2. 绝处逢生

在民间观音传说的故事情节中,观音菩萨通常是在善良的弱势群体走投无路时从天而降,举重若轻地帮助人们渡过灾厄。因此,在中国人心中,观音菩萨的出现就意味着希望,而观音本身就是一个绝处逢生的隐喻。在《西游记》100回的故事里,"南海普陀落伽山大慈大悲救苦救难灵感观世音菩萨"直接出场的就达20回之多,神通广大的齐天大圣碰上厉害的妖魔鬼怪阻路无计可施时也经常跑到观音菩萨那里去求助。天庭玉帝高高在上,西方极乐世界的诸佛又遥不可及,而观音菩萨既具有佛的无量神通,又能够出莲座历下界、"随类化度",因此在民间传说中观音"出场"的频率最高。在报恩心理的作用下,中国人对观音菩萨的感情也最为深厚。众所周知,中华民族几千年来多灾多难,洪水、旱灾、战乱、疾病等天灾人祸使社会各个阶层的人士都有一种生存忧患的不安全感,对处于社会底层的广大民众来说这种恐惧感尤为强烈。在民族集体焦虑的驱动下,中国人在长期的历史实践中依靠想象塑造了理想的、独特的观音菩萨形象,使其成为庇佑人们摆脱现实疾病、灾难、困境的希望之神。长期以来,观音菩萨一直作为平民百姓的心灵抚慰与精神支柱而存在。因此,与其说是中国人崇拜、信仰观音菩萨,不如说是观音菩萨满足了中国民众的心灵渴求与精神寄托。

(二)美的能量

1. 母性之美

佛教传入中国本土之后,对于女性来讲,由于受男尊女卑的等级观念和

"男女授受不亲"等伦理禁忌的影响,她们很难对一位"男性"佛菩萨毫无保留地敞开心扉。而具备"女相"的观音菩萨则可以满足女性的这一心灵需求,担当一个"母亲"的角色,恰如人本主义心理学所倡导的那样,真诚地倾听"女儿"倾诉心中的烦恼或愿望,并给予其慈母般无条件的积极关注。观音菩萨以慈悲著称,其中"慈"是指关爱呵护众生、给予众生安乐的仁慈之心,属于正强化;"悲"是指悲悯拯救众生、拔除众生苦痛的怜悯之心,属于负强化。在双重强化机制作用下,加上女性的期望效应和"严父慈母"的心理定势,这位能救难送子、造福众生的观音菩萨在中国人心目中最理想的形象便逐渐形成了——一位慈爱、温柔、可亲的母亲或女性,既具有超凡脱俗的神性,又具备博大善良的母性。

跨文化心理学研究表明,中国人比西方人更具恋母情结,比较服从和依恋母亲。这是因为在中国人的自我结构中通常把母亲摆在一个异乎寻常的重要位置,而且不可替代。中国人引进并主动加以塑造的"观音菩萨"形象所表现出来的母性之爱,与中国传统文化崇拜母性的根源特质高度契合、一脉相承,因而可以从无意识层面激发人们的强烈情感,使人们对之产生一种对母亲的依恋,表现为成人式的恋母情结。与一般意义上的生理断乳、心理断乳不同,观音菩萨赐予广大民众的是一种滋润心灵的乳汁,其母性之美符合中国人的审美品位,能够满足中国人的心灵饥渴。

2. 圣洁之美

震撼人心的舞蹈《千手观音》曾带给全国观众以美轮美奂、心旷神怡的视觉享受,完美诠释了观音的优雅风范和圣洁气质。无论是形象还是内涵,观音菩萨之美在中国的女神体系中都是屈指可数。上古女神中的西王母(豹尾虎齿)和创世女娲(人首蛇神)都是半人半兽的怪物形象,不完全符合中国人传统的审美观念;民间传说中的王母娘娘因为拆散多桩美好姻缘(织女与牛郎、七仙女与董永、三圣母与刘彦昌)所以口碑不佳;嫦娥尽管貌美,但因为是偷吃了丈夫后羿的灵药才得以成仙,所以其人格之美存在瑕疵。而观音女菩萨的形象在中国人心中几近完美,观音相貌之美从《西游记》中浓墨重彩的描写中即可见一斑,"缨络垂珠翠,香环结宝明。乌云巧迭盘龙髻""眉如小月,眼似双星。玉面天生喜,朱唇一点红""兰心欣紫竹,蕙性爱香藤""玉环穿绣扣,金莲足下深""容颜多绰约。散挽一窝丝",可谓美玉无瑕、蕙质兰心、端庄秀美。观音人格之美缘于其大慈大悲、救苦救难的宏愿，这与儒家仁爱、墨家兼爱的人文精神不谋而合，极易得到百姓的认同。更重要的是，观音菩萨是一位圣洁的美神，玉净瓶、莲花、白衣等象征清净无垢、纤尘不染的意象都强化了这一圣洁之美，无怪乎人们曾经把观音菩萨比作是中国的维纳斯、东方的圣母。

（三）善的感召

1. 大度之善

若论神通法力，观音菩萨不在诸佛之下；若论资历，释迦牟尼佛曾在《观音三昧经》内说："观音在我前成佛，名正法明如来，我为苦行弟子。"可见，观世音菩萨本来就是佛，连释迦牟尼都是其弟子。但是，在释迦牟尼成佛以后，观音却以胁士的身份，在娑婆世界帮助释迦牟尼佛普度众生，在极乐世界帮助阿弥陀佛接引众生往生极乐。这样一种不计自身名利高低、一心感化众生的"大度"胸怀与气质，这样一种欢欢喜喜"大度"众生的精诚宏愿，足以感召人们去由衷赞颂和虔诚膜拜。

2. 大慈之善

中国本土的观音是一位颇具人情味儿的神仙，其慈悲之善充满了人文关怀。《西游记》第42回"大圣殷勤拜南海，观音慈善缚红孩"中写了一个细节：观音在收服红孩儿的斗法前夕，事先将周围方圆三百里的所有生灵甚至包括蝼蚁雉虫都送上了山巅以保证它们的安全，妥善安排之后才将净瓶扳倒水淹山头。此时，连一向刁蛮的孙悟空也禁不住感慨万千："果然是一个大慈大悲的菩萨！若老孙有此法力，将瓶儿望山一倒，管甚么禽兽蛇虫哩！"这话更加反衬出观音的慈悲。民间传说中，类似的情节、故事不胜枚举。也正是因为这种慈悲，普通百姓作为"草根"更容易产生对观音的认同与感恩。

毋庸置疑，观音的大慈大悲、救苦救难并非出自功利，也无需回报，表现出母性的无私精神。她化一切苦厄、度一切众生，让众生从惊恐、畏惧中解脱出来，因此又被称作"施无畏菩萨"。观音度人不分贫富、贵贱、贤愚之别，善良之人自不必说，即使是对犯错之人甚至恶人，观音也都予以拯救，以感化其悔过自新。这种博大非凡的爱与怜悯，使得观音在中国各地、各类人群中都有着难以企及的"群众基础",而且,与其他佛菩萨不同,根据《千手千眼观世音菩萨广大圆满无碍大悲心陀罗尼经》解释,观音菩萨为普度众生、超脱世人,长出千手千眼以寻声救苦,做到千处有求千处应。这种与人为善、广施恩德的特性更增加了观音的吸引力和"人缘儿"。有趣的是,观音正因为具有独特的神通——寻音救度才得名"观世音",而口诵观音(母亲象征)名号以寻求救度的做法与人们在遇到痛楚、危险时不自主地大叫"妈呀"的本能反应恰恰不谋而合。此外,民间口口相传的灵验感应、"观音"寓意"官印"的吉祥象征等也都在时刻地拓展、渲染与彰显着这位"最美"菩萨独特的人格魅力。

二、母亲的心理表征

在个体心理发展过程中,母亲的角色起着不可或缺且不可替代的重要作用。母爱经年累月在子女成长过程中烙下的印记,深刻影响到子女自我观的形成、人际关系原型的建构以及亲密情感联结与依恋关系的建立,并在子女心中刻画出一种自我高度卷入的、情感纠结的复杂表征。在中国文化语境下,关于母亲的心理表征具有一定的文化特性。

1. 核心区域的"自我"

对于中国人而言,母亲不仅仅是传统心理学意义上的"重要他人",其更在中国人自我结构中占据了异乎寻常的核心位置。文化心理学研究认为,西方文化背景下的个体,自我概念是独立的、个人主义的,更关注自身的思想、感受和行动;而在东方文化背景下,个人是一种关系自我,更强调人与人彼此的相互联系和相互依附,尤其看重家庭。而且,中国人的自我结构是以个我为圆心,按照亲疏关系依次向外扩展,由小我(家庭、小圈子)到大我(集体、国家等)呈现差序格局的同心圆结构。换言之,中国人的自我概念中就包含有"母亲"的成分,母亲是最亲密的"自己人",而且是自我的一部分。朱滢等人在 2007 年对中西方大学生两组被试进行了"母亲参照效应"(与西方人不同,中国人的记忆不仅具有"自我参照效应",即对与自己有关的信息记得格外清楚,而且对与母亲相关的信息也能记得很清楚,就像是记自己的事一样)的脑成像研究,结果发现:对中国人而言,在自我参照和母亲参照条件下，都激活了腹侧内侧前额叶；但西方人只有自我参照激活了腹侧内侧前额叶。这说明中国人的自我与母亲是在同一个脑区的，为中国人独特的"母亲参照效应"提供了神经生理层面的证据。因此，在中国人的自我心理表征上，"母亲"和"我"密不可分、混沌共生。母亲在中国人"自我"中具有重要意义。对中国人而言，与母亲的情感联结深入骨髓，从婴儿时建立的依恋，到长大成年后"母亲"依然以这种方式存在于中国人的生命里，母亲早已是"自我"结构中根深蒂固的一部分，无可代替而且难以割舍。

母亲去世的心理创伤事件对中国人的影响相对而言更为深远，因为它不仅代表着子女角色的一种丧失，更意味着一种"自我的丧失"，即那个与母亲相关部分的自我的丧失乃至消亡。正所谓"父母在，人生尚有来处；父母去，人生只剩归途"，在心理意义上，父母整体上都可以算是一种"母亲"（依恋对象、情感联结者）的角色。父母在世时，人生还有根基，心灵还有归宿，即使是在外漂泊的孩子，心中也有一个心灵的避风港湾，其核心自我是完整的；父母离世后，子女从小到大生活的"家"（心理层面的家）也就不复存在了，个体在心灵意义上就成了丧失"来处"的孤儿，其核心自我也是缺失的、不完整的。

2. 初始的"内在客体"

精神分析学说中的客体关系理论（object-relations theory）主张人类行为的动力源自"寻求客体"（object seeking），即人类关系的建立与发展。客体（object）与自体相对应，最初指与"主体"（subject）相关联的、满足需求的事物，后来用作表示欲望或行动所指向的某人。客体关系理论认为，真正影响一个人精神发展过程的是在出生早期婴儿与父母的关系，尤其是与母亲的关系。

梅兰妮·克莱因认为，婴儿心理的内容是重要人物母亲（或主要扶养者）在其内心的表象，即内在客体，由这些内在表象的关系而建构起来的内心世界叫内在客体世界。婴儿最初的客体是母亲的乳房，即俗话说的"有奶便是娘"。乳房与婴儿有紧密的情感联系：乳房来了，有奶的婴儿有了好的感觉——爱，乳房不在了，没有奶的婴儿就有了坏的感觉——恨。内部客体关系世界的发展引导着婴儿和母亲建立关系，而母亲这个客体对婴儿的回应修正着婴儿的内部客体关系世界和婴儿的情感。正是因为婴儿有了内在的客体关系世界，才有了以后和母亲这个外在客体建立关系的潜能。换言之，婴儿是先有了"母亲"表象层面的内在客体关系，然后才建立了和实实在在存在的"母亲"这个人的关系。长大以后，儿童和母亲的关系内化成为一切人际关系的原型。在克莱因看来，自我的核心与婴儿最初且最基本的客体关系（即与母亲的关系）联系非常密切，这种关系比其他任何关系更能成为建构儿童内在世界的基础，也就是说，自我从内在客体关系而来。而自我与他人的关系形态一旦建立，就会影响其日后的人际关系，即内在客体关系塑造了成人与他人之间的互动情形。进而言之，人们通常会去寻找符合过去已建立过的关系形态的内在客体关系。例如，过于依赖与过于孤僻的人，有可能是在重复刚学走路时与母亲所建立起来的关系形态。当母亲去世时，个体会进入客体丧失的抑郁、焦虑的应激状态，正常情况下，这种焦虑通常会促使个体心理进一步发展和成熟，修复抑郁并发展出一种补偿能力，进而建立更高层次的客体关系。

3. 慈母：情感联结的亲密性

金庸的小说《射雕英雄传》中塑造了一个比较典型的人物角色——包惜弱，这包惜弱的父亲是个老学究，见自己的女儿心地仁慈，经常喂养医治受了伤的麻雀、田鸡、虫豸蚂蚁之类，又从不舍得杀自家的鸡鸭鹅狗等禽畜，就依照她性子给她取个名字，叫作"惜弱"。这里的惜弱代表的是一种恻隐之心，小动物、小孩子比较柔弱，更容易激发出那种天然的母性，即母亲对孩子的慈爱之心、怜惜之心，而且这种怜惜是无条件的。包惜弱与同样作为母亲角色的穆念慈（即"母念慈"）都代表了传统的"慈母"形象。而与"包惜弱"这一称谓形成鲜明对比的是作为父亲角色的"杨铁心"，代表了"铁石心肠"、冷冰冰的父亲形象。心理学家弗洛姆在《爱的艺术》一书中非常准确地区分了"母性之爱"和"父性之爱"：母爱就其本质来说是无条件的。母亲爱新生的婴儿，只是因为这个婴儿系她所生，而不是因为这个婴儿满足了她的什么特殊要求，也不是因为婴儿的相貌符合她美的期待，而父亲的爱是有条件的。

柔软的"惜弱"与冰冷的"铁心"之间的强烈反差让我们不难联想到动物心理学家哈洛的恒河猴实验。20世纪50年代末，美国威斯康星大学做了一系列实验：哈洛和他的同事们把一只刚出生的恒河猴放进一个隔离的笼子中养育，并用两个假猴子替代真母猴。这两个代母猴分别是用铁丝和绒布做的，实验者在"铁丝母猴"胸前特别安置了一个可以提供奶水的橡皮奶头，按哈洛的说法就是"一个可以24小时提供奶水的母亲"。刚开始，婴猴多围着"铁丝母猴"，但没过几天，令人惊讶的事情发生了，婴猴只有在饥饿的时候（每天不超过3个小时）才到"铁丝母猴"那里喝几口奶水，其他更多的时候（每天将近18个小时）基本上都是与"绒布母猴"待在一起，对"绒布母猴"产生了极大的依恋。而且，婴猴在遭遇不熟悉的物体（比如一只木制的大蜘蛛）或受到惊吓（比如一个敲着鼓的泰迪熊玩具）时，会跑到"绒布母猴"身边并紧紧抱住它，趴在它的怀里，慢慢地安静下来，似乎"绒布母猴"会给婴猴更多的安全感。哈洛的"代母养育实验"生动地证明了母爱的本质，母亲慈爱的关怀、支持、拥抱、接触、陪伴是婴儿心理健康成长的重要基石。

  在中国传统文化中，"慈母"形象深入人心。孩子从母亲那里感受到的是一种温暖、一种温馨，"慈"便成了母亲的代名词（包括祖母、外祖母），"家慈""慈母"成为人们对母亲的称谓。《诗经》中的"母兮鞠我，拊我畜我，长我育我，顾我复我，出入腹我"，唐代孟郊的"慈母手中线，游子身上衣"，宋代王安石的"月明闻杜宇，南北总关心"，元代王冕的"慈母倚门情，游子行路苦"，清朝蒋士铨的"见面怜清瘦，呼儿问苦辛"，民间《劝孝歌》中的"老母一百岁，常念八十儿，尊前慈母在，浪子不觉寒"等，字里行间无不刻画出母亲心系孩子的深切慈爱。这也让我们不由得联想到了佛教文化中的"大慈大悲救苦救难观世音菩萨"，观音为了度化一切众生而未成佛，不分男女老幼、贫富贵贱，只要诵念她的名号，就可寻声而至，却不求任何回报。这种慈爱品质在中国文化中是女性尤其是母亲所特有的，能这般无条件地积极关注的，也只有母亲才能做到，这也是为何观音在传入中国后渐渐地由男相转为女相，而且被尊为观音"圣母"或观音"娘娘"的一个重要原因。因此，母亲与美貌无关，电视剧《丑娘》可以佐证；母亲与智商无关，文章《我的妈妈是个疯子》也说明即使在疯子身上，作为母亲的"母性"依然令人感动；母亲与慈爱、怜惜、善良相关，比如那个当年怜悯落魄的韩信并给他饭吃的帮人家清洗衣物的老婆婆，虽然与韩信素不相识，但她身上表现出了"慈母"的母性特质，再加上一饭千金的报恩故事，使得"漂母"形象深入人心。

4.母"权"：母亲阳具的控制性

儒家思想体系的理论核心是"仁"，"恻隐之心……仁之端也"，仁发源于恻隐之心、同情心，而这种恻隐之心最初的本源又是母亲对婴儿的那种情感。所以，追本溯源，儒家文化是一种以母性情感为主流的文化。中国历史上儒家文化曾长期占据主导地位，即使是在男权社会中"母亲"角色的权威仍被毫无保留地认同，女性在家庭中的地位可以借助"母亲"的身份来确立并巩固。比如，《红楼梦》中的贾母就是贾府中受人敬畏的"老祖宗"，她不管具体的事，但地位却至高无上，连贾政对她的旨意都不敢违抗。类似的还有《杨家将》中的佘老太君、《西厢记》中的崔夫人等等。在拉康的精神分析学说中，"阳具"代表了父亲的法则，即一种精神的力量和控制（权力和性力）。女性虽然不具备男人的力量与理性，但她却可以通过对性权力的使用控制男人，也可以通过母亲的角色在儿童身上实施自己未来的愿望。换言之，丈夫和孩子就是母亲的"阳具"，母亲可以借此实现个体唯我独尊、追求优越的深层潜意识欲望。在传统文化中，母亲的权威及其对子女的影响力从孟母三迁、岳母刺字、郑母教子、伯俞泣杖等历史典故中可见一斑。然而，在母亲的权力控制之下，母爱也会发生不同程度的错位、异化甚至畸变，比如《孔雀东南飞》中的焦仲卿之母、《七仙女》中棒打鸳鸯的王母娘娘，这种控制性的虐爱往往会遮蔽"慈母"的光芒，在人们心中演化出"恶母"的心理表征。

三、"暖男"的角色象征与心理功能

近年来，"暖男"成为新好男人的一种典型模式，受到广大女性的诚挚欢迎与热烈追捧。这一现象从侧面反映出现代女性在社会分工、角色定位、性别意识等方面产生了新的期待与呼声。情感渴求的背后是相应情感的缺失，从角色象征与心理功能的角度来加以分析，有助于我们深入了解当代女性的恋爱心理与精神需求。

(一)衣服角色：温暖功能

传统中医理论认为，女性体质属阴（男性属阳），同气相求，故阴盛的女性容易受寒，民间也有"十女九寒"的说法。而且，现代女性对低腰裤、抹肩装、丝袜等时尚服装普遍追捧，使得肚脐、命门（后腰处）、三阴交（小腿内侧处）、肩井（肩膀处）等关键穴位长期受凉，再加上饮食方面女性为了保持苗条体形而节食导致热量摄入不足，以及对瓜果的偏爱导致凉性食物摄入太多，综合原因使女性更易畏寒怕冷，易出现宫寒、痛经、手脚不温等体寒症状。生理学与医学研究也发现，在同一气温下，女性实际感知的温度要比男性低。女性对温度变化的感知觉更加敏感，再加上现代女性运动量普遍不足（产热少）、工作压力大等因素，女性在生理和心理上更容易有"冷"的感觉。从心理需要的角度看，怕"冷"的女性普遍有一种"被温暖"的需求，而代表这种需求的象征物有阳光、热水、暖水袋、暖宝宝、衣服等。例如，优乐美奶茶广告设计中的"捧在手中""暖暖的"等元素恰恰契合了女性的这种情感诉求。再如，很多女性喜欢不停地购买衣服，其显性动机是爱美的需要，而其隐性的深层动机则是"被温暖"的需求。"暖男"的概念伴随着女性这一心理需求的日趋凸显应运而生，因此暖男的首要角色是"衣服"，承担着温暖的功能。在心理层面，作为一种角色象征，暖男的优势还在于像衣服一样起到防护和保暖的作用，使女性感受到放心、安全和舒适，减少精神紧张对心理能量的消耗。

(二)母亲角色：照顾功能

精神分析理论认为，在成长过程中，每个人都会遇到各种"分离"。而最初的分离是胎儿从妈妈的子宫里分离出来，成为一个独立的个体。胎儿不得不离开温暖的子宫——一个各种需要完全被满足的温暖舒适的环境，从此便从那种天堂一般温暖的和妈妈融为一体的美好感觉里分离出来，不仅要经历分娩时产道的挤压，承受脐带被剪断的痛楚，更可怕的是自己的需要从此不再被及时满足了。这种人类最初、最本源的分离之痛，会持续影响人的一生，以至于许多人终其一生都在"找妈妈"。对于女性而言，渐渐长大成人、恋爱结婚并离开原生家庭，就意味着她们要再一次承受分离之痛。在这一阶段，情感细腻、丰富的女性相比较男性而言更迫切地需要一名"母亲"

来找回曾经温暖的感觉，来缓解分离的焦虑，以此作为成长的过渡。而这时，带有"母亲"光环的暖男（当然，现实中许多男性在恋爱关系中会表现得比较像一枚暖男，而在结婚后才"原形毕露"）更容易吸引女性的目光，受到女性的青睐。

暖男细致体贴、能顾家、会做饭，而且能很好地理解和体恤异性的情感，在恋爱或婚姻关系中把女性当成"孩子"一样照顾，在生活角色和心理意义上更多地承担了传统的"母亲"的职能。暖心先要暖胃，"妈妈的味道"在厨房经由暖男通过食物变成了现实，使得女性可以自在舒适地享受"巨婴"的状态。换句话说，在暖男面前，女性在心理上可以是一名被照顾的"婴儿"，可以自由自在地停留在口欲期而不必为此产生焦虑或冲突。从精神分析的视角来看，婴儿（包含心理意义上的婴儿）永远在找奶吃，一个完美的乳房对于婴儿来讲是不可或缺的。在"分离"之后，口欲期的婴儿觉得自己是匮乏的，她必须把妈妈的乳汁吃到肚子里变成自身的一部分才可以感受到与母亲"共生"的满足感，这时婴儿与妈妈构成了一个身体与心灵的共同体，不分彼此。对于女性而言，那种"妈妈般的温暖"是一辈子最美好的感觉。这种感觉通过"吃"的快感可以得到恢复和延续，于是"厨房"就成了"第二乳房"，暖男通过一桌热腾腾的饭菜接过了"足够好的母亲"的接力棒，成为女性"巨婴"亲密依恋的"第二母亲"。因此，女性渴望暖男的出现，实际上是对母亲、对乳房的心理需求的延续。

（三）父亲角色：宠爱功能

进化心理学研究表明，女性倾向于选择具有"好父亲"特质的异性作为伴侣。在远古时期，面对恶劣的自然环境，女性要想繁殖后代，必须找一个能提供丰富资源，并勇于保护子女、愿意为家庭投入时间和精力的男性来做配偶。对现代女性而言，物质资源和安全保障相对容易获得，但男性在时间和精力上的投入却成了稀缺资源。因此，女性现在更看重男性的情感付出。在男性面前，女性通过扮演孩子的角色（如撒娇、任性等），预演着"父与子（女）"的关系模式，潜意识中是对男性"好父亲特质"的一种检验。相对而言，暖男的细致体贴以及情感投资更容易让女性相信他愿意为后代无私付出，愿意与孩子积极互动，能做一名好父亲，是一位值得信任的可靠伴侣。事实上，女性偏好暖男，表面上是为了自己（大孩子）的幸福，而潜意识里则是为了后代（小孩子）的幸福。

《公主梦》歌词写道："每个女孩的心中，都会有一个公主梦。"对于许多女孩儿来说，成为公主是她们从小就有的梦想，而且这种白日梦会一直延续甚至伴随一生。在童话分析中，"公主梦"有两个基本假设：一是公主的父亲是慈祥的国王，有能力满足公主的各种愿望；二是这位公主通常是国王最宠爱的小公主，心甘情愿地满足小公主的各种愿望。这个梦的原动力就是，女性希望自己像备受宠爱的小公主一样拥有无上的"权力"，成为"家庭王国"（丈夫即国王）的中心，使整个"恋爱小宇宙"按照自己期望的轨道运转。暖男的出现，实际上是满足了女性被宠爱的小公主心理，即女性在自觉抵制大男子主义的同时，有意无意地选择性地夸大了男性的"父爱"职能。当今社会，"女汉子"越来越多，但作为女性，她们情感世界非理性的成分依然居多，只是在情感的宣泄与表达方面更加自由和无所顾忌，倾向于以攻击、发怒、任性、折腾等方式来表达内心的脆弱与不安，她们因此也更需要继续有一个"父亲"温柔慈爱地接纳与包容她们，可以无条件地容忍她们的无理取闹，又会在她们需要的时候及时出现，正如童话中国王对待小公主那样。

（四）王子角色：陪伴功能

作为"公主"，女性对另一半的期望（在意识层面）自然是"王子"。暖男与王子具有许多共同点：一是都有英俊的外表，即高颜值或面容清秀，无论是嘴角一抹浅笑还是眼眸中一丝柔情，都能给人以阳光般清新而温暖的感觉，能给女性带来一种心旷神怡的愉悦感；二是都有善良的内心，如同童话《快乐王子》中的快乐王子一样，使得女性像小燕子一样能获得一种至死不渝的信任感；三是都有清澈纯洁的心灵，尽管王子大都是骑着"白马"（性的象征），但这种狭义的性的指向并不是最主要的，更多的是情感上的爱慕与陪伴；四是都有一种浪漫情怀，能带给女性一种被呵护、被供养、被陪伴的精神享受；五是都有一种柔情蜜意般的忠诚，使女性能感受到自身"独一无二"的魅力。童话《小王子》中叙述了王子与玫瑰花的故事：小王子居住的星球上忽然绽放了一朵娇艳的玫瑰，他从来没有见过这么美丽的花，便爱上了这朵玫瑰，细心地呵护照料它。他认为这是一朵唯一的花，只有他的星球上才有。然而，等他来到地球，小王子才发现仅一个花园里就有五千朵完全一样的玫瑰花。这时，小王子才知道自己拥有的只是一朵普通的花。这个发现，起初让小王子非常难过。但到最后，小王子终于明白，尽管世界上有无数朵玫瑰，但他星球上的那一朵仍然是独一无二的。因为，对于小王子而言，那朵玫瑰花是他全心全意地"温暖"过的，他给它浇灌，给它罩过花罩，给它除过虫子，还倾听过它的自怨自艾和自诩自夸，陪伴它一起沉默，一起看日出日落。正如狐狸所说，"正因为你为你的玫瑰花费了时间，这才使你的玫瑰花变得如此重要"。面对着五千朵玫瑰花，小王子说道："你们很美，但你们是空虚的，没有人能为你们去死。"在小王子心中，自己星球的那朵玫瑰是全宇宙独一无二的，它驯服了他。这个童话故事可以看作是现实中爱情关系的隐喻，小王子就是生活中的暖男，玫瑰花就是现代女性，女性渴望暖男像小王子对待玫瑰花那样对待自己，将自己看作是这个星球上独一无二的花朵来进行呵护与陪伴。另一方面，女性心仪于暖男，也是她们下意识地相信暖男更容易被自己所"驯服"，可以像小王子那样面对满园春色和五千朵玫瑰能够做到"万花丛中过，片叶不沾身"，自己也可以在"暖男的星球"（心理场）里尽情地绽放自己独一无二的魅力，尽管这一"魅力"的外在表现可能是任性或随心所欲。只有这样，女性才会觉得是舒适的，才会感受到两性情感的温度与爱的归属。与其说是女性要驯服暖男，不如说是她们一开始就被暖男驯服了。从需要层次理论来分析，当今女性舍弃"霸道总裁"而选择"暖男"，反映了女性自主意识的觉醒，她们最需要的，已不再是单纯的安全感，更不是低级的生理需求，而是更高级的爱与归属的需求。总之，作为王子的角色，暖男在两性关系中能给予女性的，恰是当今女性最注重的情感上的支持与独一无二的优质陪伴。

从心理学角度来分析，在当下这个快速多变、压力应激剧增的时代里，暖男的盛行体现了女性对于"男人"角色新的定位与定义，反映出女性希望男人应该比从前更懂得照顾女人，给予女人更多温暖抚慰与情感关怀，希冀暖男能够扮演好从衣到人、从父母到陪伴者的多重角色。究其原因，还是女性感觉到自身周围太缺少暖意。

四、心房——房子与中国人的心理表征

在当下,房子无疑是社会最热门的话题之一。从"蚁族""房奴""蜗居"等网络流行语可以看出,房子早已超越了单纯的建筑学意义,承担了诸多的心理满足功能。事实上,在中国人的传统观念中,房子不仅仅意味着一个住处、一种物质符号,更像是一个心灵安居之所,并衍生出一系列意蕴丰富的心理表征。

1. 子宫与乳房:最原始的"房子"依恋

经典精神分析理论认为,房子是子宫(母亲)的象征。在婴儿出生前,母亲的子宫为胎儿提供了一个完美的生活环境(兼具物理意义与心理功能的"房子")——最适宜的温度和自动的营养供给,甚至呼吸也不必自己劳神,这是胎儿安全、舒适的生活世界,与母亲"融为一体"(古代汉字"身"就表示一个怀孕的母亲的身形,见图9-1)。换言之,子宫是胎儿最温暖、最安全、最幸福的"家"。然而,从呱呱坠地的那一刻起,婴儿与母体分离,开始面对一个陌生的世界:周围的空气温度使他(她)感到不舒服,氧气和食物需要自己获取,这一切都使婴儿感到自己的生存受到了挑战。在这一阶段,生存是婴儿生命的全部目的,没有任何自我生存能力的婴儿完全依赖于母亲的呵护。如果在需要的时候他(她)能立即得到母亲的乳房(继子宫之后的第二种"房子")和怀抱,婴儿便感到回到了原来安全舒适的"房子"里。但是,如果婴儿在饿的时候得不到母亲的"乳房",不舒适和不安的时候不能立即得到母亲的怀抱,婴儿便会感受到死亡威胁。生存需要得不到满足,这本身就会造成一种心理"创伤"。而且,婴儿对母亲"房子"的依恋会持续并贯穿一生。在心理咨询中,成年来访者的不开心、不信任和焦虑感经常可以追溯到母婴关系的早期经历中。遇到重大挫折或感到死亡焦虑时,在退行机制的作用下,个体会倾向于选择现实中的房子作为"母体心理房子"的替代物,以寻求在最原始的依恋关系(母婴联结)中获得安全感与舒适感,进而降低个体的焦虑水平。临床实践中,许多抑郁症患者选择"蜗居",不愿意出门,整天把自己关在房间里对着墙壁静静地发呆,事实上刻板地"重复"了胎儿在母亲子宫中的情形。因此,房子在一定程度上代表着安全、温暖、舒适、呵护与依赖,中国人在心理层面对房子的

依恋、青睐也是一种无意识地"找妈妈"的情感冲动。

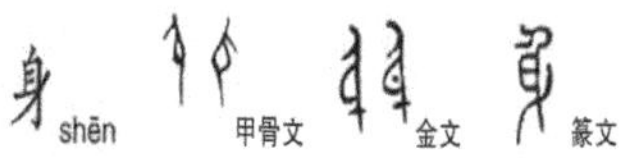

$$身_{shēn} \quad 甲骨文 \quad 金文 \quad 篆文$$

图 9-1 "身"字古文字形（来源：《汉语大词典》）

2. 土地与房子：最深层的土地情结

几千年来的农耕传统塑造了安土重迁的传统社会心理，形成了中国人根深蒂固的土地情结。《西游记》第十二回中唐太宗在玄奘西天取经饯送行酒前"将御指拾一撮尘土，弹入酒中"，说了一句"宁恋本乡一捻土，莫爱他乡万两金"，可见对于九五之尊的皇帝而言，乡土的心理价值甚至远在黄金之上。艾青的诗句"为什么我的眼里常含泪水？因为我对这土地爱得深沉"也形象诠释了中国人心灵深处的乡土情怀。

世世代代的农民渴望拥有土地，"耕者有其田"是他们毕生奋斗的目标（"男"字最初就是在田里耕作的意思，见图9-2）。对于他们而言，拥有土地，便意味着有了稳定的物质保障，也便有了坚实的精神依靠。"踏实"（脚踏实地、心里踏实）等词语就形象地表现了先民站在属于自己的土地上那种心理上的安定感与幸福感。反观之，没有土地的农民只能"租"田耕种，或给地主打工获得工钱或粮食，实质上相当于廉价出卖劳动力。因此，厚实的土地对中华先民的吸引力是不言而喻的，这种情结已经融入中国人的集体无意识。

房子代表"城市中的土地"，拥有房子就像拥有土地一样能给人足够的踏实感。"立锥之地"本来是形容极小的一块地方（土地），也指安身之处、容身之所（房子），因此土地与房子具有共性的心理象征。在农业社会、乡土中国，有田地的耕作者才叫真正意义上的农民；在快速城镇化的现代工业社会，进城的务工人员则大多渴望能在大城市里拥有属于自己的一套房子，那样才叫真正的城里人；这种地域归属感与身份认同感的源泉就在于能"扎根"（比如，在大城市有能力买房基本意味着站稳了脚跟）脚下的土地……从古至今，买房置地成为许多人一生孜孜不倦的追求。有调查表明，世界上房价涨得最快的地方通常是华人聚集的地方，华人的土地情结由此可窥一斑。

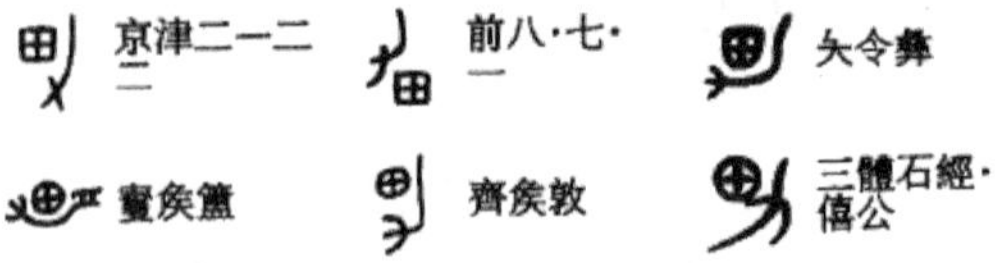

图 9-2　"男"字古文字形（来源：《汉语大词典》）

3. 家室与房子：最本能的繁衍动力

中国人"家"的观念非常浓厚，在"家国天下""成家立业"等词汇中，"家"也是排在首位。民谚"金窝银窝，不如自家的狗窝"将"家"的意象与"房子"的意象完美融合在一起，同时也凸显了房子在心理层面的"家"的安慰功能、情感意义要远远大于建筑层面的遮风挡雨功能。在西方文化中，"房子"（house）与"家"（home）截然不同，房子仅仅是一个建筑物而已，不管它如何华丽、宽敞，过大的房子反而会让人觉得孤独、悲伤与凄凉；而在中国传统观念中，房子成了"家"在文化层面上的隐喻，成为个人回忆的载体和成长的见证者，成为被赋予文化与心理使命的象征符号。分析一下《我想有个家》的歌词："我想有个家／一个不需要华丽的地方／在我疲倦的时候我会想到它／我想有个家／一个不需要多大的地方／在我受惊吓的时候我才不会害怕。"其中"不需要华丽／多大的地方"就是指房子，而疲倦时可以休憩、害怕的时候可以被抚慰的心理需求满足被寄托于"家"，二者是可以合二为一的。

值得注意的是，中国传统观念中的"房子"与"家"还共同承担了"繁衍"的符号表征。《说文》曰"家，居也"，其中"宀"代表的就是房子（阳宅，与代表阴宅、坟墓的"冢"相对），而"豕"的甲骨文、金文多作"豭"（牡豕，即公猪），后省去牡器（即雄性生殖器官）变为"豕"（见图9-3）。在这里，"公猪"象征的是一种人丁兴旺的繁殖力，代表了先民对种族繁衍的高度重视。巧合的是，"房"字本身也隐晦地包含了性本能释放的需求。"房"字的一个基本意义就是指性行为，比如"房事""同房""圆房""行房"等，以及性行为的对象——配偶，比如"正房"（妻，也叫正室，俗称大老婆）、"偏房"（妾，也叫侧室，俗称小老婆、姨太太）、"填房"（续娶之妻，即"续弦"）。

从进化心理学的视角来看，动物界中雌性动物对雄性的选择是择优录取,这是一种遗传学本能。人类社会也是如此,女性选择一个能力强大的男性,符合她们的生物本能和心理需求,这种本能需求的外化形式就是"功利化"的择偶观。现代社会中的"丈母娘刚需"("丈母娘刚性需求"的简称)反映的也是这种价值观,即丈母娘要求女婿买了房才能结婚。因为,在丈母娘的世俗观念中,房子可以证明一个男人是否有本事在社会中获得更多的资源(能力),以及一个男人是否愿意为配偶提供充分、可靠的物质保障(态度),以此来决定是否放心地将女儿"托付终身"(注意"身"字的本义)。因此,房子与"婚姻大事"(妻子、孩子)建立了紧密的心理联结,甚至下意识地被上升到了"繁衍后代"的高度。

图9-3 "家"字古文字形(来源:《汉语大词典》)

4. 面子与房子:最重要的自尊需求

"面子"在中国人心目中非常重要,而租房恰恰是很没面子的一件事。租过房的人大都会有这样的深刻体会:无数次地搬家、与房东讨价还价、担心房东随时会撵人、不敢轻易购置物品等,迁居生活除了带来麻烦和搬家成本外,不稳定的生活状态也使人难以获得安全感。因此,没有房子的人会有"寄人篱下"的压抑感,正所谓"人在屋檐下,不得不低头"。历史上有个"长安米贵"的典故:唐德宗贞元三年(787年),十六岁的白居易从江南来到京都长安,带着自己的诗稿去拜会名士顾况。起初,顾况看到诗稿上写着"居易"的名字,就开玩笑地说:"长安米贵(即物价高),居住不易啊!"等到他翻看诗稿读到"野火烧不尽,春风吹又生"的佳句时,禁不住连声叫好,并说:"文采如此,住下去又有什么难的!"然而,事实上白居易居住得并不容易,他很多年都没能拥有一套属于自己的房子。他在《卜居》中写道:"长羡蜗牛犹有舍,不如硕鼠解藏身。且求容立锥头地,免似漂流木偶人。"诗中流露了对蜗牛和硕鼠的羡慕之情,感慨连它们都有个安身之所,而自己在长安为官十八载还是无房漂流,心中渴求有锥头大小的容身之所。对于"北漂"的著名诗人白居易来说，无房的窘状无疑是比较没面子或伤自尊的一件事。

即使有了自己的房子，房大、房小、房多、房少，是别墅还是筒子楼，房子在省会城市还是一线城市，都关乎面子、身份与尊严。诗圣杜甫旅居四川成都草堂期间创作的《茅屋为秋风所破歌》记载："八月秋高风怒号，卷我屋上三重茅……床头屋漏无干处，雨脚如麻未断绝……安得广厦千万间，大庇天下寒士俱欢颜！"诗人住在漏雨的破茅屋里，心中希望贫苦人家（包括自己）都能住进高大宽敞的好房子里，喜笑颜开。诗人凭借这种"幻想＋升华"的心理防御机制来缓解因自尊心受挫导致的焦虑及心理的痛苦。唐代诗人刘禹锡曾因得罪当朝权贵被贬至安徽和州当一名通判，按规定应在县衙里住三间三厢的房子。但和州知县故意刁难，先是安排他在城南面江而居，后又吩咐衙里差役把刘禹锡的住处迁到县城北门，面积由原来的三间减少到一间半，最后又再次派人把他调到县城中部，而且只给一间只能容下一床一桌一椅的小屋。半年时间，势利的知县强迫刘禹锡搬了三次家，面积一次比一次小，最后仅是斗室。刘禹锡觉得实在欺人太甚，遂愤然提笔写下一篇箴铭文，这就是后世广为传颂的《陋室铭》。诗人借助"否认＋升华"的防御机制，用"何陋之有"表达了对知县在房子上做文章、伤人自尊行为的反击。

孟子曾说过，"有恒产者有恒心"。时至今日，房子作为变动不居的热门"恒产"，成为人们落户、上学、抵御通胀、实现家庭资产保值增值的重要投资手段。而且，伴随前几年房价持续快速上涨出现的"一夜暴富""躺着赚钱"等社会现象也对大众的"房子情结"起着异乎寻常的强化作用。"人心惟危，道心惟微"，无房、有房或炒房的各类人群在楼市中能否保持"初心"（赤子之心）与"恒心"（定力），理性决策，答案尚需留待时间来检验。

五、雪的文化心理内涵

在几千年的中国文化认知中，"雪"从一个单纯的气象符号，逐渐演变为内涵丰富的文化符号，承载着国人一系列的心理意象：有置身漫天飞雪中、化身玉树琼花"以雪造境"、妙笔生花的创作灵感，有超凡脱俗、洗去铅尘、洁白无瑕的道德隐喻与人格象征，有"乱山残雪夜，孤烛异乡人"的困顿意象与温暖需求，还有"有梅无雪不精神"、踏雪寻梅的生活情趣和精神寄托，以及"白雪却嫌春色晚，故穿庭树作飞花"的报春信使，等等。这些文化心理内涵与其他文化有一些共通之处，但更多地表现出了自身的文化特异性。

1. 雪之轻灵与灵感思维

《韩诗外传》记载，"凡草木之花多五出，雪花独六出"。按照中国传统阴阳五行理论，雪花六角，五行属水（天一生水，地六成之）。水先是气化为水蒸气（阳化气），然后水蒸气再凝化为雪花（阴成形）；从形成机制来看，雪尽管属于阴凝之物（阴），但却具有轻灵之象（阳），与雨水或寒冰相比独具轻盈洒脱的特质。漫天飞舞的雪花，既能带来灵动的感觉，又能给人一种静谧的印象，这种动中有静的轻灵很容易激发诗人或画家的文艺创作灵感，使其获得如痴如醉的高峰体验。晚唐宰相郑綮有一句名言"诗思在灞桥风雪中"，秦观在其《灞桥雪》一诗中也说："驴背吟诗清到骨……千载人图灞桥雪。"雪对诗兴的重要性，可见一斑。

灵感一般是指在创造性活动中，由于大脑皮层的高度活跃，突然触机而建立起一种新的神经联系，使得个体豁然开朗进而取得创造性突破的顿悟式心理状态。在文艺创作实践中，灵感也可以看作突然因某一事物的触发，潜意识中形成的意象伴随着大脑高度兴奋的状态冲破前意识的守卫来到意识之内，形成的一种偶然出现的、一闪而过的顿悟思维。对于文艺创作而言，灵感是非常重要而又极其珍贵的。柏拉图在《伊安篇》中就曾提出，"诗人是一种轻飘的长着羽翼的神明的东西，不得到灵感……就没有能力创造，就不能作诗"。灵感仿佛天外来客，来去匆匆，了无踪迹，这与飘洒轻盈、转瞬即化的雪花具有高度的相似性。

显而易见，雪在很多时候成为文人骚客创作灵感形成的"触机"，使得创作思维活动能够达到如王夫之所说的"含情而能达，会景而生心，体物而得神，则自有灵通之句"的境界，即文思不期而至，滔滔乎如泉之涌。无论是"未若柳絮因风起"的飘雪，还是"千树万树梨花开"的飞雪，抑或"独钓寒江雪"的幽雪，以及"夜深知雪重"的深雪，甚至"风雪夜归人"的温雪（雪本是冷凝之物，竟能使人温意暗生），无数飘飘洒洒的雪花都典藏着数不尽的诗情画意、妙词华章。作为风、花、雪、月四大诗文灵感意象之一的雪，像一个可爱的精灵，自古以来就一直备受诗人的青睐。

2. 雪之洁白与道德隐喻

在古人心目中，雪自天上（仙境）而来，如仙界琼花、落瓣凡尘，自然带有离尘脱俗的气质。古代文人雅士常在冬季烹雪煮茶，即取雪之高洁意蕴。雪带给人的典型印象是洁白无瑕、晶莹澄净、一尘不染，古人通过通感、移情、比德等多种方式赋予了雪以审美内涵（如冰雪聪明、冰肌玉骨、银装素裹等）与道德意蕴。事实上，在中西方各种文化中，洁净（比如莲花）与白色（比如玉）等概念与道德概念都具有特定的隐喻联系。比如，英语中"white person"指纯洁的人，中国文化也提倡做人要"一清二白"。雪兼具至洁与至白的特质（主要是在心理意义层面而非化学成分层面），根据概念隐喻理论，人们通常会将洁白的雪与道德概念相关联，作为建构和表征抽象道德范畴的一种结构性工具，进而将这种感觉图式映射到抽象的道德范畴，使得雪成为一种道德隐喻概念。

雪隐喻清白，《窦娥冤》里"六月飞雪"的情景设计隐喻的就是洗刷冤屈（雪冤）、还其清白的情感诉求。雪还隐喻清高，"山中高士晶莹雪""孤舟蓑笠翁，独钓寒江雪""袁安困雪""澡雪精神"等都借雪来隐喻遗世独立的人格。古代诗人还常将梅花、梨花、白玉等与雪互喻，比如王安石的"纵被春风吹作雪，绝胜南陌碾成尘"，就以杏花为体、以雪为意赞扬了冰清玉洁、一尘不染的高傲气质，聊以自慰。元初黄庚在写雪时说"江山不夜月千里，天地无私玉万家"，借助纷飞的大雪来盛赞天地至公无私之美德。

雪本洁白，名词动用，便可引申为洗去铅尘，洁白如故。大雪之后，天地之间白茫茫一片，世间繁华重归于清静，人们便投射出诸如初生、白纸、处子等返璞归真的意象。唐代高骈在《对雪》中借景抒怀："六出飞花入户时，坐看青竹变琼枝。如今好上高楼望，盖尽人间恶路岐。"希望白雪能掩盖住世上一切丑恶，让世界变得与雪一样洁白美好。宋朝杨万里写《观雪》时说："落尽琼花天不惜，封它梅蕊玉无香。倩谁细燃成汤饼，换却人间烟火肠。"希望能将这高洁的雪做成汤和饼，来涤荡世俗之人满是人间烟火的肠胃。可以说，对于雪，古代文人寄托了清雅脱俗的审美趣味和精神洗礼的道德期盼，表现出"隐喻一致性效应"，即对雪的感知体验促进与雪本身隐喻映射方向（清白、清雅、清高等）一致的概念加工，以同化的方式影响着个体的道德认知或道德信仰。

3. 雪之寒冷与逆境意象

千里冰封，万里雪飘。冰天雪地的恶劣自然环境很容易与穷困潦倒、沦落天涯、命运多舛的人生困境产生意义联结。雪天行路之艰难自然也会让身处逆境的人们倍增做人难或茫茫人生路、风尘扑面干的感慨。唐代李白的《行路难》中有句"欲渡黄河冰塞川，将登太行雪满山"，用雪拥太行比喻世路艰难的处境；韩愈因"佛骨"之谏触怒皇帝，被唐宪宗贬为潮州刺史，前往潮州途中行至蓝田，作诗《左迁至蓝关示侄孙湘》，写道"云横秦岭家何在？雪拥蓝关马不前"，在寒天大雪前路艰险的描绘中流露出宦海艰难、英雄失路的悲怆；高适在送别诗《别董大》的开篇写道"千里黄云白日曛，北风吹雁雪纷纷"，凛冽的朔风搅动漫天大雪，使人顿生沦落天涯、不知所之的凄酸之感。因此，大雪、寒雪通常用来描述人生的逆境以及表达人们在逆境中的心境。

《三国演义》中描写三顾茅庐故事时，第二次"玄德风雪访孔明"仍是无果而归。当时正值风雪又大，刘备回望卧龙岗，怏怏不已。后人有诗曰："一天风雪访贤良，不遇空回意感伤。冻合溪桥山石滑，寒侵鞍马路途长。当头片片梨花落，扑面纷纷柳絮狂。回首停鞭遥望处，烂银堆满卧龙冈。"这里的雪景，其实写的是困顿处境中的刘备求贤不遇的失落心境。类似的文学描写还有《水浒传》中"林冲雪夜上梁山"的英雄气短、怆然心寒，《苏武牧羊》故事中苏武在北海"毡裹节，食雪卧"的艰苦卓绝，《卖炭翁》中"夜来城外一尺雪，晓驾炭车辗冰辙"的苦寒与"可怜身上衣正单，心忧炭贱愿天寒"的强烈反差所凸显的困苦心理。

雪之寒冷与身处困境会让人们产生对温暖或热量更强烈的需求。心理学实验研究发现，通过心境诱发范式引起被试的孤独感后，被试会对热的食物有更高的评价，即内心经历"寒冷"会加强对外在物理温暖的需要。这一补偿效应具体到人们对寒雪天气的感知方面就表现为对"温暖"的情感需求，进而衍生出家、团聚、朋友、饮酒等与温暖场景相关的心理意象。唐诗中的"晚来天欲雪，能饮一杯无""路出寒云外，人归暮雪时""柴门闻犬吠，风雪夜归人"都属于此类情感表达；国内关于春节回家团聚的公益宣传或者商业广告也比较偏爱大雪纷飞的场景设定，这也是运用了大雪的情感启动效应。

4. 踏雪寻梅与精神寄托

自古以来，民间都有冬日踏雪寻梅的习俗。对于文人雅士而言，雪后寻梅位列霜前访菊、雨际护兰、风外听竹等四大闲情逸趣之首。风霜雨雪象征恶劣之环境、艰难之处境，而梅兰竹菊则象征君子之精神。踏雪寻梅，寄托了古代君子凌寒不惧、清贞孤傲的精神，活动本身寄托了人们对理想自我的追求与认同。雪的意境、梅的品格、人的精神融会贯通，升华为一种高雅清纯之气，弥漫天地，飘溢古今。也正因为如此，自古以来，诗人士子们才会不惧天寒地冻、不畏山高路远，去探梅、寻梅，与其说他们是在寒雪中寻找梅花，不如说是在世俗的名利羁绊中寻找淡泊自守、宁静致远的心灵滋养和精神支撑。有时甚至会出现"踏雪寻梅梅未开，伫立雪中默等待"的现象，这里的等待行为，更像一种坚守，即对独立人格与精神的坚守："不要人夸好颜色，只留清气满乾坤。"

踏雪寻梅是一种雅俗共赏的文化现象。在以农立国的古代社会，正如民间谚语所说"冬天麦盖三层被，来年枕着馒头睡"，即"瑞雪兆丰年"，对于平民百姓而言，人们踏雪时满怀的是对来年丰收的希望。从心理分析的角度来看，"踏"字本身也象征了对饥寒、困苦的征服与胜利（联系前文"雪"的困境意象），而梅作为寒冬、早春之花，象征着来之不易的美好，因此踏雪赏梅活动中普通民众感受的是生活的美好和对美好生活的热爱。

"万花敢向雪中出，一树独先天下春。"梅与雪早已形成了稳固的意象联结，雪似梅花，梅花似雪，难分伯仲。毛泽东曾在《卜算子·咏梅》中写道"风雨送春归，飞雪迎春到"，漫天飞雪可做春之使者，梅花"俏也不争春，只把春来报"，雪和梅都预示着春天的消息。雪本身代表冬天，但雪花本身具有转瞬即逝的特征。"雪化了是春天"，象征着从寒到暖、从万物凋敝到万物复苏、否极泰来的转机与希望。因此，踏雪寻梅时，人们在雪飞花舞、花雪交融、生机盎然的自然天趣中寻找的是春天的气息，是美好的向往，是生机，是希望。

六、"蛇"的三重意象

龙年将过，蛇年正悄然来临。十二生肖中，蛇的形象或许最为复杂，它既是智慧、灵性、报恩、吉祥与神圣的象征，又是狡诈、邪恶、冷酷、威胁与恐怖的化身。中国人对蛇的情感也最为矛盾，有崇拜，有敬畏，有恐惧，有蔑视，有模仿，有认同……而导致这些复杂情感的背后，则是中国人集体无意识中的蛇观念。中国文化和哲学观物取象，认为蛇性属阴，象征神秘、妖娆、缠绵、阴柔、阴险等特性。因此，在长期的历史进程中，"蛇"在中国人象思维的作用下逐渐演变成一种文化符号，表现出神、妖、人的三重心理属性与文化意象。

1. 灵蛇：崇拜心理与吉祥象征

（1）崇拜心理

蛇，从古至今对人类来说一直有一种神秘感。这种神秘性曾导致了古人对蛇的崇拜。①能力崇拜：蛇在原始人心目中是善于游走的灵物，能无足而行，往来倏忽，转瞬即逝，号称"草上飞"，为人类所不及。在夸父追日的神话中，夸父行走速度远超常人，在很大程度上就是借助于蛇。夸父两耳各悬一蛇，两手各持一蛇，从蛇那里得到善于奔跑的能力，因此能够成为与太阳竞走的英雄。而且，古人认为蛇善于隐蔽变化、隐现莫测，屈伸自如、任意腾挪，生命力极强，具有某种神秘的灵性和能量，并且相信能从蛇的身上获取生命的活力。上古时代，蛇最为常见，"它"（汉字中"它"与"虫"都是"蛇"的本字）神出鬼没，具有强大、可怕而神秘的杀伤力。林惠祥在《文化人类学》一书中谈到自然崇拜的缘起："人类感觉他的周围有种种势力为他所不能制驭，对之很为害怕，于是设法和他们修好，甚至希望获得其帮助。"因此，上古初民有这样一种认知，对敌对的神秘力量进行安抚和祭祀，可以化异己力量为自己的能量，于是人们出于对蛇的敬畏和对其灵性的渴望，将蛇升格为神灵，渐渐产生了蛇图腾和蛇崇拜。②长生崇拜：蛇生活习性神奇，先民们认为冬眠和周期性蜕皮赋予了蛇再生的本领，给人一种死而复生、生生不已的感觉，这样就唤起了人们返老还童和青春永驻的心理冲动，进而通过蛇崇拜来象征性地满足对长生的强烈愿望。③生殖崇拜：从上古时代起，人们就对蛇的生殖能力、蛇的缠绵亲密、雌雄蛇关系的久远产生了由衷的羡慕。蛇多为卵生，一次能生2~12个卵，多的甚至可达75~107个卵，象征婚配和多产，出于基因繁衍和自我保存的本能，古人更增强了对蛇的生殖崇拜。中国四大神兽之一的玄武被奉为生殖之神，就是蛇龟合体的形象。蛇升格为神灵后，代表着绵延无尽的生命力和繁荣昌盛，先民们通过蛇崇拜体现了一种获取顽强生命力和旺盛生殖力的精神希冀。时至今日，蛇纹饰品仍然受到许多消费者的青睐，这与人们集体无意识中的蛇崇拜心理仍存在一定的联系。

（2）吉祥象征

大量史料证明，原始部落以蛇作为图腾的现象非常普遍。据《列子》《山海经》等记载，中华民族人文始祖女娲和伏羲皆为人首蛇身，神农、夏后、共工、蚩尤、延维等也都是蛇的化身，善于变化而且通灵。郭璞注《山海经·大荒西经》中说："人面蛇身，一日中七十变。"曹植在《女娲赞》中也称赞道："人首蛇形，神化七十，何德之灵。"黄帝的母族"娇"即蛇，其图腾亦为蛇。福建省的简称为"闽"，《说文解字》中说闽为蛇神，福建自古多蛇，闽族人畏蛇，便把蛇奉为图腾。出于膜拜，古人将蛇和美好的事物联系在一起，蛇成为吉祥的象征。距今近3000年的《诗经·小雅》中"吉梦维何……维虺维蛇，女子之祥"说梦见蛇是吉祥的兆头，可见在当时蛇已被纳入了吉祥动物的行列。蛇还寓意夫妻爱情永笃。《诗经·君子偕老》中的"君子偕老，副笄六珈。委委佗佗，如山如河"，比喻恩爱夫妻白头到老，爱情像蛇一样温存绵长。端午节民间流行的与"五毒"剪纸、"五毒"兜肚、"五毒"布老虎（蛇为"五毒"之一）相关的习俗都含有以神秘力量防灾祛病的吉祥寓意。西晋文学家傅玄专门写了一首《灵蛇铭》，把灵蛇作为生肖的吉祥属性表达得淋漓尽致："嘉兹灵蛇，断而能续。飞不须翼，行不假足。上腾云霄，下游山岳。逢此明珠，预身龙族。"学者提出龙为蛇象，认为中华民族公认的龙图腾是蛇崇拜的发展和演化，是蛇进一步神化的产物。而且，在中国文化里，蛇还和龟、鹤一样是长寿的象征，暗含着"福禄寿喜"的吉祥寓意。

2. 妖蛇：恋母情结与恐惧心理

（1）恋母情结

受母系氏族社会女性崇拜的影响，从上古神话中抟土造人、炼石补天的创世神女女娲开始，蛇的意象就与女性形象有了密不可分的关系与联结。在古人心中，女人与蛇有一种神秘的对应关系，中国神话、民间故事和文学作品中也有许多关于蛇女的记载，如《淮南子》中记载的嫦娥就是人首蛇身的蛇女形象，证明把蛇与女性联系在一起绝非偶然。蛇俗称小龙，金庸小说《神雕侠侣》中的"小龙女"其实就是"蛇女"的转换，小龙女居于古墓之中，睡在寒冰床上，冷若冰霜、神秘莫测，与蛇喜阴冷的习性比较接近。而且，小龙女貌若天仙，跟家喻户晓的白娘子一样属于典型的蛇女形象。正如叶公好龙一样，中国男性怕真蛇却对蛇女情有独钟，甚至表现出一种恋蛇情结。譬如，"水蛇腰"一词通常用来形容女子腰肢纤细苗条、体态婀娜可爱，表达出了一种动态的美感和魅惑。美女蛇对男性有一种莫名的诱惑与魅力，这既是出于本能的冲动，更与中国人的恋母情结有关。女娲"娘娘"、小龙女"姑姑"、白蛇"娘子"都以"母亲"相关的形象出现，表现出"母亲"的典型特质：伟大、孕育生命、无所不能、关爱、温柔、体贴、忠贞，让人们感觉到母性的温暖与关怀。另外，由于蛇躯体的扭动往往给人以魅惑与引诱的感觉，容易让人产生缠绵缱绻的联想，进而激起人内心"你侬我侬"的情愫，契合了人对亲密关系的依恋需求。当"蛇"所代表的亲密特质与"女"所代表的母性特质融合为一体时，"蛇女"就象征着一种完美的母性气质以及温暖的亲子依恋，可以给人以情感上的愉悦感和安全感，让人不觉为之吸引，进而心生爱慕与依恋。在父权越强的社会里，这种依恋就越为严重，甚至形成集体无意识。而且，与西方《伊索寓言》"农夫和蛇"故事中忘恩负义的蛇不同，中国人心目中的蛇大都是知恩图报的。干宝《搜神记》中记载了"隋侯珠"的典故："隋侯出行，见大蛇被伤中断，疑其灵异，使人以药封之，蛇乃能走……岁余，蛇衔明珠以报之。"白娘子下凡也是为了报答许仙的救命之恩。这种报恩意识一改蛇的冷酷残忍形象，使得蛇女变得更具备贤淑女性的特质，让人产生无尽的爱慕与遐想。

（2）恐惧心理

然而，出于对蛇的本能恐惧，蛇妖的形象不全是正面的善良形象，也有一些蛇精表现出冷血、贪婪、阴毒、邪恶、嗔怒、攻击性、性引诱等负性特质。在历代文人笔记所记载的蛇精传说里面，经常会出现蛇化为女子与人结合的情节，但这种结合的结果，不是蛇精出于兽性加害于人，便是男子因人妖相交而受到残害。《夷坚甲志》记载一巨蟒化为妇人与僧结合，不出数日这个僧人就死去了。《李琯》中叙述李琯与一美女稍有接触，"闻名香人鼻"，归家后即"脑裂而卒"。《西湖三塔记》也有蛇精所化的白衣妇缠住奚宣赞，再三想取食其心肝这样的故事情节。蛇精幻化女子与人相恋最终置人于死地，尽管貌美如花，但其害人的"蛇蝎心肠"还是让人心生畏惧、退避三舍。古代小说中普遍将蛇精视为妖孽，宣扬人妖不能共处的观念，导致中国人对"美女蛇"既爱又怕，表现出一种矛盾心理。需要指出的是，这种心态与中国文化中对女性的矛盾心理密切相关。女性既是赞美、追求的对象，"窈窕淑女，君子好逑"，同时又经常被指责为"红颜祸水"。妖妍、妖姿、妖异、妖丽、妖靡、妖蛊、妖姬、妖玩等词表达了女性的妖娆体态与美艳容貌，但因为与妖媚相关却让人在内心爱慕的同时又生出了一份警觉与排斥的心理。究其本源，"美女蛇"的故事反映了中国文化对性的忌讳和女性原罪观。与"狐狸精"一样，"美女蛇"被认为会对男性造成伤害与威胁，即使是温柔贤淑的白娘子，也被"主持正义"的法海和尚斥为妖孽、收入钵中并压在雷峰塔下。在精神分析中，蛇本身就具有性的象征意义，譬如徐克导演的电影《青蛇》中就用了很多人蛇缠绵的镜头来影射男欢女爱，因此"美女蛇"的诱惑更有代表性，更容易被性禁忌的文化定义为罪恶的化身。道家一首著名的戒色诗写道："二八佳人体似酥，腰间仗剑斩愚夫。虽然不见人头落，暗里教君骨髓枯。"《黄帝内经》也指出，脑为髓海，沉迷色欲会把一个人的肾精骨髓耗竭干枯，使身体急速衰败，头脑昏沉、记忆力下降，而"骨髓枯"无异于"人头落"，这也是为什么民间故事会流传美女蛇吃人头的典故。前面提到，蛇崇拜的一个重要原因是人类长生不死的欲望，但恰恰在这方面美女蛇会对男性造成最直接的威胁。《西游记》中的妖怪想通过吃唐僧肉或者与唐僧婚配而长生，却直接威胁到了唐僧的长生。如果把男性比为唐僧的话，那么女性就是"妖怪"，或者在男权社会中被"妖化"，因为她们威胁到了男性长生不死的欲望，这才是男性真正恐惧的原因。颇具喜剧意味的是，男性对"美女蛇"的爱慕又反映出对男女关系或性的欲望，这样长生的欲望与性的欲望两者之间就构成了尖锐的对立与冲突。此外，对美女蛇的爱慕与恐惧，还反映出人类的性本能与文化中的性禁忌之间的冲突与矛盾。如果说人们对于蛇的恐惧是出自人类进化过程中形成的潜意识的自我保护反应，那么对于美女蛇的心理冲突则是源于男性对女性及两性关系的矛盾认知和复杂情感，折射出恋母情结与性恐惧的纠缠交织。

3. 虫蛇：等级观念与忍耐心理

（1）等级观念

据说，黄帝氏族原以蛇为图腾，后来打败了蚩尤，为安定人心、维护统一，便在蛇图腾的基础上融合其他氏族的动物图腾，创造了龙的形象。在中华民族五千多年文明史中，蛇是龙的原型，龙是蛇的神化，龙蛇本有渊源，但自从产生了神龙形象之后，龙便与蛇（虫）划清了界线。中国人认为，龙属阳而蛇属阴，龙为大而蛇为小，龙多为神而蛇多为妖，龙多褒义而蛇多贬义。蛇本身具有一定的灵性，但是与神化的龙相比则小巫见大巫，显得平凡了许多。当代中国人以龙的传人自居和自豪，但在历史上长期以来龙都是帝王专用的象征，称帝者才能穿龙袍坐龙椅。成语"龙蛇混杂"就意味着良莠并存，因此，如果用龙蛇二分法的话，在能力上，龙代表优秀，蛇代表平庸；在地位上，龙代表尊贵，蛇代表卑微；在道德层面，龙代表正义，蛇代表邪恶；在人格境界上，龙代表君子，蛇代表小人。龙蛇对比的背后，反映出中国人的等级意识。当然，在民间传说中蛇可以通过千年修行升级为龙，如鲤鱼跳龙门一样进行质的飞跃与境界提升。反映到现实生活中，中国自古有"学而优则仕"的传统和"朝为田舍郎，暮登天子堂"的精神激励，古代学子通过十年寒窗苦读参加科举考试来改变自己的命运、身份、地位和等级，进而飞黄腾达，光宗耀祖。在当代社会，公务员热的社会现象也反映了人们渴望成龙的心理，因为"成龙"之后便意味着走出了虫（蛇）的行列，可以出人头地。

（2）忍耐心理

中国人普遍渴望成龙（如望子成龙），而不愿被称为虫（蛇）。广为流传的那句"一个中国人是一条龙，三个中国人是一条虫"，也从侧面印证了这一说法。"成龙"是中国人理想层面的憧憬，但只有极少数佼佼者才能够实现人中龙凤的梦想，绝大多数人在实际生活中只能向虫的意向进行自我认同（尽管这一点在意识层面很难接受），表现出变化、阴柔、委曲求全、忍耐等人格特征。以变化为例，与蛇的神秘诡谲和飘忽不定类似，中国人的精神结构也经常会出现从一端到另一端捉摸不定的转移，表现出多重矛盾性：

既善又恶，既温和亲切又钩心斗角，既灵活又顽固，既节俭又浪费，既有贪欲又讲面子，既妄自尊大又自卑自贱，有私德又无公德，言行不一，知行不合等。在对虫的认同过程中，中国人的忍耐心理表现得最为明显，甚至以坚毅忍耐著称于世，形成了"以屈求伸"的思维方式，相信"好死不如赖活着"，为了生存可以委曲求全或者灵活改变规则以"明哲保身"，进而衍生出韬光养晦的忍耐风格，并把"忍"上升到人生智慧的高度，认为小不忍则乱大谋。这种忍耐心理具有双重的性质，从积极的一面来看，它代表意志坚忍、洞观利害、峕然待机、以柔克刚、循势而动的策略，但也存在消极的一面，就是这种自我克制具备一定的心理压抑和自虐色彩，暗含"是可忍，孰不可忍"思维，潜藏着一种破坏性，因为"忍"的另一端是"残忍"，这也是为什么许多学者在反思国民劣根性时一再指出中国人具有既温顺又冷漠的矛盾性格。这种长期积淀而成的忍耐心理在人际交往层面具体体现为尚和（讲究一团和气）、求同（随大流、不出头）、中庸（左右逢源、八面玲珑）、崇尚权威（盲从）等思维特点与处世态度。

"神—妖—人"的三重意象构成了中国人对"蛇"的自我投射与认同，其中"灵蛇"代表理想层面的憧憬与崇拜，"妖蛇"代表梦幻层面的幻想与防御，而"虫蛇"则代表现实层面的自卑与压抑。分析中国文化背景下国人心目中"蛇"的意象，有助于国人更深入地审视与分析自我。

第十章

情绪行为中的意象表征

一、节制：中国人的心理养生之道

（一）"节制"的心理内涵

在博大精深、源远流长的中国传统文化中，节制作为一种传统美德始终占据重要地位，它也是影响中国人心理与行为的重要因素之一。西方积极心理学认为，节制包括自控 (Self-control)、审慎 (Prudence)、谦卑 (Humility) 等积极心理品质。从中国文化心理学的视角来看，节制的含义除了节制欲望、克制情感、抑制冲动、约束享乐（《易经》用"泽上有水"来直观诠释情欲如水、避免泛滥的节之象）之外，还包括顺应自然的节之道、心存敬畏的节之德、心流状态的节之行、甘节适欲的节之养等多重心理内涵。

1. 节之道：顺应自然的智慧

中国文化中诸多德性的本源依据都是天道。《礼记·月令第六》提出，"毋变天之道，毋绝地之理，毋乱人之纪"，"人纪"的根据在于"地之理"（地纪）与"天之道"（天纪）。《周易》有言，"天地节而四时成"，万物由天地孕育而生，四时循环、气候变迁、节气往复，都是天地有"节"的外在体现。"节"（节气）的背后是关于天地、四时与生命的节律和节制。古人根据天地之节制定历法、节气、节日等制度，作为农业生产生活的根本参照、重要遵循，这里的节制就是以节为制。天人合一的中国文化认为，天地有节，万物有节，生于天地之间、万物之中的人亦应有节，以人的节律应和天地自然的节奏，即遵循自然规律，以自然之理来节制行为。

从汉字字形来看，节的繁体字为"節"，金文字形为𥰠，其中 ⺮ 代表竹子，卩（即）表示就餐，节字本义为竹制餐具。节与结、截、接等意义相通，节就是指带结的一截竹子。远古时代用于进餐盛食的竹碗，以竹结作为天然碗底，可以"接纳"食物。古人观察到自然界植物都是茎上有"节"的，节与节之间有实心的结，在有结的地方才能长出枝和叶。以小草为例（竹子、甘蔗等植物的原理相同），小草长成一节一节的形状可以增加受力性，可以预防风大的时候被风从中间折断，节就像是韧带一样可以减少折断概率。植物通过"节"可以积蓄能量、接续生长，还可以增强生命韧性，这里的节制就是以节为养，节制是一种生存的策略。古人取法自然，从时间维度的节和空间维度的节来领悟"人间道"——节制。

2. 节之德：有所不为的敬畏心

敬畏与恐惧有所不同。恐惧源于主体遭受威胁而又无力抗争时的直觉体验，敬畏则源于主体自觉体认崇高价值而自感不足时的理性沉思；恐惧引发的是被动的无助感和直觉的退缩反应，敬畏引发的是主动的认同感和理性的自我超越。敬畏不是个体遭受威胁而又无力应对时所产生的恐惧与烦懑，而是主体为了实现自我超越而自觉持守的既崇敬又谨畏的理性化道德情感。《论语》中孔子说："君子有三畏：畏天命，畏大人，畏圣人之言。小人不知天命而不畏也，狎大人，侮圣人之言。""君子三畏"之首即"畏天命"，这里的"天命"指的是天纪、天道、自然规律，人对自然、对规律有所敬畏，才会自觉持守底线意识，言行上有所节制、有所不为，否则便会百无禁忌、恣肆妄为。《论语·述而》中孔子所说的"钓而不纲，弋不射宿"体现的就是对自然摄取有度的敬畏心。类似地，"大人"代表社会规则，"圣人之言"象征伦理规范，孔子所主张的敬畏实际上是敬畏道德本心，是一种提升内在人格的道德自觉。有了敬畏心，就有了内在的道德奖惩机制，节制的言行会获得内在的道德奖励而不断被强化。帛书版《老子》中指出："祸莫大于无适，无适近亡吾宝矣。""适"的本义是走向目的地，到达目的地便要停止，方为合适。这里的"适"就是节制的意思，如"适欲""适逸"，均表示适可而止。节制，就是拥有知止的智慧。对"福"的敬和对"祸"的畏让个体行有所止、有所不为，反之不知敬畏、不知止就会导致人们常说的"福祸无门，惟人自召"。

3. 节之行：有所为的心流状态

王阳明曾说："人须有为己之心，方能克己；能克己，方能成己。"真正为自己着想的人，都懂得节制。懂得节制，才能主宰自己的人生。这里的节制，是指为了一些更高层次需要的满足而专注于需要满足的行为，基于心理资源有限理论，个体就要适度节制对较低层次的需要或欲望。《阴符经》中指出："瞽者善听，聋者善视。绝利一源，用师十倍。"盲人有目不能视，却耳朵好；耳聋者不能听，却眼睛好。不能听或不能视却杜绝了外界的种种诱惑，胜于众人十倍。人有眼耳鼻舌等感官接触外界，把信息传送到人的大脑神经中枢，再对信息进行加工处理。换而言之，这些信息的加工处理都是要占用大脑的信息加工资源的。为了专注于"有所为"，个体就要有所取舍，节制"有所不为"，这样有"舍"才有"得"。

个体"有所为"的专注表现为"心流"（flow）状态，即一种全身心投入某种活动的状态，一种置身于某个心理场域的感觉，在这一过程中，个体会忘记时间流逝，甚至忘记自己的存在。在心流状态下，个体所有的注意力、心理能量都集中在当前任务上，与此同时，那些跟当下任务无关的念头都会被自动屏蔽，甚至包括个体对周围环境的感知、对自我的关注、对别人评价的患得患失、对物质得失的计算等等，这种"锁心猿""拴意马"也是心理能量的节制。心流状态避免了心理能量的内耗，保证了大脑的高速运转、高效输出，人在这种有节制的专注状态下的表现往往也是最佳的。伴随心流状态本身的高峰体验、"熵减"及其产生的正向结果都构成了一种正向强化节制，满足了个体更高层次的需要。换而言之，心流状态就是个体心理能量专注而有节制的"守一"状态，是一种活在当下的"正念"状态，这种状态更有利于个体的"有所为"。

4. 节之养：甘节适欲的养生心理

《易经》的节卦中区分了苦节与甘节两种节制类型，认为苦节不能持久，甘节让人感到舒适。前文讲到，"节"本来指用竹子做成的饮食餐具，蕴含饮食有节的道理。《吕氏春秋·尽数》中指出，"大甘、大酸、大苦、大辛、大咸，五者充形则生害矣。大喜、大怒、大忧、大恐、大哀，五者接神则生害矣。大寒、大热、大燥、大湿、大风、大霖、大雾，七者动精则生害矣。故凡养生，莫若知本，知本则疾无由至矣"。养生要做到"久处其适"，在饮食方面要做到味道适中，避免大甘、大咸等；在情绪方面要有节制，避免大喜、大怒等；在居住环境方面要冷暖适中，避免大寒、大热等。《吕氏春秋·适音》中指出，"人之情，欲寿而恶夭，欲安而恶危，欲荣而恶辱，欲逸而恶劳。四欲得，四恶除，则心适矣"。这里的寿、安、荣、逸分别代表长寿、安全、尊重、安逸等不同层次的需要。适度满足（暗含节制之意）人以上四种层次的需要，个体才能从内心体验到幸福感，进而产生热爱生活、珍惜生命的良好心态，有益于身心健康。这里的"适欲"就属于"甘节"，不是指简单的"节欲"，而是在适度满足欲望和有所节制之间寻求动态的平衡，节制以适合为度。汉字中"药"的繁体字形是"藥"，其中的"乐"代表心乐（悦），即欲望满足的快乐与愉悦状态；简体字形中的"约"代表节制，两者都暗含了以适为度的节制。《道德经》中老子指出"我有三宝，持而保之：一曰慈，二曰俭，三曰不敢为天下先"以及"治人事天，莫若啬"，这里的"俭"和"啬"就是指节制，而且是恬淡适中的甘节。

节制文化对中国人的人格结构及文化自我生成产生了重要而又深远的影响。在天人合一的文化观念中，人们生于自然，当遵守自然节律，敬畏自然；一个人心有敬畏，在自然面前必然谦虚审慎，就会有所节制、有所不为，不会走向极端、迷失自我（认清自我）；在认清自我的基础上，个体会追求自我实现，努力提升或精益求精（改进自我），专注于某个领域有所建树，克己、成己；在合理满足自身欲望、需要（适欲）的基础之上，个体会根据自己的能力选择适当的生活方式（适应自我），不会盲目和别人攀比，悦纳自己（悦纳自我），达到古人所说的"知足常乐"境界（甘节）。从某种意义上而言，中国人的文化人格是一种节制型人格，这种节制既契合顺应自然的生命节律，又包含了有所为、有所不为、取舍进退的生命动力，且指向了甘淡适中的人生品味。

（二）心理养生之道

厚生精神是中国文化的一种基本精神，时至今日健康长寿仍然是人们幸福感的重要内容。传统文化中蕴含着极其丰富的心理养生思想，而节制则是贯穿其中的基本主线之一。作为一种积极心理品质，节制也是中国文化独有的一种心理养生之道，具体表现为顺心、养心、止心、净心、正心、治心等"向内求"的养生理论与实践。

1. 顺心：道法自然之节制

《道德经》第二十三章中指出："飘风不终朝，骤雨不终日。孰为此者？天地。天地尚不能久，而况于人乎？"这里借"天地尚不能久"来告诫人们要效法自然，"知止不殆"。养生本身也要适可而止，老子在《道德经》第五十章中告诫说："出生入死。生之徒，十有三；死之徒，十有三；而民生生，动皆之于死地，亦十有三。夫何故也？以其生生之也。"因过分养生导致死亡的，也占了十分之三。老子提倡顺应自然的"无为"，求生之厚"远道反天，妄行失纪"，恰恰违背了自然规律。在节制养生的技术路径上，老子建议顺应天性、以静制躁（静为躁君）、精神内守（致虚极、守静笃）、爱惜精神（治人事天，莫若啬）。

2. 养心：修德养心之节制

孔子认为，修德节欲可以养生。修德的具体做法就是"四勿"——"非礼勿视，非礼勿听，非礼勿言，非礼勿动"，即克己复礼，以"礼"来节制言行。节欲分为不同的阶段——君子三戒："少之时，血气未定，戒之在色；及其壮也，血气方刚，戒之在斗；及其老也，血气既衰，戒之在得。"理想的目标是通过修心养性达到将心中欲望节制到"从心所欲，不逾矩"的境界。如果感觉到"胸中乱"，"则择其邪欲而去之，则德正矣"。在节制养生的技术路径上，孔子倡导由礼修德、节制邪欲，时常自我反省，勇于改过自新，做到问心无愧，德正则心安，即"思无邪也"。

3. 止心：适可而止之节制

根据《黄帝内经》等中医典籍的观点，人在衣食起居、冷暖寒热、劳逸闲忙、情绪调节、服食药物等方面都要做到适可而止，不可过度。南朝医药家陶弘景在《养性延命录》中指出："多思则神殆，多念则志散，多欲则损志，多事则形疲，多语则气争，多笑则伤脏，多愁则心慑，多乐则意溢，多喜则忘错昏乱，多怒则百脉不定，多好则专迷不治，多恶则憔煎无欢。此十二多不除，丧生之本也。"除了要合理节制各种欲望之外，情绪表现也要合理适度，不宜大喜、大怒、大悲、大忧、大惧等。《寿世保元》中指出："悲哀喜乐，勿令过情"，《诸病源候论》在论述"七伤"时强调，"忧愁思虑伤心，心伤，苦惊，喜忘善怒……大恐惧，不节伤志，志伤，恍惚不乐"。这一论述要求人们以中和、舒适、安适为度，做到情有所止、欲有所止、行有所止。

4. 净心：清净养心之节制

儒家思想一直倡导"养心莫善于寡欲"，其中"寡"就是节制之义，即通过节制情欲来达到静心的目的；道家思想也倡导"清净为天下正"；禅宗思想认为心的本性即是清净无碍。因此，清净养心是儒释道殊途同归的心理养生之道，影响甚为深远。在具体的技术路径上，儒家提倡存心养性，道家提倡修心炼性，释家提倡明心见性。一般而言，清净养心法强调"收心"，看轻（淡泊）名利，不要过分执着，不要患得患失，去除无名烦恼。陆游在《闲中自咏》中写道："声名本自不关身，富贵元知与祸邻。但恨平生闲不足，再来真作卧云人。"为达到清净的效果，儒释道都主张通过静坐来静心。陆游在《即事六首（其三）》中写道："闲行静坐乐谁知，红饭青蔬美有馀。常笑痴人不更事，时时愁叹欲何须。"这种节制养生之道就是让人主动节制自己的各种欲望、想法（清心寡欲），收心一处，静下来、闲下来、安定下来，这样心就会像水一样是澄静、清澈的，心静则神安。

5. 正心：正念去妄之节制

儒家正心之学认为："欲修其身者，先正其心。欲正其心者，先诚其意。欲诚其意者，先致其知。"而影响正心的是各类不切实际的妄想及其诱发的烦恼、不安、悲伤、沮丧等情绪或心境。袁开昌在《养生三要》中分析了过去、现在、未来三类妄想："或追忆数十年前荣辱恩仇、悲欢离合及种种闲情，此是过去妄想。或事到眼前，可以顺应，却乃畏首畏尾，犹豫不决，此是现在妄想。或期日后富贵荣华，子孙发达以及一切不可必成、不可必得之事，此是未来妄想。"这三类妄想是"心妄动"进而产生烦恼的来源。在节制养生的技术路径上，袁开昌提倡"照见其妄，随念斩断"，这与现代心理学的"正念"技术不谋而合，即用正心、正念来观照妄念，标记、确认此刻自己正在妄想，"不怕念起，惟恐觉迟"，要让各种妄想、杂念"听其自来，应以自然，信其自去，忿懥恐惧，好乐忧患，皆得其正"，这既是养正之法，也是去妄之法，即以正去妄。

6. 治心：心病心医之节制

高濂在《遵生八笺》中提出"心病心医，治以心药"的观点，认为一个人如果是患了心病，则需要妥善运用心理手段来进行对症治疗，这种治愈心理疾病的心理手段就是"心药"。在养生保健领域，需要用心药来预防性地节制尚未发生的、潜在的心病，防微杜渐。《遵生八笺》中详细列举了100种心病和100味心药，其中心病包括喜怒偏执、好色坏德、毁人自誉、阴阳嫉妒、见货欲得等，心药包括行宽心和、心无嫉妒、心静意定、谦己下人、忿怒能制等，药饵则是改恶崇善。在养生的问题中，高濂倡导通过"静坐持照，察病有无，心病心医，治以心药"来实现百病自治，综合运用了修德、自我反省、内观、静坐等养生手段。

综观上述以节制为主线的心理养生技术，"道法自然"注重人与自然的统一、协调、和谐，"修德养心"注重人在社会伦理秩序中的自律、自省，"适可而止"注重人在面对需要、情欲时的知足、知止、以适为度，"清净养心"强调人在面临各种外在诱惑时保持定力、心如止水，"正念去妄"强调人在内心觉察到各种私心杂念时保持正念、以正节妄，"心病心医"强调人在日常生活中要保持病由心生的敏感度和以心养心的行为自觉。这些心理养生之道对提升当代国人的心理健康水平和主观幸福感具有积极的借鉴意义，理应得到传承与弘扬。

二、离愁：中国人的分离意象

"黯然销魂者，唯别而已矣！"千百年来，历代中国人对于离别故国乡土、骨肉亲人、挚友知己等所产生的愁苦之情有着极为深刻的情感体验，并在诗词歌赋、琴曲书画等艺术作品中有着非常广泛的诗意表达。"离"与"愁"作为一种"刺激—反应"的固定心理联结，时至今日对中国人在离别情境中的心理与行为模式仍然具有重要的情感启动效应。

（一）分离焦虑：离愁的溯源

离别的本质是分离，代表着一种"连接"的中断或被中断。精神分析大师弗洛伊德曾经指出，分离是人类的基本焦虑，而分离之所以能够导致人们焦虑，是因为人们在内心中害怕失去能够照顾自己的客体，或害怕失去这个客体的爱。因此，原始的焦虑来自婴儿与提供给他需求和满足的客体（一般来说是母亲）的分离所带来的威胁感。这些分离事件包括离开母体的分娩过程、断奶、上幼儿园、有了弟妹、上学、结婚、离婚等等。不难看出，在潜意识中，人每次重要成长的代价就是分离，就是成为一个不同于过去的个体，就意味着离照顾自己的客体越来越远。

根据克莱因的客体关系学说，早期的婴儿渴望获得所爱的客体，相应地害怕失去这些所爱的客体，对所爱客体的内向投射让孩子产生了对好客体被坏客体及其毁灭冲动毁坏的担心和哀伤，克莱因把这一时刻称为抑郁位态。为了逃避抑郁位态所带来的痛苦，自我会到好客体那里寻求避难，或者是逃入一个好的、内化的客体，过度地信仰这些内化客体的慈爱和保护的能量，或者是逃入好的外在客体，导致理想化或者过度依赖这些客体。

在农耕文明占主导地位的古代中国社会，生于斯、长于斯的故土象征着母亲，家乡对游子而言就是好的客体，安土重迁的中国人在离别家乡时大多会产生"背井离乡"的分离焦虑与哀伤。对于古代中国人而言，离别往往意味着"流放"，与战乱、饥荒、贬谪、戍边等"颠沛流离"的生活环境（坏的客体）紧密相关，导致人们产生想要逃避却又无处可逃的无奈心理和困苦体验。久而久之，这种共性的抑郁位态通过艺术化表达深入人心，最终表现为中国文化中典型的"离愁"。在快速城镇化的现代化进程中，在历史上曾经作为传统文化基本空间载体的"村庄"正在迅速消失，与之紧密相连的是乡村生活与乡土社会的流逝，"乡愁"的大量出现也折射出这种分离焦虑。

（二）心理创伤：离愁的表征

从某种意义上讲，每次离别都是一次终结（终止联结），或是一次"死亡"。当个体尚未建立新的、可替代的情感联结或者心理能量不足以应对离别危机的时候，便会导致一定程度的心理创伤，而这种创伤最显著的表达形式就是离愁。《古诗十九首》中写道："行行重行行，与君生别离。相去万余里，各在天一涯。道路阻且长，会面安可知。"古代社会交通不便、信息不通，很多时候离别就意味着天各一方、音信杳无，即失去联系。虽是生离，如同死别。白居易在送别诗《南浦别》中这样写道："南浦凄凄别，西风袅袅秋。一看肠一断，好去莫回头。"伤感之情肝肠寸断。纳兰性德词《金缕曲》中也用"滴滴西窗红蜡泪，那时肠，早为而今断"描摹了断肠离情。宋代爱国诗人文天祥在被元人俘虏押往燕京途中经金陵时作《金陵驿》，"从此别却江南路，化作啼鹃带血归"，离别故国之情，跃然纸上，字字滴血。

在秋冬季节（寒冷意象）、雨雪时节（迷茫意象）、暮色夜晚（昏暗意象）等特殊环境下，因为个体心理能量的不足，这种离愁更容易被激发或放大，更显缠绵悱恻、哀怨凄婉。以秋天离别为例，在秋风萧瑟、木叶凋零的场景中，"飒飒秋风生，愁人怨离别""何处合成愁，离人心上秋"。柳永在《雨霖铃》中直抒胸臆："多情自古伤离别，更那堪，冷落清秋节！"寒蝉骤雨、暮霭沉沉、晓风残月，凄切悲凉，渲染了倍加冷落的伤感心境。卢纶的《送李端》也是如此："故关衰草遍，离别自堪悲。路出寒云外，人归暮雪时。少孤为客早，多难识君迟。掩泪空相向，风尘何所期。"衰草、寒云、暮雪，沉重阴冷，烘托了别感的悲凉心境。反过来，这种离愁别绪又会进一步削弱个体的心理能量和面对未来的勇气。辛弃疾在《鹧鸪天·送人》中感慨："今古恨，几千般，只应离合是悲欢？江头未是风波恶，别有人间行路难。"表达了对所送之人前途未卜、险境困扰的忧心忡忡。

在童话故事中，心理创伤所带来的直接后果，通常是主人公变成石头、动物、魔鬼、一朵花或者贝壳等物体，这其实象征了一种身体僵化或智能退化的应激反应。在离愁的作用下，离别之人"执手相看泪眼，竟无语凝噎"，百感交集；"无言独上西楼……剪不断，理还乱，是离愁"，难以名状，不堪言说。李清照《醉花阴》中的"莫道不销魂，帘卷西风，人比黄花瘦"也用憔悴枯槁的身形凸显了离愁创伤作用下的身心反应。吴奇隆在歌曲《祝你一路顺风》中唱道："那一天送你送到最后／我们一句话也没有留／当拥挤的月台挤痛送别的人们／却挤不掉我深深的离愁／我知道你有千言你有万语／却不肯说出口／你知道我好担心我好难过／却不敢说出口／当你背上行囊卸下那份荣耀／我只能让眼泪流在心底……"离别之痛，痛在心底，千言万语只能化作近似刻板和程式化的行为——"面带着微微笑／用力地挥挥手"。

（三）移情：离愁的消解

面对分离的焦虑，中国人倾向于把这种焦虑情绪转移到外在的、自然界中的客体中。在中国传统文化语境下，人与自然是相通相感（天人合一）

的,当离愁可能导致心理创伤时,个体会通过向自然界的移情来分散、分担进而减弱或消解离愁。《谢池春·残寒销尽》中说:"且将此恨,分付庭前柳。"将离愁别恨,分给庭前的柳树,用柳树的"挽留"意象来淡化离别的情绪。李煜的"问君能有几多愁?恰似一江春水向东流"形象地道出了其内心的愁情汹涌,但也正是寄情于"春水东流"才使得汹涌离愁得以宣泄和释放。欧阳修《踏莎行》中的"离愁渐远渐无穷,迢迢不断如春水"也是如此,把"寸寸柔肠,盈盈粉泪"的无穷离愁通过春水带向无穷远的地方,使其渐渐稀释、淡化。浪漫主义诗人李白在《黄鹤楼送孟浩然之广陵》中以"孤帆远影碧空尽,唯见长江天际流"的方式,让离愁随着远去的小船漫向天际,渐渐消逝。

移情于物是中国人表达离愁的一种典型范式,恰如一颗石子投入水中,涟漪层层、圈圈不断荡漾开来。李商隐在《端居》中写"阶下青苔与红树,雨中寥落月中愁",这种移情入景既是作者思情别绪的泛化、蔓延,反过来对离愁之苦也起着分化、分解的宣泄释放作用。李叔同作词的《送别》乍看之下写的全部是自然景色:"长亭外,古道边,芳草碧连天。晚风拂柳笛声残,夕阳山外山。"事实上,作者是把无限的离愁向天之涯、地之角、山外山进行无限延展,以消解"今宵别梦寒"的孤寂。爱情诗歌《一曲浮生凉,世间无奈,唯自逍遥》中这样写道:"一林红叶一霜染,一场秋雨一地寒。一栏落霞一处忧,一卷诗情一夕游。一渡飞瀑半山下,一行白鹤越峰翔。一竿怅惘一蓑远,一船离愁一帆行。一梦十年一回首,一丝垂纶一苇轻。一枕乡思黄花瘦,一雁独行一弓惊。"无穷无尽是离愁,作者把一腔离愁一一分解,转移到自然景物之中,通过这样的艺术化表达,读者便有了"处处离愁"的情感共鸣。这种"物化"的艺术表达,本身也是一种表达性治疗的体现。

(四)重建联结:离愁的疗愈

离愁的本质是出于对联系中断的哀伤。中国人处理离愁或疗愈此类创伤的方式是重新建立一种联结,用新的联结(通常是心理意义上的)来象征性地弥补分离带来的"裂痕"或"鸿沟"。例如,唐代王勃在《送杜少府之任蜀州》中写道:"与君离别意,同是宦游人。海内存知己,天涯若比邻。"

诗中先用"同是宦游人"的情感共鸣来建立同病相怜的情感联结，并用"天涯若比邻"的内在空间联结来消弭孤单之情。类似地，《别董大》中的"莫愁前路无知己，天下谁人不识君"更是泛化到与"天下人"建立意义联结，通过名满天下、处处知己的宽慰来对冲离愁的影响。苏轼的《水调歌头·明月几时有》中则用"但愿人长久，千里共婵娟"这样共一轮明月的时空联结来超越千山万水的阻隔。

值得注意的是，因为桥本身具有连接、沟通的象征意义，因此常被用作化解离愁的工具。例如，牛郎织女故事中，王母娘娘为阻断二人相见，拔下头上的金簪一挥便化成了一道波涛汹涌的天河，被隔在两岸的牛郎和织女只能相对哭泣。后来，千万只喜鹊飞来搭成一座桥，才让牛郎织女有了鹊桥相会。在民间白娘子传说中，白娘子与许仙在西湖断桥上初次相识，"桥亭三月春光好，一见许郎情丝绕"，同舟归城、借伞定情，后又在断桥邂逅，冰释前嫌、言归于好。断桥之"断"，象征情感联结的中断。越剧《白蛇传》中法海带走了许仙，白娘子金山寻夫不见人，她的唱词是："西湖山水还依旧……看到断桥桥未断，我寸肠断，一片深情付东流！"西湖风光好，难慰孤苦心，"湖山依旧人事非，徒对沧海满怀恼"，桥未断，柔肠寸断。断桥之"桥"，象征情感的重新联结。恰恰又是在这断桥之上，白娘子遇到了从金山寺逃出来的许仙，面对"许仙从此决心改，永与法海断往来"的悔过表态，她又唱道："冤家他，跪尘埃，既恨又痛更怜爱，见面毕竟情难割……既是许郎知过错，愿他从此事不再。"因此，两次断桥相会，第一次满是甜蜜，但隐含着"断"与后来的分离，第二次虽尽显离愁别恨，但也预示着"连"（桥）与最终的团聚。

"是离愁，别是一般滋味在心头。"中国式的离愁别绪，作为艺术表达和文学创作的永恒主题，镌刻着依依不舍、哀婉缠绵的情感基调：长亭、杨柳、灞桥、美酒……长路漫漫，愁绪满天。但是，细细品味就会发现，中国人慨叹的是别离，盼望的是团聚，渴求的是团圆，在各种哀怨感伤的离愁表达中深藏着中国人对生命、对亲情、对爱情等的强烈渴求与留恋。正所谓：长亭古道，晚风拂柳，痴痴遥望的，是深深的牵挂，是淡淡的离愁。

三、等待：中国传统文化中的爱情心理诠释

"等待"是人类心理活动的一种基本范式。在中国传统文化关于爱情的描述中，"等待"恰是一种反复出现、极具文化特色的原型意象：有"月上柳梢头"的喜悦，有"红藕香残玉簟秋"的孤寂，有"过尽千帆皆不是"的怅惘，有"衣带渐宽终不悔"的痴情……"等待"这一原型及其融入古典诗词歌赋、传奇小说等文学创作中的具体意象，为我们呈现出一幅幅生动细腻的爱情画卷，诠释了委婉含蓄的中国式爱情美学。

（一）生死相许：关于爱情的"激情"与"关怀"

心理学家戴维斯提出，喜欢主要包含欢乐、互助、接纳、信任等8种元素，而"爱情=喜欢+激情+关怀"。其中，激情包括"为对方所迷恋""性的欲望""排他性"，关怀包括"在各种争执中永远作为对方的拥护者或辩护者"和"极大限度的付出"。

问世间情为何物，直叫人生死相许。《庄子》中记载："尾生与女子期于梁下，女子不来，水至不去，抱梁柱而死。"讲的是一个叫尾生的书生与心爱的姑娘约会在桥下，可心上人迟迟未来赴约，不幸的是大水却涨上来了，这个痴情男子为了信守约定坚持不肯离去，最后竟然抱着桥柱溺水身亡。这个故事中，尾生在"迷恋激情"的作用下产生了痴情等待的信念，履行了一个关于至死不渝的情感契约。《诗经》中也有"死生契阔，与子成说"的说法，相恋的人海誓山盟，无论生死离合，两情相悦。这种生死相依的爱情契约精神通过沧海桑田、斗转星移的等待与人海茫茫、情心不变的忠贞被表现得淋漓尽致，诠释了中国人典型的含蓄而坚决、生死而不渝的爱的方式。

关于"极大限度的付出"，武侠小说《神雕侠侣》中有一个等待的情节：身受剧毒即将死去的小龙女为了让同样中毒的杨过活下去，纵身跳下悬崖，并在断肠崖壁上写下十六年后相聚之约，希望杨过能为此约定服下解药。黄蓉也编了一个小龙女被南海神尼救走疗伤的善意谎言，使杨过信以为真，并十六年如一日等待相聚。而当十六年之约期满时，杨过从黄药师那里得知根本就没有南海神尼这个人，以为小龙女已死，伤心欲绝，毅然跳崖殉

情。这段故事里，小龙女心甘情愿做出牺牲，设定十六年为期，是为了能让爱人有活下去的一线生机，希望十六年的时间能冲淡杨过对她的思念；而杨过在黯然销魂、苦苦等待的十六年里，支撑他的是与爱人重逢的一线希望。因此，无论是十六年的等待还是十六年后的跳崖追随，都体现了杨过与爱人生死相依的决心，都是对爱人的真心付出。

（二）时间为证：关于爱情的"投资"与"承诺"

社会心理学家卡里尔·鲁斯布尔特的爱情投资理论认为，男女亲密关系中的"承诺"是由满意度、替代性及投资量等因素所共同决定的。当亲密关系中的个体对关系有较高的满意度、知觉到较差的替代性品质以及投资了较多或较重要的资源时，便会对此亲密关系做出较强的承诺，更不易离开此关系。用一个公式来加以说明即："满意度－替代性＋投资量＝承诺"。

个体在亲密关系中的投资分为两类：一类是直接投入的资源，如时间的投入、情绪能量的释放、个人隐私的想法与幻想的揭露以及为伴侣所做的牺牲等；另一类是间接投入的资源，如双方彼此的朋友、两人共同的回忆以及此关系中所特有的活动或拥有物等。个体所投入的资源层面愈广、重要性愈高、数量愈多，则表示其投资量愈大；当个体在此关系的投资量愈大时，对此关系的承诺也愈强。"等待"无疑是一种时间的投资，而等待的时间则是衡量投资量的一个直观标准。《醒世恒言》中有一个"卖油郎独占花魁"的故事，卖油郎秦重为了见花魁王美娘一面，辛辛苦苦花了一年多时间，可见其对美娘爱慕之深。席慕蓉在《一棵开花的树》中也写道，"如何让你遇见我，在我最美丽的时刻，为这，我已在佛前求了五百年，求它让我们结一段尘缘"，为一段爱情"尘缘"甘愿付出五百年的时间投资。

"承诺"则是指使个体去设法维持这份关系的行为意向以及感觉依附在此关系中的情感倾向。关于这种行为意向，佛经中有一个经典的故事："阿难对佛祖说：'我喜欢上了一个女子。'佛祖问阿难：'你有多喜欢这女子？'阿难说：'我愿化身石桥，忍受五百年风吹，五百年日晒，五百年雨淋，只求她从桥上经过。'"这个故事里，阿难用等待一千五百年的承诺来表示喜欢之深。在情感依附的表达上，汉乐府民歌《上邪》中记载了这样一段爱情誓言，"山无陵，江水为竭，冬雷震震，夏雨雪，天地合，乃敢与君绝",以天地合在一起等五种不可能出现或极为罕见的自然现象,来承诺海枯石烂永不分离。

(三)凭栏倚楼:关于爱情的"压抑"与"唤醒"

精神分析大师弗洛伊德曾提出"心理防御"的概念,指自我对本我的压抑,而这种压抑是自我的一种全然潜意识的自我防御功能,是人为了避免精神上的痛苦、紧张、焦虑、尴尬、罪恶感等心理,有意无意间使用的各种心理上的调整。《诗经》中用"一日不见,如三秋兮"生动刻画了热恋中的情人不能相见所产生的时间错觉:即使短暂的分别对渴望朝夕厮守、耳鬓相磨的情侣而言也是一种情感折磨,以至于感觉时光漫长、难以忍耐。为避免精神过于痛苦,部分相思之情会被主体不自觉地进行压抑,但这种压抑的情感往往会因"触景生情"而被激活或唤醒。

古代诗词中经常会出现思妇凭栏倚楼的典型镜头:"闺中少妇不识愁,春日凝妆上翠楼。忽见陌头杨柳色,悔教夫婿觅封侯"(唐·王昌龄《闺怨》),写少妇倚楼而望,勾起情思,忽感柳树又绿、夫君未归、青春易逝,立刻悔恨省悟自己当初怂恿"夫婿觅封侯"的过错,一直被压抑的盼望团聚的情感展露无遗。悲莫悲兮生别离,对于因与爱人分隔两地而陷入愁思中的人来说,她们最盼望的就是重逢,因思而望,自然会凭栏倚楼,在无尽的等待中,趴在冰凉的栏杆上,用想象中的邂逅给自己带来一点温馨与希望。因此,凭栏倚楼这一情景本身就是一种象征性满足的心理寄托与心灵抚慰:望穿秋水,就是要在海天尽头找到"那个人"。或许只是徒劳,但在内心里,整日翘首以待或许能换来那相逢的一刻。凭栏倚楼的等待唤起的是相思之情,但在漫长的等待中这份相思会再度被压抑。"梳洗罢,独倚望江楼,过尽千帆皆不是,斜晖脉脉水悠悠。肠断白蘋洲"(唐·温庭筠《望江南》),盛装倚楼,凝眸烟波浩渺的江水,从日出等到日落,由希望一点一点变成失望。在凭栏倚楼的无尽相思与由希望到失望的爱恨交织中,压抑与唤醒机制交替作用,这种自我防御是为了避免相思之人过度悲伤。"思悠悠,恨悠悠,恨到归时方始休"(唐·白居易《长相思》),凭栏倚楼的等待会一直继续,直到相聚。

（四）化身为物：关于爱情的"移置"与"投射"

在心理防御机制中，"移置"和"投射"较为常见。移置是指将对某个对象的情感、欲望或态度转移到另一较为安全的对象上，因为这些情感、欲望或态度，因某种原因（如不合社会规范、具有危险性或不为自我意识所允许等）无法向其对象直接表现，而把它转移到一个较安全、较易为社会所接受的对象身上，以减轻自己的心理焦虑。通俗地讲，所谓移置作用就是指情感或心理能量从一个对象改为注入另一个对象（包括物体）。比如，成人吸烟、涂抹唇膏、饮酒、打口哨、唱歌、嚼口香糖等动作就是对幼儿期吃奶、吮吸等"口唇满足"方式的移置。这种转移是一种初始过程，是升华、象征化的基础。

在中国古代，男女授受不亲，恋人间花前月下倾诉衷肠的机会比较难得。因此，古人在描摹爱情时经常借景抒情、寄情于物。有这样一则故事：司马相如与卓文君暗中相互敬慕却苦于无法表达。一天，司马相如应邀到卓文君家做客，便灵机一动，借琴传情弹了一曲《凤求凰》。卓文君听出了曲中真意，最终不顾家人反对毅然和司马相如私奔成亲。在这段佳话中，司马相如把"我在等待"的爱慕之情移置在乐曲中进行了表达。无独有偶，唐代诗人王维有一首妇孺皆知的名作："红豆生南国，春来发几枝。愿君多采撷，此物最相思。"其中就是把对爱人、亲人的相思移置到采红豆的动作之中，采撷得越多，代表相思之情越是浓烈。此外，宋代词人林逋一生无妻无子，寄情于赏梅和养鹤，号称"梅妻鹤子"，可以称得上是"移置达人"了。

投射也称为外向投射，是指将自己的某种冲动、欲望、自我内在客体的某些特征（如性格、情感、过错、挫折等）赋予他人或他物。在中国传统文化关于爱情的表达中，最常见的投射便是"化身为物的等待"。出于文化传统，女性对爱情的表达较为含蓄细腻，多以物自比，如"花开堪折直须折，莫待无花空折枝"的诗句，隐含了对爱情的希冀与等待。汉乐府诗《孔雀东南飞》中刘兰芝在迫于压力与丈夫焦仲卿分离时说，"君当作磐石，妾当作蒲苇。蒲苇韧如丝，磐石无转移"，即用化身为坚韧的蒲苇、不动的磐石来比喻爱情之坚贞。后来，刘焦二人双双命赴黄泉，两人合葬，林中化鸟，用浪漫的文学色彩验证了"在天愿作比翼鸟"的爱情约定。类似的还有梁山伯与祝英台的"化蝶"、牛郎与织女的"鹊桥"等。当代诗人林红梅在其著作《诗意的等待》里也用了许多化身为物的意象:"我情愿是一棵树,生长在你的屋前,春天的时候,我把第一抹绿展示给你",等待春天(比喻爱情的春天)带给爱人希望(绿色象征希望)的喜悦;"我愿做一只杯子……就这样一辈子默默地,默默地等待着,你每一次的触摸"。在这些意象里,女性用"等待"的意向投射了对美好爱情的向往与冲动。

"等待",无疑是中国传统文化中关于爱情的一种经典范式。等待是为了相见,它是对爱情的考验与衡量,是爱情中一种可贵的品质。等待不是目标,爱情才是心中永久的向往。为了真爱,相恋的人儿可以无所畏惧,正如洛夫在《爱的辩证》中所说:"水来,我在水中等你;火来,我在灰烬中等你。"

四、相安:中国文化中的相安心理

中国文化有著名的"十六字心传":"人心惟危,道心惟微,惟精惟一,允执厥中。"显而易见,传统文化将人心的基本特质定义为"危"。按照荣格的心理分析理论,"人心惟危"作为一种集体原始意象早已沉淀于中华民族的心灵深处。这种潜意识层面的不确定感和不安稳感投射在文化传承中,便直接导致数千年来中国人心性修养的目标一直都是与"危"相对的"安",即追求心安——安宁、平和、稳定的心理状态与精神境界。从字形上看,"安"字表示女子安居于室("宀"为家)之意。而国人常说的"此心安处是我家"也印证了"心安"作为一种象征符号与"家"具有同等重要的心理意义。本文试结合心理学相关理论来解析中国文化中相安心理的三类具体表征。

1. 心安理得:情理相安的道德心理

在传统的西方道德视野中,情感与理性是二分的,并且道德的崇高往往表现为理性对于情感和欲望的把握。相应地,西方道德心理学研究更为关注个体道德认知的发展阶段(比如科尔伯格的三水平六阶段道德发展理论)及道德推理能力,即权衡利弊的认知理性或逻辑理性,从而忽视了道德内容、情绪、情感等非理性因素。

与西方以理性主义为主流的道德文化不同,儒家道德文化是以"情"为基点展开的,并且始终离不开"情"的内在支撑。此情首先是人性深处直觉的亲情,顺此情才能心安。例如,历史上著名的《陈情表》就是李密写给晋武帝的奏章,陈述了自己与祖母相依为命的特殊感情和应该报养祖母养育之恩的情感,"臣无祖母,无以至今日;祖母无臣,无以终余年",辞意恳切,流露出"乌鸟私情,愿乞终养"的真情。当然,儒家肯定亲情,但不止于亲情,而是将其扩充、提升为普遍的仁爱之情,将"亲亲"与"仁民""爱物"统一起来,确立了由孝及仁,由身、家及天下的实践路向,扩充家庭和谐从而实现社会和谐。安与不安,不是从理论推导、逻辑论证的认知层面得出的,而是源自内心情感的恰当安顿,心安(情安)才是儒家面对内在困惑或道德两难处境时选择的重要依据。

需要注意的是,仅仅从私情出发的心安并不能代表个体的行为一定符合道德准则,在王阳明看来,心安需要良知来保证它的正当性。换言之,基于良心为前提的安与不安才是可依赖的行为标准。儒家认为德即"得"——内得于心,外得于人。内得于心就是求得良心安,外得于人就是合理、合礼。《孟子》中指出:"仁,人之安宅也;义,人之正路也。"仁义法则以内心情感体验为基础,人遵循内心善念、情感践行仁义之道则"良心安",反之良心不安会导致个体道德认知失调。良心不安会导致两种后果:一种是积极调节,即个体知错能改或亡羊补牢,通过弥补过错重新获得内心情感的安适平和,即"浪子回头金不换"。还有一种则是消极退行,即个体降低自己的良心水平,说服自己(自欺)的所作所为是有"道理"(非正道而是歪理)的。在其他人看来,降低良心水平来获得"心安"的方法属于"昧良心"的无情做法,而且无情就一定不仁,即麻木不"仁"。这种退行性的"心安理得"之举会激起大众的不适情感,导致群体性的认知失调。网络流行语"你的良心不会痛吗"就是对这一退行机制的质问。

美国心理学家弗洛姆在《人类之路》一书中曾指出,现代人与自己良心沟通发生困难的缘由主要有二:一是我们宁可经常听取来自电影和电视等媒体以及周围人的胡说八道,也不愿听自己的良心之声;二是现代人患了一种独处恐惧症,极端缺乏独处的能力,宁可与某些最无聊甚至讨厌的人在一起，宁可参加一些毫无意义的活动，也不愿意静下来独处。对于中国人而言，心安才能理得，如果心不安就会陷入认知失调的困境。对此，曾国藩早就指出了解决之道："慎独则心安。自修之道，莫难于养心；养心之难，又在慎独。能慎独，则内省不疚，可以对天地质鬼神。人无一内愧之事，则天君泰然。此心常快足宽平，是人生第一自强之道，第一寻乐之方，守身之先务也。"因此，传统文化的修心（致良知）之道和慎独之法对于拯救现代人的道德心理危机具有重要的现实意义。

2. 各行其道：相安无事的人际心理

中国文化推崇天人合一，提出"人身小宇宙，天地大人身"的比类。受宇宙中天体星球按照各自轨道完美运行的现象（天道）启示，传统文化尤其是道家文化非常倡导在人际交往中各行其道，以求相安。俗话说，"猫有猫道，狗有狗道""鹰击长空，鱼翔浅底"，用象征的方式来说明为人之道也应如此。

各行其道的前提是价值尊重。对于个体而言，每个人都有自己独特的价值，所谓"天生我材必有用"，美国心理学家加德纳的多元智能理论便是一个佐证。传统文化特别强调管理中要"人尽其用"："人之才行，自昔罕全；苟有所长，必有所短；若录长补短，则天下无不用之人"，《老子》说"圣人常善救人，故无弃人"，民间也有"（水）深处种菱浅种稻，不深不浅种荷花"的说法。对于个人而言，要找准适合自己的位置和道路；对于管理者而言，则要让被管理者各行其道、各展所长；唯其如此，"三百六十行，行行出状元"的概率才会大大提高。

传统文化对于人际交往提倡在相互尊重的前提下彼此"相安"。儒家倡导"和而不同"，肯定与尊重个体之间的差异性，"道不同不相为谋"也是相安。按照美国心理学家马斯洛的需求层次理论，每个人都有尊重的需求。各行其道、相安无事就是相互尊重的表现，所以民间才有"大路朝天，各走一边""你走你的阳关道，我过我的独木桥""井水不犯河水"等规矩；而强人所难（把自己的意志强加在别人身上）、党同伐异则是缺乏尊重的霸权（无礼）做法，容易导致冲突或惹出事端。《老子》在勾勒理想社会的图景时指出，"甘其食，美其服，安其居，乐其俗"，描述的就是各安其位、各行其道的相安状态。《庄子》中也记载了一个寓言：泉水干涸后，两条鱼未及时离开，受困于地面的小洼中，为了生存，两条小鱼彼此用嘴里的湿气来喂对方。这样的情景乍看之下也许会令人感动，但实际上这样的生存环境并不是正常的，甚至是残酷无奈的。对于鱼儿而言，最理想的情况是，两条鱼回到属于它们自己的水中天地，在自己最适宜的地方快乐生活，最后相忘于江湖。"相濡以沫，不如相忘于江湖"中的"相忘"，也是一种"相安"，正如陈继儒在《小窗幽记》中所说的那样："人心，远近相安。"

推而广之，"相安"思想运用于治国理政领域，便有了"一国两制"的制度创新；运用于外交领域，就表现为"求同存异"（求同为合作，存异即相安）；运用于文化交流领域，就有了社会学家费孝通所倡导的"各美其美，美人之美，美美与共，天下大同"的相安之道。

3. 宁静致远：随遇而安的处世心态

诸葛亮在《诫子书》中开宗明义："夫君子之行，静以修身，俭以养德。非淡泊无以明志，非宁静无以致远。夫学须静也，才须学也，非学无以广才，非志无以成学。淫慢则不能励精，险躁则不能治性。"宁静是一种安宁平和的心境，诸葛亮认为这种宁静的心态对于个体才学的积累、志向的高远至关重要。儒释道三家都认为"静能生慧""静能开悟"，即安静平和的心态有利于个体智慧和潜能的开发。美国心理学家弗瑞德曾列出积极情绪的10种形式：喜悦、感激、宁静、兴趣、希望、自豪、逗趣、激励、敬佩、爱。宁静作为一种积极情绪，对于个体的人格发展和社会价值实现无疑具有重要的促进作用，这种积极情绪的调节作用恰恰也是"宁静致远"的心理机制所在。

通俗地讲，随遇而安实际上是指保持一颗平常心。它不是指消极无为、随波逐流或故步自封的状态，而是指一种在各种人生境遇中（"随遇"）不断调整自己的心态从而保持旷达从容、宠辱不惊、心静意平的心理平衡的不懈努力，这里的"安"应作动词，指积极进行心理调节以达到安适平和的意志努力。王阳明曾说："人须在事上磨炼做功夫，乃有益。"这里的"事上磨炼"，磨炼的恰是我们的内心，即在各种"刺激—反应链"中通过认知干预、情绪中介或意志调节以"治心"。"不管风吹浪打，胜似闲庭信步"，指的是在人生的各种境遇、风浪艰险中安之若素、心平气和、从容应对；"富贵不能淫，威武不能屈，贫贱不能移"，指的是在各种名利诱惑或利害考验面前能静心明志、保持定力；"泰山崩于前而色不变"，指的是在艰苦、危险的逆境中或突如其来的变故面前，仍能保持平静淡定的心态。一个人倘若能够在各种人生际遇中保持宁静平和的心态，清醒自持，拿得起放得下，进而志向专一、励学敦行，自然能取得更大的成就。翁同龢曾说过："每临大事有静气，不信今时无古贤。"今古贤人在大事面前能够举重若轻、宁静自若，这种"遇大事而安"的从容不迫是一种结果，而在此之前个体必定经历了一系列"遇事而安"的社会学习、重复练习或行为强化。

总之，"相安"在中国文化语境中既是一种求良心的品格境界，又是一种存差异的人际策略，还是一种致宁静的处世哲学，其核心思想是个体与自我、与他人、与环境保持和谐相处的一种动态平衡，属于一种极高明的智慧中庸之道。"相安"是心理调节的努力过程，"心安"则是心理调节的结果和目标。身心一元的中国文化认为，人身（身体层面）不能四处漂泊、居无定所，要有"家"才能安定下来；人心（心理层面）也是如此，不能终日忧惧不安、魂不守舍，也要有"家乡"般的精神皈依；相比较之下，心理层面的安宁更为重要，因为"无论海角与天涯，大抵心安即是家"，只要内心安宁，人不管身在何处都会如同在"家"一般轻松自在。

五、逆向：中国传统文化中的反向思维理念

心理定势是指人们按照习惯或者习得的固定思路去分析、解决问题的心理准备状态，这种思维惯性可以帮助人们解决常规的重复性问题，提高工作效率，但其心理惰性也会造成思维僵化，不利于创造性思维发展。不破不立，训练创新思维，首先必须突破心理定势。在大力倡导创新之风的今天，传统文化中蕴藏的反向思维理念应该得到应有的重视。以《道德经》中的"反者道之动"为例，冯友兰在评论其价值时曾说："这个理论对于中华民族在其悠久历史中胜利地克服所遭遇的许多困难贡献很大；由于相信这个理论，他们即使在繁荣昌盛时也保持谨慎，即使在极其危险时也满怀希望。"表现在思维规律方面，"反其道而行"是一种对司空见惯的、似乎已成定论的事物、观点反过来思考进行逆向梳理或者从事物的对立面来认识事物的创新思维理念。类似的还有"善补阳者必阴中求阳，善补阴者必阳中求阴"的

中医理念、"六根清静方成道,后退原来是向前"的禅宗理念、福祸相依的处世观、塞翁失马的得失观,等等。时至今日,这些反向思维理念对我国重建文化自信与弘扬文化创新而言属于一种宝贵的智慧资源。

1. 突破权威定势：名字中的表里阴阳

权威定势,是指对领导、长辈或专家等权威人物的意见、观点或期望完全照搬照做,既不敢怀疑半分也不敢逾越半步的心理定势,"指鹿为马"便是如此。古人名字中,"名"由父母等长辈所取,通常包含着长辈（权威）的心理期待；"字"多是成年后自己所取,更多地包含着自我认同与人格发展的自我暗示。字与名相表里,又称表字。基于权威崇拜的文化基因,一般而言,字是对名的解释与补充,两者通常含义相近,比如：曹操字孟德,德与操同义；孙权字仲谋,权与谋相近；唐寅字伯虎,寅与虎同源。

名字在某种程度上是自我的象征。古代也有很多人在给自己取字时勇于突破权威定势,字的意义与父母长辈取名的含义恰恰相反。比如,孔子的弟子端木赐字子贡,上赏给下叫"赐",下献给上叫"贡"；唐宋八大家之首韩愈字退之,愈表示上进,退之意义相反；诗人王之涣字季凌,凌为冰,而涣表示冰雪融化消散；理学家朱熹字元晦,熹代表光明而晦表示昏暗。三国人物中,诸葛亮字孔明,亮为明亮,而孔明特指小孔里的微光,有管见之意；乐进字文谦,进为进取,而谦有知足知止之意；于禁字文则,禁为禁止,则有效法之意；贾诩字文和,诩为夸口、夸张,而和为适中、恰当；司马懿字仲达,懿通"噫",表示悲痛感叹,而达为达观；徐庶字元直,庶为旁支（枝）,而直为直干；吕蒙字子明,蒙与明意思相反,蒙为不明。表字的反向取义不拘泥于父母长辈的期望定势,体现了反向而行"致中和"的人生智慧。另外,中国人取名时讲究大名要雅、贵但小名要俗、贱（如狗娃、二蛋、粪球等）,所谓"贱名好养活",取小名也体现了这种反向思维理念。

2. 突破书本定势：兵法中的反向"诡道"

书本定势是指不顾实际、不加思考地盲目运用书本知识、迷信书本的思维模式。历史上,熟读兵书但"纸上谈兵"的赵括、马谡正是因为书本定势而遭惨败。《孙子兵法》云："兵者,诡道也。"兵法讲究出奇制胜,"奇之用使敌不知也","能而示之不能,用而示之不用,近而示之远,远而示之近",提倡用反向思维迷惑敌人,使敌人中计。三十六计中的"围魏救赵、声东击西",便是运用反向思维的方式,以表面看来舍近求远的方法一招制胜。

换个角度来看,兵法计谋本身也属于一种常规思维,在实战中对于兵书也不能照抄照搬,而要活学活用。晋代刘琨的"月夜吹笛"退兵之计与韩信的"四面楚歌"困敌之计正好相反,东汉虞诩的"增灶退羌"之计是对孙膑的"增兵减灶"之计的反向运用,正所谓"兵无常势,水无常形"。深谙兵法、被后人誉为文财神的商界鼻祖范蠡,也擅长运用反向思维,他有句名言:"夏则资皮,冬则资絺,旱则资舟,水则资车,以待乏也",即夏季购入皮货,冬季购入丝绸,旱天时购买舟船,水涝时购买车辆,这一系列反向操作使得他富甲一方,《史记》中记载他"累十九年三致金,财聚巨万"。

"空城计"的故事妇孺皆知:马谡失街亭后,司马懿带领十五万大军势如破竹直取诸葛亮所驻扎的西城。城中只有老弱病残千人,诸葛亮干脆大开城门,命几名老兵洒扫街道,自己带个书童坐在城楼上弹琴,最后司马懿悻悻而退。空城诱敌之计在兵法中经常用到,但"一生唯谨慎"的诸葛亮运用此计的"反常之举"就让司马懿不得不反复推敲其中的玄机了。事实上,除了形势所迫,诸葛亮运用此计早已打破兵书定势,是在政治层面、心理层面攻心而非在军事层面斗智。从心理分析的角度来看,城池象征权力,而"琴者,禁也",诸葛亮在城墙上弹琴的行为具有象征意义,他用琴音对司马懿发出了"禁止入内"的暗示。琴(擒)与空相联系,空城本身也象征着权力的剥夺;对于司马懿而言,如果擒了诸葛亮,等待自己的将是大权旁落(空城)的结局。结合当时魏国的政治形势,司马懿与魏主曹叡之间的关系非常微妙,就在此前不久司马懿就因受到曹叡的猜忌而被罢官。也正是因为诸葛亮伐魏,司马懿才重新被重用。所以,诸葛亮虽然是魏国最大的敌人,但在某种意义上也恰恰是司马懿唇亡齿寒的"盟友",司马懿放过诸葛亮实际上也救了自己,可以避免卸磨杀驴的悲剧。因此,司马懿也运用了反向思维,出于政治考量权衡利弊后自愿选择"中计",虽有损颜面但真正保存了家族实力,最终三国归晋。

3. 突破从众定势:处世学中的弹性心理

从众定势也叫从众效应,指个人受到外界人群行为的影响,而在自己的知觉、判断、认识上"随大流"地表现出符合于公众舆论或多数人的行为方式。例如，对于大多数人来说，得到就欢喜、失去就悲伤，顺境得意、逆境失意，都属于人之常情。然而，传统处世之道却提倡打破这种从众定势，通过反向思维训练不以物喜、不以己悲的个性心理。在文化心理层面，中华民族在五千年发展历程中经历了诸多灾难，其在文化创伤自我治愈的过程中也积累了丰富的弹性心理资源，反向思维的处世之道便是其中之一。以"处世三大奇书"中的《菜根谭》为例，文中经常可见净从秽生、明从暗出，闲时吃紧、忙里偷闲，居安思危、处乱思治等体现反向思维理念的处世智慧。比如，"立身要高一步，处世须退一步"，"居逆境中，周身皆针砭药石，砥节砺行而不觉；处顺境中，眼前尽兵刃戈矛，销膏靡骨而不知"，"热闹中着一冷眼，便省许多苦心思；冷落处存一热心，便得许多真趣味"，等等。从这些高下、进退、顺逆、冷热的反向对比中，《菜根谭》教给世人许多中庸圆通的"弹性"立身处世之道，习之也有助于个体增强应对压力、挫折、创伤、逆境、困境等消极生活事件的心理韧性，培养宠辱不惊的心境与定力，避免人云亦云、随波逐流。

4. 突破经验定势：传统武学中的反向练习

所谓经验定势，指人们会遵循自己在日积月累的常规实践中所获得的经验教训。在一般打斗中，你一拳、我一脚、兵来将挡式的攻防是常规做法，身强力壮者通常占据绝对优势。但上升到武学层面，传统武学多用反向思维，强调武德为先（止戈）；在武术动作上，如果简单按照经验性的常规思维去练习反而会南辕北辙。以"触力反走"为例，对战中接触到对方来力就要反向操作，比如对方掤那自己就用捋化掉对方之力，对方挤自己就按，对方进（退）自己就退（进），对方直击中门（身体中线）自己就偏门闪进，最忌硬顶硬抗。太极拳作为传统武术的典型代表，在拳理和功法上也表现出了鲜明的反向思维特征。首先，在技击思想上，它与以强胜弱、以快打慢的常规思维不同，讲究以弱胜强、以慢胜快、以少胜多、以巧胜拙、以小力而胜大力（四两拨千斤），注重沾粘连随（化去对方劲力），其以静制动、以柔克刚、用意不用力的反常理念恰恰是常人百思不得其解的反向智慧。在训练功法上，太极拳讲究"对拉拔长"，所以处处可见反向而行的动作。比如，太极站桩时屈膝下蹲，但在身体松沉的同时却又要求虚灵顶劲，向上的意念与向下的身形在方向上截然相反。《逆向思维话太极》中写道："太极拳，它是道，逆向思维找要窍。先从脚，来论道，动左意念放右脚。往上抬，想下脚，对拉拔长轻松到。出左脚，想右脚，松腰落胯神领道。掤上手，想下手，五张弓要掤着走……走下行，想天空，百会就来把你领。往左去，先想右，曲线螺旋带你动……太极拳，出真功，不走逆向行不通。"带着反向思维练习太极拳，可使练拳者周身一家、上下相随、节节贯穿、连绵不断。练太极拳还有一个秘诀是反向打拳，即将套路中的动作左右互换来练习，这样可以打破肢体记忆的经验定势，使功法更加纯熟。

5. 突破感官定势：传统养生学中的精神内守

所谓感官定势，是指人们通常会本能地追求感官欲望的满足甚至沉溺其中不能自拔，或产生成瘾行为。"五色令人目盲……五味令人口爽"，老子提倡"复归婴儿"，即通过自觉减少感官刺激而实现心理上的返璞归真。婴儿天真自然、无忧无虑，但逐渐长大成人后或"迷于美进"，或"惑于荣利"，或"欲进心竞"，因逐于外物刺激而导致本性丧失，陷入"失真"状态："感于物而动，性之欲也""夫物之感人无穷，而人之好恶无节""天理灭矣"。受道家思想影响，传统养生学倡导清静无为，返回到赤子婴儿般无思无虑的本真状态。因此，在养生理念上，传统养生文化不赞成精神外耗，而注重反向内求，即通过打坐、站桩、内观等方法精神内守，关闭各种感官，让自己进入一种无我的状态，甚至忘记有形有相的身体存在，返本还源。关于这一点，道家《道德经》表述"静"——"静为躁君""吾所以有大患者，为吾有身，及吾无身，吾有何患"，释家《金刚经》描述"净"——"无我相、无人相、无众生相、无寿者相"，儒家心传"敬"——"惟精惟一"（《尚书》）、"养心莫善于寡欲"（《孟子》），可谓殊途而同归。

第十一章

影视剧中的意象表征

一、《流浪地球》中的文化意象

2019年春节档科幻电影《流浪地球》自上映以来深受大众喜爱与称赞。电影讲述的是太阳即将毁灭，人类为了存活选择自救，开启"流浪地球"计划，带着地球到太阳系外寻找新家园的故事，而地球在经过木星时遇到撞击危机，从而引发了一场拯救地球的行动。我们知道，科幻电影（故事）可以看作是科学时代的神话，是人类创造的一种文化形态。而神话通常是一个民族的集体无意识。在这部极具"中国表达"风格的神话故事里，我们可以通过若干典型的文化意象强烈地感受到对中国人自己的文化情怀的情感共鸣，感受到中国文化精神的逐渐回归。

1. 生的意象

中国文化具有"重生"的特质。儒家思想的核心为"仁"，体现为对生命的充分尊重；其中"仁"在生命的层面又象征果仁、种子，代表生命的本源；电影《流浪地球》中的火石也可以看作是生命的火种，以杭州地下城为例，有了它就可以拯救地下城35万人的性命。道家思想的理想追求为"长生"，注重养生、修真；电影中地球之所以"流浪"，其目的也是地球的"永生"。释家思想的要义之一是"护生"，即众生平等、爱惜生命甚至是蝼蚁的生命，"扫地不伤蝼蚁命，爱惜飞蛾纱罩灯"即是如此；电影中尽管国际空间站里代表人工智能的机器人MOSS（寓意"莫死"，即延续生命）出于精准的理性计算曾放弃了整个地球，但人们对自己热爱的地球直到最后一刻也没有放弃，这本身就是对生命的挚爱与忠诚守护。

电影讲述的是地球"起死回生"的故事。与西方同样主题的科幻电影稍加对比，便可以发现贯穿电影《流浪地球》始终的重要情节是"救援"，而不是西方科幻电影中的"战斗"。这种情节设定的差异折射出中西方文化的差异。从华夏民族的盘古开天、女娲补天、夸父追日、后羿射日、精卫填海、大禹治水等创世神话中可以看出，主人公为天下苍生毫无保留地奉献与牺牲自我，只为了抵御或缓解威胁人类生存的地震（天崩地裂）、干旱（赤日炎炎）、洪水（海啸台风）等自然灾害，救民于水火（灾的繁体字"災"即由水和火组成）。以盘古为例，他自己的身躯全都化作了世间万物，可谓"落红不是无情物，化作春泥更护花"。他们拯救人类不是为了要统治世界，而仅仅是为了呵护生命，换言之，"中国式神话"的主人公不是救世主，也并非统治者，而是守护者，给每个生命以慈母般的呵护。这种本性平和的救援精神（护士精神）与西方创世神话如希腊神话中诸神之战（战士精神）的激烈冲突形成了鲜明的文化对比，体现出生生不息的"生的意象"。电影故事中刘启的绰号"户口"，本身就是生命的代名词；刘即"留"，留下户口就是留下生命，留下希望。

2. 母亲意象

"母亲"之于人类的意义不言而喻。在中国文化情境中，"母亲"的内涵和象征更为丰富。影片中看似女性角色极少，但实际上呈现了很多层次的"母亲"意象：影片伊始就呈现了一个人类面临灭顶之灾的危机镜头，太阳急速老化、持续膨胀，"三百年后，太阳系将不复存在"，即死亡；对于地球而言，太阳就是母亲，伴随着旁白"再见，太阳系"，即将失去"母亲"的地球开始了长达 2500 年的流浪之旅；这是一个地球与原生母亲分离的过程。而对人类而言，地球更是母亲的象征。小说《流浪地球》中写道："人类在宇宙间离开了地球，就像婴儿在沙漠里离开了母亲！"这也是《流浪地球》与西方科幻电影中寻找其他适合人类生存的星球的不同之处，《流浪地球》中是给地球安装上万个发动机、用行星发动机把地球一起带走，因为儿不嫌母丑，"母亲"不是拖累，更不可被遗弃。当空间站为了执行让人类文明延续的"火种"计划而准备放弃地球的时候，中校刘培强选择了非理性（点燃并破坏机器程序的酒精象征非理性）的"违规操作"，即牺牲空间站来拯救"母亲"——地球。

对于地球上的人们而言，地下城象征了母亲的子宫，因为那里是温暖的（而地表温度为零下 84 摄氏度）、安全的、舒适的；能够通过抽签进入地下城的人，就代表了他/她能够生存下去，生命能够得到延续，这也象征性地复演了精子进入子宫与卵子结合孕育新生命的过程。

影片开头，男孩子刘启的母亲韩朵朵处于重病状态，这像极了病入膏肓的太阳（地球的"母亲"）。迫于无奈，刘培强放弃了对妻子的治疗。4岁失去母亲的刘启认为是父亲害死了自己的母亲，因此多年来对父亲一直充满恨意。根据精神分析理论，4岁的男童正处于俄狄浦斯期，恋母的情结与丧母的痛苦冲突而又交织在一起，给刘启带来了严重的心理创伤，缺少母爱、安全依恋关系以及留守儿童的成长经历也导致其行为乖张、桀骜不驯，甚至日常生活中直呼姥爷（父亲的镜像）为"老东西"，对父亲（"东西"）的厌恶溢于言表。这一心理冲突直到17年后刘培强驾驶空间站撞向木星自我牺牲的那一刻方才完成了对"恋母弑父"情结的超越与升华，刘启在影片中第一次也是最后一次喊出了一声"爸……"。

韩朵朵本来是刘启母亲的名字。刘启的妹妹是姥爷韩子昂14年前从水中救起来的孤儿，老人想念病故的女儿，所以给小女孩用了女儿的名字。在影片中，妹妹韩朵朵象征了"母亲"的重生。在决定地球命运的最后救援任务中的关键时刻，韩朵朵通过全球广播发出了"母亲的召唤"："回来吧……救回我们的地球！"在这种召唤下，各国救援队如同孩子们一样纷纷返回参加救援，最终使地球"母亲"获得重生。

3. 回家意象

心理学研究表明，家是个体心理意义发展的中心。按照荣格的分析心理学理论，恋家情结属于一种集体无意识，它是一种包容了人类祖先往昔岁月的生活经历和情感体验的原始意象，它刻入了人类的心灵结构中。但对中国人而言，这种恋家心理比其他任何文化背景下的人们更为强烈、稳固、深厚，对家的眷恋已溶入中国人的血脉之中，恋家心理不仅会直接影响人们的心理和行为方式，而且对人们的价值观、情感等各个方面都会产生深远影响。"家"不仅是一个住所、情感的归宿和精神的寄托，更是一种持久存在于国民内心深处的集体意识。美国著名汉学家明恩溥曾说："中国人的全部心思都放在一个固定的地方，犹如蜜蜂，不管飞得多远，最后总要返回它的巢窝。西方人则更像不停地跳动的蚱蜢，通常并不会表现出对某一个地方深切的偏爱及特别的情感而疏远其他一切地方。"对于中国人而言，无家可归、倾家荡产、家破人亡、丧家之犬等"家"的意义的丧失通常都意味着无法忍受的痛苦。无怪乎韦政通等一些学者把中国人的恋家心理看作是中国文化的典型特征。

在中国文化中，家是一个永恒的、温馨的字眼，有了家才有了生活，回家团聚是一种极为幸福的情感体验。电影中刘培强在空间站执行任务离家达17年之久，在听到系统播报"恭喜您！明天可以离岗回家了"的时候，他是非常激动的，甚至眼含泪水；在得知空间站要放弃地球，自己将"无家可回"的时候，他是极度痛苦和愤怒的；为了拯救地球这个"大家"和自己的家人，他在驾驶空间站撞向木星时把全家福的照片别在了仪表盘前，轻轻地说了一句"回家"，这时他是异常镇定的、义无反顾的。这充分体现了"回家"的精神力量和"家"的心理地位。

家对中国人而言是亲人之间的一种情感联结，既表现为"带着孩子们去贝加尔湖钓鲑鱼"或"去重庆吃火锅"的琐碎日常，也表现为对家人的思念、奉献或责任。姥爷韩子昂最后的遗言也是要求"离家出走"的刘启"带朵朵回家"，这时朵朵说了一句："爷爷不在了，我的家在哪里啊？"家对中国人而言还是心灵的港湾，象征着安全感。韩子昂在训斥刘启时就说"外面多危险"，"中国心"蒂姆（"蒂"代表根，"姆"代表妈妈、本源）在救援任务中面临死亡威胁时曾歇斯底里地大喊"妈妈，我想回家"，这也体现了家的治愈功能。在地球快要坠入木星的最后时刻，本是要回家去见家人最后一面的各国救援队员们，在听到韩朵朵的求援广播后明知任务很可能会失败依然还是选择了返回驰援，因为对他们而言，只有地球平安无事，他们才能真正地回家！支撑救援队员们不顾生死的，是家的情感意义和对家的信仰。因为有了家，才有了思念，有了不朽的精神支柱。对于华夏子民来说，家就是生命之源，是根之所在、情之所归。影片中的"流浪地球"，如同一个浪子，要去往4.2亿光年外的新家园，这也是一场"回家"之旅。

4. 希望意象

希望，也叫憧憬，是积极心理学倡导的积极品质之一。这部灾难主题的影片中反复强调和呼应"希望"，提出"在前太阳时代，做一个高贵的人必须拥有金钱、权力或才能，而在今天只要拥有希望"。影片中韩子昂所代表的老年一代和刘培强、王磊等代表的中年一代先后牺牲，这样代表希望的就是最小的一代人——刘启和韩朵朵等年轻人;"启"有打开、开启之意,象征重生的希望;初中学生韩朵朵则寓意"含苞待放的花朵",作为祖国的花朵,尽管在灾难救援中"什么忙也帮不上",但她象征着未来的希望。影片借韩朵朵之口说出:"希望是什么?在这之前,我根本不相信希望这种东西,但现在我相信,我相信希望是我们这个年代像钻石一样珍贵的东西,希望是我们唯一回家的方向。"在令人绝望的灾难面前,正是凭借着心中的希望,成千上万的救援队员拼尽全力、视死如归、生死如常,凝聚形成了一种共同的集体心理趋向,直到最后一刻也未放弃。刘培强坚信"地球,一定可以活下来",带着这种希望,他选择了自我牺牲撞击木星;就连一直遵循理性法则的联合政府最后一刻也改变了决定,最终"选择希望"——"无论最终结果将人类历史导向何处,我们都尊重并接受"。希望是非理性的,机器人MOSS曾无奈地说"让人类永远保持理智,确实是一种奢求",但恰恰正是这种非理性的情感和希望,才是人之所以为人的高贵精神价值所在,也是人类文明薪火相传、生生不息的动力所在。换言之,希望,才是人类真正的"火种"。

二、《三生三世十里桃花》中的文化符号与象征

古装爱情仙侠热播剧《三生三世十里桃花》从《山海经》等古代典籍中汲取了诸多文化元素,为观众呈现了如梦如幻的中国式古典意境与如痴如醉的爱情画面,开播后好评如潮。从文化心理学的角度诠释剧中蕴含的文化符号及其象征意义,有助于我们进一步理解中国古典爱情审美取向的集体无意识。

(一)三生三世与四海八荒:无限和无垠

三生三世是一个关于时间的象征。在佛家因果轮回思想中,人有三世,即前世(前生)、现世(今生)和来世(来生)。剧中司音与金莲(夜华元神)、素素与夜华(凡间身份)、白浅与夜华(天君储君)的三世情缘之所以能打动观众,一个重要的原因在于三生三世中的"三"其实是一个"无限"的象征,代表永恒、生生世世、天长地久,在无限次的轮回(渡劫)中

依然能够相遇、相守,不仅需要极大的缘分,更需要对彼此极强的爱恋与执着。结合夜华与素素的结婚誓词来看,"在这东荒大泽,请四海八方诸神见证,与素素结为夫妻,生生世世,倾心相待,无论祸福,永不相弃",三生三世的剧情满足了大众在传统爱情观上"生生世世在一起"的审美心理与美好希冀。反观在东荒俊疾山素素与夜华的短暂相聚,俊疾山本是地名,但其中"俊疾"蕴含的时间意义象征了那段爱情并不能长久,最终以素素被剜去双眼、跳下诛仙台"灰飞烟灭"而告一段落,令人不胜唏嘘。

四海八荒则是一个关于空间的象征。从字面上理解,四海是指东海、西海、南海和北海,八荒(也叫八方)是指东、西、南、北、东南、东北、西南、西北等八面方向。事实上,四海八荒是一个泛称,包含上下(天庭与凡间)、左右(翼界与青丘等)、天涯海角等空间观念,是一个"无垠"的象征。而且,在传统术数观念中,四"平"八"稳",代表着稳定、不变。从昆仑墟到东荒俊疾山,再到十里桃林与天庭,变化的是故事发生的地点,不变的是夜华对白浅(素素)的一往情深与痴情不改。时空的延展带给人一种关于爱情永恒不变的美好想象,即不论地老天荒、不论天涯海角,爱情一直都在,那个爱自己的人也一直都在。观众在欣赏剧情的同时实现了对自身爱情的治愈或宣泄。

(二)桃花与莲花:阿尼玛和阿尼姆斯

剧中白浅常在十里桃林桃花纷飞的古典意境中畅饮"桃花醉",而"人面桃花"在传统文化中是女性意象的典型代表,再加上桃花与春天生机(万物复苏、生长繁衍)、与美貌(桃之夭夭、灼灼其华)以及与多子多福(结果满枝)等的意义联结,使得"桃花"的主题不可避免地有了性与爱的暗示与意蕴。再结合白浅"九尾狐"的身份来看,狐仙、狐女往往预示着女色的媚惑。而且,男女主角的原形都是动物,一个是九尾白狐,一个是九天黑龙,也寓意着动物本能。另一方面,夜华是从金莲中化生出来的,而莲花在传统文化中象征着高洁,象征着出淤泥而不染的脱俗,因此,尽管莲花也或多或少地带有"多子"的生殖意象色彩,但它更多地代表着性爱的升华,使得整个剧情"好色而不淫"。

用荣格集体潜意识理论的原型(archetypes)观点来看,桃花与莲花还分别象征着阿尼玛(Anima)与阿尼姆斯(Animus)的异性原型。阿尼玛是指男性心中的女性成分或意象，它是世世代代男人与女人交往经验的积淀，主要指我们的男性祖先为之动情、动心的那一类女子形象所引发的情感功能的积淀与遗留，简单地说即男人心中的女人形象。剧中的青丘白浅，无论是其四海八荒第一绝色的美，还是其七万年来一直用心头血滋养师父仙体（遗体）的善，以及其大气洒脱的真，都能与男性无意识中的女性原始意象相吻合，使得男性能够感受到来自灵魂深处所投射的女性形象的强烈诱惑。另一方面，阿尼姆斯是指女性心灵中的男性成分或意象。剧中的太子夜华，从进化心理学的视角来看几乎具备了雄性所有的竞争性资源：有权势（未来的天君），有力量（以一己之力一举斩杀上古四大凶兽），而且极为专一（只爱素素一人，面对素锦、缪清等几万年的苦苦追求丝毫不心动），敢于付出（为了成全爱人的幸福不惜生祭东皇钟），这些对于女性而言具有重要生存价值与安全感意义的特质无疑与女性无意识中关于男性的原始意象是高度匹配的。因此，不仅在剧中男女主角或配角经常会出现"一见钟情"（比如夜华与素素、天族二皇子与丫鬟少辛），而且观众在追剧的过程中也会对剧中的人物"一见钟情"。归根结底，还是阿尼玛与阿尼姆斯从集体无意识的深处发出了诱惑的信号，使人们通过投射的方式产生了相互吸引，产生了"招桃花"的爱恋心境。剧中曾有这样一个场景：素素跳下诛仙台魂飞魄散，太子夜华为重新结起素素的魂魄，在结魄灯上点燃了带着素素气泽的一件衣裳。就在这时，许是素素遗落在碧落黄泉的一丝魂魄感应到了召唤，十里桃林的树树桃花纷纷扬扬直飞天庭，使天宫变成了芳菲满天的"十里桃林"。这里的"召唤"，从心理学的角度来看，恰恰是集体无意识深处阿尼玛与阿尼姆斯的心灵感应。

（三）白、浅与墨（黑）、渊（深）：阴阳互补

从传统阴阳观来分析，男女主角白浅和夜华一阴一阳，体现了互补性（喜欢）的心理规律。单从名字的字义上分析，白与黑（墨、夜）相对，素与华（夜华之华、金莲之花）相对，浅与深（渊）相对。从服饰上来看，白浅喜欢一袭白衣缓步桃林，而夜华每次现身都是一身黑衣老气横秋。关于夜华总是着玄衫（黑衣）的原因，剧中这样解释：为了能够与母妃见上一面，年仅2万岁的夜华就飞升了上仙，在渡劫被雷击后夜华更是顾不得换衣服便急切地去看望母妃，但伤在儿身，痛在母心，看到夜华一身血迹，当妈的心痛不已。为了宽慰母妃，夜华便说道："是儿子的不是，明知道要历天劫，还穿了身素色衣衫，日后儿子都穿玄色衣衫，便再也看不到血迹，免得惹母妃伤心！"从中不难看出，夜华的"黑衣"实际上是一种压抑的象征，即把伤痛藏在心里。从性格上来看，白浅天真洒脱、没有心机（心机"浅"），属于傻傻的粗线条类型，而夜华则精明强干、沉稳内敛、心思缜密、高深莫测。从颜色的象征意义来看，白色代表纯洁、简单，而白浅恰是如此；黑色和夜色相似，代表神秘肃穆，具有沉稳、低调、防御、隐蔽等意义，也包含了伤痛的含义（剧中夜华多次身负重伤）。从生活技能上看，白浅只穿白衣服（其实是不会染布）、时常迷路、不会送礼、不会做饭，学做饭还把房子烧着了，扮演被照顾者的角色；而夜华则会打仗、会带孩子、会做饭、擅长丹青，充当着照顾者的角色。二人如同传统太极图中的阴阳两鱼，对称互补。从恋爱心理的角度来看，夫妻之间如果相互依存、相互补充，更有助于生活的和谐完美与温馨甜蜜。

剧中有这样一个细节，白浅送礼只送夜明珠。夜明珠晶莹洁白，但恰恰是在夜晚放出光芒（即"夜华"），也只有"夜华"最能体现夜明珠的价值，这就体现了二者的互依互补。另外，因为白浅的凡人化身素素曾被挖去双眼、怕见强光，所以"夜华"既能照亮黑暗，又不至于过分刺眼，两人形成了完美的互补关系。

（四）姑姑与娘娘："剩女"无敌

作为青丘女君，又是未来的天后，白浅因地位尊贵被称为"娘娘"。从年龄上看，14万岁的白浅比夜华整整大了一倍，她又因辈分极高被四海八荒公认作"姑姑"。白浅属于名副其实的"剩女"，从心理分析的角度来看，她是"剩女"集体无意识的化身，剧作折射了剩女无敌的寓意。

首先，"剩女"白浅值得被追求。除了四海八荒第一绝色的美貌优势、纯真洒脱的个性优势，白浅还拥有尊贵无上的地位。作为名副其实的"女神"，其关系网和人脉圈都是君王、帝君、皇子，极其尊贵。"女神"不仅象征着高高在上的权力，也象征着一种心理地位，即女性在男性心目中的地位。女性在欣赏剧情的同时可以通过投射来满足自己当"女神"的渴望，以艺术欣赏的方式将"女神的自恋"以合理化的形式进行表达与宣泄。

其次，"剩女"白浅一直"被追求"。白浅在一出场是以"司音"的身份出现的，从语义上来分析，"司"为主宰、掌控，比如司机、司令等，"音"表示所发之音，可以指话语或言语，合而观之，"司音"的含义就是说话有分量、主宰着话语权。放在爱情关系中，剧中的白浅先后被师父墨渊、翼族二皇子离境、翼界公主胭脂、比翼鸟一族的九皇子、坐骑毕方、太子夜华等"人"一见倾心、苦苦追求。从爱慕者的身份来看，有神、有魔、有兽、有凡人，一应俱全。从爱慕者追求白浅的时间来看，墨渊在被封印的七万年里对她念念不忘；夜华追她经历三生三世痴心不改；翼君离镜（"离镜"本身就暗含着"破镜难圆"的结局）虽然纳玄女为妃（把玄女作为她的替身），但几万年来一直寻着她的踪迹。同时被几大"男神"痴痴追求，白浅却牢牢掌握着爱情的主动权，敢爱敢恨，洒脱不羁。这种"被追求"的情节满足了女性对爱情的美好幻想，也强化了"剩女"可以主宰自身爱情的信念，使其可以用以无意识的反向表达形式将"被剩"转化为"被追求"，降低焦虑并保护自尊。

再次，"剩女"白浅错过了一段段爱情。从小仙（"小鲜肉"）到上神（"伤神"），从姑娘到"姑姑""娘娘"，白浅错过了很多次爱情。在昆仑墟时的白浅（化名司音）对爱情尚未开窍、懵懵懂懂，因此把师父的喜爱单纯理解为师徒之情；下凡历劫的素素被夜华带上天宫后因遭素锦陷害含恨跳下诛仙台，说了一句"我要走了，我一个人会过得很好，你放过我吧，我也放过你，从此我们便两不相欠"；后期白浅恢复记忆后非常恨夜华，不肯原谅他。在三段爱情中，墨渊和夜华都是生祭东皇钟而魂飞魄散，而素素则是跳下诛仙台而灰飞烟灭，爱恋的人不存在了，那段爱情自然也就终止了。诛仙台之"斩杀"含义与毁天灭地的戾器东皇钟之"终结""丧钟"的意蕴都象征着一段段爱情的死亡或结束，即爱而不得。这种"未完成"的情节会诱发"剩女"心中的"未完成情结"，即尽管有过一段段无疾而终的感情，但爱情仍在路上，尚未完成，相信属于自己的爱情终将到来。剧情最后，有情人终成眷属，这种圆满式结局既能激发"剩女"关于美好爱情"尚未完成"的期望，又可以以甜蜜的艺术表达形式治愈着她们的"爱而不得"之苦。

附　录

从"龙"看汉字四象

汉字是中国文化的根本，是华夏民族集体智慧的结晶。古人在造字时通过多角度"取象"赋予了每个文字以丰富的心理内涵。本文从分析中华民族的图腾和象征——"龙"（龍）字入手，通过视觉感知、听觉联想、情感寄托、集体无意识等多维透视，以期直观形象地帮助读者理解汉字中蕴藏的"四象"——形象、音象、意象与心象。

附录图1　"龙"（龍）字古文字形（来源：《汉语大字典》）

1. 形象——视觉感知

视觉感知是指客观事物经由人的视觉器官（眼睛）和神经通道在人脑中形成的直接反映。通俗地讲，就是事物的外形被人眼看到之后所形成的映像。汉字是象形文字，甲骨文、金文等古文字形具有非常鲜明的直观形象性，一看就懂。形象造字法通常是突出最典型的特征，例如："日"字就像一个圆圆的太阳形状⊙，中间一点像人们在直视太阳时所产生的视觉盲点；"月"字像一弯月亮的形状☽，中间一点像人们看到的月亮表面的阴影；

"马"（馬）字像一匹有鬃毛、四条腿的马；"龟"（龜）字像一只龟的侧面形状，头、脚和背部龟壳的纹路清晰可见；"鱼"（魚）字像一尾有鱼头、鱼身、鱼鳍、鱼尾的游鱼；"艹"（艸）字像是两束草的形状；"门"（門）字就是左右两扇门的形状。

"龙"作为华夏民族的原始图腾，是古人结合不同氏族部落的动物图腾如鱼、鳄、蛇、猪、马、牛等动物和云、雷、电、虹、霓等自然天象综合创造的一种神物形象，是原始社会形成的一种图腾崇拜的标志。从常见的图画形象上来看，龙的头似驼、角似鹿、眼似兔、耳似牛、项似蛇、腹似蜃、鳞似鲤、爪似鹰、掌似虎。"龙"的甲骨文字形为一个大头、巨口、长虫的侧面形象。左上部分"立"本为"辛"，像棘刺之形，表示似鹿角的形状。从"鹿"的古文字形就可以看出，雄鹿的角长得像树杈的形状。而"辛"字的甲骨文字形为，指用三角形的树杈（与鹿角相似）制成的套在罪犯或奴隶脖子上的木枷，下面一横表示绑缚双手的横木，这种原始的刑具让罪犯或奴隶的头和手都被牢牢控制住，所以有辛酸（长时间被枷锁束缚，手脚麻木酸胀）、辛苦、辛劳（没有自由，还要干苦活、重活、累活、脏活，感觉很痛苦）等含义。与此相对，对奴隶（包括牛、羊、猪等"牺牲"）有支配权和惩罚权的主人就是"主宰"，"宰"又成为祭祀、权力的象征，比如负责皇家祭祀的人叫"太宰"，后来也叫"宰相"。《诗经·小雅·北山》中指出，"溥天之下，莫非王土，率土之滨，莫非王臣"，从"宰"再进一步，掌管最高刑罚即生杀大权的人就是"帝"，甲骨文字形为，其中"辛"为枷锁，象征刑罚，"巾"为权杖，象征权力。古代皇帝也叫"辟"，同样是表示有生杀予夺大权的人，而"璧"就是指皇帝用的宝玉。因此，"辛"（"立"）所代表的鹿角象形具有至高无上的象征意义。另外，鹿角向上（"天"）生长（对于国人而言，头顶之上即为"天"，如民间谚语所讲的"举头三尺有青天"），因此多数情况下"龙"都是"飞龙在天"的形象。

从直观形象上来看"龍"，左下部的"月"有两种解释：一种是大大的张开的嘴巴形状，其动物原型应该是鳄鱼的嘴巴，"月"中两横代表的牙齿形状令人心生畏惧；另外一种是龙的腹部。对于第二种形象，"月"表示与身体部位相关的器官（"肉月"），如肝、胆、脾、肺、肠、胃、肚、脐、肾、膊、臂、膀、胱、腿、臀等。"月"中两横代表肉的纹理，此处即表示"龙"腹部的条纹。腹部可见说明龙已经腾空而起，"龍"字右部的"弓"字形状就表示龙弓起的脊梁，展现出蓄势腾空的刚健力量，右下角的弯钩代表龙飞起的尾巴（有向上"飛"之势）。弓背上类似"彡"的三横，即可以看作是龙爪的形象，也可以看作是龙身上的斑纹或鳞片放光的样子（比如"彪"字中的"彡"代表虎豹身上的斑纹，"彩"字中的"彡"代表各种醒目亮丽的颜色），二者都表示龙腾飞时威风凛凛的样子。成语"凤翥龙翔"就形容了龙飞凤舞、光彩照人、气势非凡的姿态。

附录图2　飞龙（龍）在天

2. 音象——听觉联想

听觉联想属于一种听觉刺激加工，是将声音符号与记忆痕迹或概念相联系，使声音被感知和理解。古人在造字过程中，经常使用听觉联想，因此汉字具有"同音意通"的显著特征。例如，"岳"与"越"同音，表示岳比山更高（山上有丘之象）、更加险峻，人要想通过就得翻山"越"岭；"尧"（垚）与"窑"读音相同，表示是用土块垒起来的、烧制砖瓦陶器的窑洞；"褂"与"挂"同音，表示人套在最外面的又长又宽松的大褂就像挂在身上一样；"闺"与"圭""贵"的音象一致，表示尊贵、贵重，所以"闺女"又叫"千金"；"阁"与"各""搁"同音，阁楼就表示分门别类（各自）、储存"搁"置贵重或私人（各自）物品的地方，如天一阁、滕王阁等；"土"与"吐"同音，表示土生万物，"土"又与"牡"（表示公牛、种牛,其读音与牛"哞哞"的叫声相近)同韵,都与繁衍后代有关;"井"与"静"读音相近,表示井中之水是静止的、清澈的水;"彭"与"碰"同音,表示鼓槌与大鼓碰撞发出的声音;"文"与"闻"同音,"文化"也可以理解为人们听(听闻)到的话(指有智慧、有价值、有教"化"作用的良言)。

从音象上看,"lóng"模拟了雷的"隆隆"之声。古人认为,龙是一种超自然的力量,管行云布雨。下雨之前经常会先电闪雷鸣,人们听到隆隆的雷声就认为是"龙"来降雨了。雷声与"龙"的形象建立了意义联结,这一音象就逐渐固定了下来。"隆"的字形由"降"与"生"组成,表示雷雨是从天而降的。作为主宰的龙在天上腾云驾雾,有上升之象,所以在读音上用升调"lóng"。"龙"对应的"辰"也与"震"同韵,与打雷、惊蛰有关。作为闪电符号的"申"与"神"同音,代表神秘力量、变化莫测。另外,四大瑞兽中的龙和麒麟都是鹿角形象,而"鹿"与"禄"同音,象征地位、权力、财富等。《汉书·蒯通传》中记载,"秦失其鹿,天下共逐之",就是用"鹿"象征地位。"龍"的字形中"肉月"如果看作腹部,"腹"与"富""福"读音相近,而圆滚滚的腹部就象征着福气。

3. 意象——情感寄托

所谓意象,就是客观物象(形象、音象等)经过人的情感活动与思维加工(从认知心理学观点来看包括信息的获取、分析、归纳、解码、储存、概念形成、提取和使用等一系列信息加工程序)而创造出来的一种主观形象,"象"中所寓之"意",通常是人的情感寄托。"意象"可以视作主观之"意"和客观之"象"的结合,即融入人的思想感情、具有某种特殊含义的"物象"。例如,"肖"的古文字形有消减、变细"小"之意,"梢"表示树的末梢比较细小,"峭"表示山的顶部变尖变细、山势险峻如刀削一般,如"悬崖峭壁";"昜"的古文字形有阳光、温热之意,"汤"(湯)指热水(烫水),"畅"(暢)指身体温暖、气血运行通畅;"争"的古文字形有两手抢夺之意,"睁"表示上下眼皮朝相反的方向用力,"净"表示用水洗手时,两只手要相互揉搓较力。

"龍"字中突出了头部的形象,而"头"是身体最高的器官,有统领、带领之意。在动物界,雁群中飞在最前面的大雁叫头雁,狼群中走在最前面的狼叫头狼；在一个部落中，站在最前面带头的人叫头人，也就是首领。在民间说法中，"龙头"就是老大。因此，"龍"字中的"立"有站立之象，代表"位"。龙是有鳞动物的首领（鳞虫之长），古代的帝王也将自己比作"真龙天子"。"龍"字中还突出了"弓"的形象。弓是最古老的一种弹射武器，由富有弹性的弓臂和柔韧的弓弦构成，当把拉弦张弓过程中积聚的力量在瞬间释放时，便可将扣在弓弦上的箭或弹丸射向远处的目标。因此，"龍"字形中的"弓"是一种力量积蓄的象征，从外形上看是弯曲的、柔韧的，但从效用上来看则是刚健的、勇猛的。例如，"晨"字取龙的刚健之象，形容一轮红日从地平线下喷薄而出、光芒万丈的壮丽景象，代表了一种阳刚之气。这种柔中有刚的意象是中华民族重要的精神内核。从情感寄托的角度来看，"龍"代表有力量的首领意象，古人希望"龍"的图腾能给氏族带来尊严、力量和信心。

4. 心象——集体无意识

"集体无意识"由分析心理学创始人荣格提出，指由遗传保留的无数同类型经验在心理最深层积淀的人类普遍性精神。集体无意识主要由"原型"组成，包括出生原型、再生原型、死亡原型、智慧原型、英雄原型、大地母亲原型以及自然物如树林原型、太阳原型、月亮原型、动物原型等。在荣格看来，原型是一切心理反应的普遍一致的先验形式，这种先验形式是同一种经验的无数过程的凝缩和结晶，是通过种族遗传下来的先天心理模式，是"情感—思维"混沌一体的族类结构。文字是文明的结晶，汉字的构造过程中也蕴含了华夏民族的集体无意识，而这种集体无意识会通过文字内涵在适当情境中激活而生成独特的"心象"。

对于"龍"而言，最主要的两种动物原型是鳄与蛇。鳄生性凶残、贪婪，通过撕咬令人丧生；蛇生性阴冷、狡诈，通过毒液或缠绕令人窒息、死亡；二者代表了人性深处的动物本能（兽性），是一种与暴力、死亡、灾难有关的"阴影"，会激活人们内心深处的一种原始恐惧。"龍"字中的"辛"（代表刑具、控制）位于龙形的上方，有"辛龍"之象，投射出原始先民对龙的恐惧及幻想征服、控制它的心理状态。但在意识层面，"龍"又是崇拜的图腾，是至高无上的象征，这就会导致"敬—畏"的复杂心象，故事"叶公好龙"就是对这一心象的生动隐喻。

龙作为民族图腾，象征某种隐藏在种族心灵深处的集体无意识。《说文解字》中说龙"能幽能明，能细能巨，能短能长，春分而登天，秋分而潜渊"，神秘莫测，变化多端。民间故事中所流传的"鲤鱼跳龙门"故事、《长安谣》中的"东海大鱼化为龙"和蛇化龙的传说以及"在天为龙，在地为马"的龙马精神、《说苑》中"昔白龙下清冷之渊，化为鱼"等记载都折射了一种集体无意识所衍生的人格面具——化变特质。事实上，国人公开展示的外部精神形象也是灵活多变的，如"到什么山唱什么歌，见什么人说什么话""世事洞明、人情练达、八面玲珑、左右逢源"乃至"外圆内方、亦儒亦道"等，其目的是以通权达变来适应不同的社会角色、时势变化，以更好地进行印象整饰、社会适应。这种化变有助于自我融合不同的（甚至是冲突的）精神碎片成为一个完整的"自性"，恰如龙图腾本身对各个部落图腾的融合统一。总体上而言，这种"化变"的心理模式是"和合"倾向的，不仅有利于个体的生存与发展，也有利于种族的繁衍与延续。从进化心理学的角度来看，"龙"的化变心象也是顺应进化之理的。

参考文献

[1] 白双法. 双法字理第六辑·字部·动物[M]. 北京：光明日报出版社, 2018.

[2] 李圃. 古文字诂林[M]. 上海：上海教育出版社, 2004.

[3] 徐中舒. 甲骨文字典[M]. 成都：四川辞书出版社, 1989.

[4] 王本兴. 金文字典[M]. 北京：北京工艺美术出版社, 2016.

[5] 谢光辉, 李文红. 汉语字源字典（图解本）[M]. 北京：北京大学出版社, 2000.

[6] 谷衍奎. 汉字源流字典[M]. 北京：语文出版社, 2008.

[7] 白双法. 双法字理第七辑·字部·人体[M]. 长春：东北师范大学出版社, 2019.

[8] 汉语大字典编辑委员会. 汉语大字典[M]. 成都：四川辞书出版社, 2010.

[9] 于省吾. 甲骨文字诂林（全四册）[M]. 北京：中华书局, 1996.

[10] 尚杰. 德里达[M]. 长沙：湖南教育出版社, 1999.

[11] 许慎, 等. 汉小学四种：上册[M]. 成都：巴蜀书社, 2001.

[12] 张岱年, 成中英, 等. 中国思维偏向[M]. 北京：中国社会科学出版社, 1991.

[13] 姚孝遂. 中国文字学史[M]. 长春：吉林教育出版社, 1995.

[14] 郑樵. 通志略·六书略[M]. 上海：上海古籍出版社, 1990.

[15] 唐兰. 中国文字学[M]. 上海：上海古籍出版社, 2001.

[16] 裘锡圭. 文字学概要[M]. 北京：商务印书馆, 1988.

[17] 祝敏申.《说文解字》与中国古文字学[M]. 上海：复旦大学出版

社，1998.

[18] 许威汉. 汉语文字学概要[M]. 上海：上海大学出版社,2002.

[19] 高明. 中国古文字学通论[M]. 北京：北京大学出版社,1996.

[20] 段玉裁. 说文解字注[M]. 上海：上海古籍出版社,1981.

[21] 朱宗莱. 文字学形义篇[M]. 北京：北京大学出版部,1918.

[22] 刘志成. 文化文字学[M]. 成都：巴蜀书社,2003.

[23] 蒋善国. 汉字的组成和性质[M]. 北京：文字改革出版社,1960.

[24] 赵撝谦. 六书本义[M]// 钦定四库全书·经部十（第228卷）. 上海：上海古籍出版社,1989.

[25] 尚秉和. 周易尚氏学[M]. 北京：中华书局,1980.

[26] 金景芳,吕绍纲. 周易全解（修订本）[M]. 上海：上海古籍出版社,2017.

[27] 王云路. 汉字蕴含的思维方式和文化基因[N]. 光明日报,2023-2-26(5).

[28] 孔亮. 易学中的"象思维"[D]. 北京：中国社会科学院大学,2023.

[29] 厉运伟. 象思维的诗学转换[D]. 济南：山东师范大学,2013.

[30] 张绍时. 先秦"象"范畴研究[D]. 长沙：湖南师范大学,2019.

[31] 王树人. 中国哲学与文化之根："象"与"象思维"引论[J]. 河北学刊,2007,27(5):21-25.

[32] 宋潇潇,周昌乐. 符号"三分说"与汉字"六书"[J]. 浙江大学学报（人文社会科学版）,2010,40(1):135-141.

[33] 徐山. 释"叚"[J]. 安康师专学报,2005,17(2):50-51.

[34] 刘元根. 汉字对先秦类推方法的影响[J]. 云南社会科学,2003(5):113-116.

[35] 赵光. 原始思维对汉字构形理据的影响[J]. 语言研究,2002,22(S1):105-107.

[36] 骆冬青,唐闻君. 立象尽意：再论汉字的"图象先于声音"[J]. 湘潭大学学报(哲学社会科学版),2017,41(3):98-101,114.

[37] 黄卫星,张玉能. 汉字的构成艺术与中华民族思维方式："六书"与中华思维方式[J]. 陕西师范大学学报（哲学社会科学版）,2016,45(3):94-107.

[38] 王树人. 中国的"象思维"及其原创性问题[J]. 学术月刊,2006,38(1):51-57.

[39] 王树人,喻柏林. 论"象"与"象思维"[J]. 中国社会科学,1998(4):38-48.

[40] 袁文丽. 汉字与古代文论表达方式的东方特性[J]. 文艺评论,2015(10):24-28.

[41] 张绍时. 象思维与中国古代文论精神[J]. 河南社会科学,2020,28(12):99-105.

[42] 窦可阳,孙凯宇."象思维"与文学接受理论[J]. 吉林省教育学院学报,2008,24(7):95-96.

[43] 何元国. 中西文明的差异和互鉴:从语言文字到思维方式[J]. 人民论坛,2019(33):132-133.

[44] 楚永安. 关于"指事""会意"的再认识[J]. 中国人民大学学报,1992(6):76-83.

[45] 王路. 王树人先生与"象思维"[J]. 读书,2023(3):149-157.

[46] 朱方长,唐魏娜. 唯物辩证法与《易经》的象思维[J]. 江西社会科学,2011,31(9):32-36.

[47] 陈兰香. 汉语词语修辞的"象思维"特征[J]. 楚雄师范学院学报,2004,19(1):32-35.

[48] 吴怀祺.《周易》的意象思维与历史解喻[J]. 史学史研究,2009(3):16-25.

[49] 韩伟. 指事的内涵及其次第论[J]. 云梦学刊,1997,18(2):91-94.

[50] 韩伟. 批判者的成就与困惑:论郑樵《六书略》象形理论研究的成就与具体汉字的归类[J]. 信阳师范学院学报(哲学社会科学版),2009,29(4):97-103.

[51] 骆冬青. 图象先于声音:论汉字美学的根本特质[J]. 江苏社会科学,2014(5):147-152.